April

Auswahl wichtiger Trachtpflanzen

Weiden der Gattung Salix
Silber-Ahorn (Acer saccharinum)
Erle, Pappel, Ulme (Alnus, Populus, Ulmus)
Vogel-Kirsche (Cerasus avium)
Spitz-Ahorn (Acer platanoides)

Entwicklung der Bienenvölker

Sind alle Lebensbedingungen abgesichert (Ratschläge 271 und 273), erweitern die Bienenvölker kontinuierlich das Brutnest.

Mit den schlüpfenden Jungbienen regeneriert sich das Bienenvolk und nimmt zahlenmäßig zu, so daß die Bienen bald mehr Platz benötigen (Ratschlag 274).

In den Völkern beginnen sich der Bautrieb und der Trieb zur Drohnenaufzucht zu regen (Ratschlag 275).

Imkerliche Arbeiten

Regelmäßige Fluglochbeobachtungen durchführen (Ratschlag 210).

Die Bienenvölker kurz kontrollieren (Ratschlag 260).

Die schwachen Bienenvölker auflösen (Ratschlag 261).

Die Bienenvölker zu einem noch größeren Brutansatz anreizen (Ratschläge 264, 265 und 272).

Den Frühjahrsputz am Bienenstand durchführen (Ratschlag 266).

Die Mittelwände in die vorbereiteten Rähmchen einlöten (Ratschlag 270).

Die Bienenweide weiter verbessern (Ratschlag 269).

Die Bienenvölker erweitern, den Baurahmen zuhängen und die Drohnenzucht einleiten (Ratschläge 274 bis 276).

Die Wabenvorräte schwefeln (268).

Mai

Auswahl wichtiger Trachtpflanzen

Süß- und Sauerkirsche (Cerasus avium, -vulgaris)
Birne (Pyrus communis)
Apfel (Malus domestica)
Bergahorn (Acer pseudoplatanus)
Löwenzahn (Taraxacum officinale)
Raps (Brassica napus subsp. napus)
Inkarnat-Klee (Trifolium incarnatum)

Entwicklung der Bienenvölker

Die ersten Massentrachten fördern den Bau- und Pflegetrieb der Bienen, so daß die Entwicklung dem Höhepunkt zustrebt.

Die Bienenvölker erstarken rasch und brauchen Platz für eine ungehinderte Entwicklung.

In den Bienenvölkern erwacht der Schwarmtrieb.

Imkerliche Arbeiten

Die Bienenvölker müssen den Honigraum erhalten (Ratschläge 277 und 278).

Regelmäßig die Baurahmen ausschneiden und Drohnenlarven untersuchen (Ratschlag 282).

Die Fluglöcher während der Tracht voll öffnen (Ratschlag 286) und Trachtlücken durch eine Reizfütterung überbrücken (288).

Alle Eingriffe gut planen (Ratschlag 279) und auf die Maßnahmen zur Schwarmverhinderung konzentrieren (Ratschlag 159).

Regelmäßig neuen Platz zur Entwicklung schaffen (Ratschläge 283 und 284).

Bienenhonig und Wachs gewinnen (Ratschläge 280, 289, 290).

Die Wabenvorräte schwefeln (Ratschlag 268).

Juni

Auswahl wichtiger Trachtpflanzen

Himbeere (Rubus idaeus)
Faulbaum (Frangula alnus)
Robinie (Robinia pseudoacacia)
Esparsette (Onobrychis)
Winter-Wicke (Vicia villosa)
Weiß-Klee (Trifolium repens)
Weißer Senf (Sinapis alba) – Frühsaat
Schweden-Klee (Trifolium hybridum)
Büschelschön (Phacelia tanacetifolia)

Entwicklung der Bienenvölker

Die Bienenvölker befinden sich auf dem Höhepunkt ihrer Entwicklung und bereiten die Teilung, das Schwärmen, vor.
Durch genügend Raum und ein möglichst lückenloses Trachtangebot kann die Harmonie in den Bienenvölkern erhalten werden.

Imkerliche Arbeiten

Maßnahmen zur Schwarmverhinderung durchführen (Ratschlag 159).

Die Bienenvölker künstlich vermehren (Ratschlag 291).

Bienenhonig und Wachs gewinnen (Ratschläge 280, 289 und 290).

Trachtlücken und Schlechtwetterperioden durch eine Reizfütterung überbrücken (Ratschlag 288).

Bienenvölker umweiseln (Ratschlag 295).

Die Ableger sorgfältig betreuen (Ratschlag 168).

Die Wabenvorräte schwefeln (Ratschlag 268).

Zucker für die Nachtrachtpflege und für die Wintereinfütterung beschaffen (Ratschlag 299).

Claus Zeiler · Ratschläge für den Freizeit-Imker

Claus Zeiler

300 Ratschläge für den Freizeit-Imker

mit 178 Zeichnungen von Hans Preuße

Verlag J. Neumann-Neudamm

1. Auflage 1984

Verlag J. Neumann-Neudamm GmbH & Co. KG Melsungen
Lizenzausgabe aus dem © Neumann Verlag Leipzig · Radebeul, 1984
Lektor: Dr. Manfred Geyer
Gestaltung: Peter Lohse
Fotos: Axel Grambow (75), Claus Zeiler (5)
Printed in GDR
Satz, Druck und buchbinderische Verarbeitung: Druckwerkstätten Stollberg VOB
Druck der Farbtafeln: Union Druckerei (VOB) Dresden
ISBN 3–7888–0428–9

Vorwort

Vor Jahrtausenden begannen die Menschen bereits, sich die Produkte der Bienen zu eigen zu machen und gleichzeitig die „Geheimnisse“ dieser Insekten nach und nach zu erforschen. In unserer Zeit gewinnt die Bienenhaltung weiter an Bedeutung, gilt es doch, neben den Bienenprodukten vor allem auch die Bestäubungsleistungen der Honigbienen zielgerichtet zu nutzen, um die Erträge im Obstbau und bei landwirtschaftlichen Kulturen zu stabilisieren und zu erhöhen.

Für die interessante und nützliche Freizeitbeschäftigung mit den Bienen neue Freunde zu gewinnen, soll das Anliegen dieses Buches sein. Die Ratschläge sprechen besonders den Anfänger an, wollen Anregung und Hilfe sein, doch kann sicher auch der erfahrene Imker darin Bestätigung oder Denkanstöße finden. Dabei wurden die theoretischen Grundfragen der Bienenhaltung weitgehend mit praktischen Hinweisen verbunden, um das Buch leicht verständlich und praktikabel zu gestalten.

Die großzügige Ausstattung des Buches durch den Verlag, die Zeichnungen und Farbtafeln, unterstützen dieses Anliegen in hervorragender Weise.

Allen, die mich bei meiner Arbeit unterstützten, möchte ich herzlich danken. Ich wünsche dem Buch einen breiten Leserkreis und allen Lesern bei der Betreuung von Bienen viel Freude und Erfolg.

Großnaundorf, Juni 1983 Claus Zeiler

Inhalt

Die Bienen

1 Was sind eigentlich Bienen?
Unsere Honigbienen, mit denen wir uns in diesem Buch näher befassen wollen, gehören im zoologischen System zur Klasse der Insekten (Insecta) und zur Ordnung der Hautflügler (Hymenoptera). In der Unterordnung Apocrita – das heißt „zerschnitten" und bezieht sich auf den Einschnitt zwischen Brust und Hinterleib, der sogenannten „Wespentaille" – bilden die Bienen eine eigene Überfamilie (Apoidea). In dieser Überfamilie sind rund 20 000 Arten von Bienen zusammengefaßt, etwa 560 Arten davon sind in Mitteleuropa bekannt. Die Mehrzahl der Bienen hat eine enge Beziehung zu den Blütenpflanzen und ernährt die Brut mit pflanzlicher Kost, einem Gemisch von Nektar und Pollen. Deshalb zählen sie zu den wichtigsten Blütenbestäubern.
Nach ihrer Lebensweise lassen sich die zahlreichen Arten der Bienen in drei Gruppen einteilen: Die meisten von ihnen leben einzeln (solitär), bauen ein für die Art typisches Nest, legen auf das Nektar-Pollen-Gemisch in den Zellen die Eier, verschließen die Zellen und überlassen alles weitere sich selbst. Andere Arten, wie beispielsweise die Kuckucksbienen, bauen kein eigenes Nest und leben schmarotzend (parasitär), indem sie die Eier in die Nester anderer Bienen legen. Schließlich gibt es die staatenbildenden (sozial lebenden) Arten, zu denen Hummeln und Honigbienen zählen.

2 Die engere Verwandtschaft unserer Honigbiene.
Von den Honigbienen, die im zoologischen System zur Gattung Apis gehören, gibt es wiederum fünf verschiedene Arten: Die Riesenhonigbiene (Apis dorsata) und die Zwerghonigbiene (Apis florea), beide in Indien beheimatet, bauen nur eine freihängende Wabe. Auch für die Australische Honigbiene (Apis aenigmatica) ist das freihängende Wabenwerk kennzeichnend. Die Indische Honigbiene (Apis cerana) und unsere Honig- oder Gemeine Hausbiene (Apis mellifica) bauen dagegen ihre Waben in Höhlungen (s. Ratschlag 48). Diese Wohnbedingungen kann der Mensch künstlich nachahmen und damit die Bienen als Haustiere halten.

3 Im Laufe der Entwicklung bildeten sich bei der Honigbiene (Apis mellifica) viele Rassen heraus.
Die Rassen der Honigbiene (Apis mellifica), die sich durch das sehr große Verbreitungsgebiet mit seinen geographischen und klimatischen Besonderheiten herausbildeten, unterscheiden sich in ihrem Aussehen und Verhalten meist deutlich voneinander.
In Europa gehören dazu beispielsweise die Italienerbiene (Apis mellifica ligustica), auf der Apenninenhalbinsel beheimatet und durch auffallend gelbe Hinterleibsringe gekennzeichnet, und die in Nord- und Nordosteuropa beheimatete Nordbiene (Apis mellifica mellifica), eine gegen lange, harte Winter widerstandsfähige und sehr dunkel wirkende Rasse. Darüber hinaus sind die Kaukasische Biene (Apis mellifica caucasica), die besonders in der Sowjetunion heimisch ist, und die Carnica-Biene (Apis mellifica carnica) weit verbreitete Rassen.

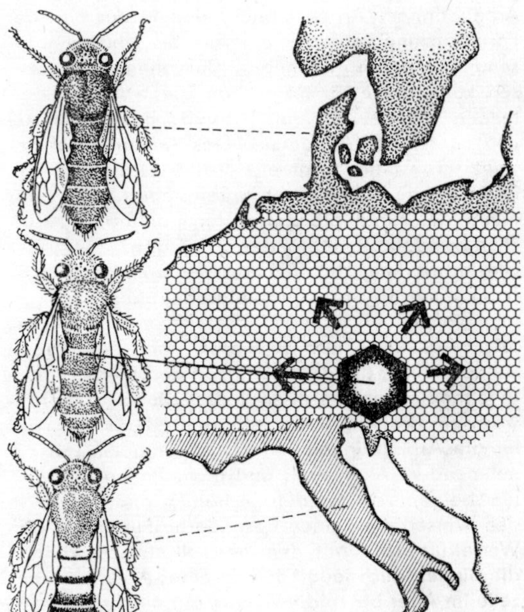

4 Unter unseren klimatischen Bedingungen hat sich die Carnica-Biene am besten bewährt.
Die Carnica-Biene (Apis mellifica carnica) hat als Urheimat die Krain, einen jugoslawischen Landesteil, der das fruchtbare Becken von Ljubljana und das benachbarte Gebirgsland umfaßt. Zu uns kam die Carnica-Biene aus dem Alpengebiet Österreichs („Kärntner Biene"). Dank ihrer guten Eigenschaften ist sie in ganz Südosteuropa verbreitet.

Von den Eigenschaften der Carnica-Biene, die auch Sie bald kennen und schätzen lernen werden, sind vor allem der ausgeprägte Sammeleifer, die Sanftmut und Wabenstetigkeit, der gute Putztrieb und der leicht zu verhindernde Schwarmtrieb hervorzuheben. Die Carnica-Biene zeichnet sich außerdem durch einen festen Wintersitz, durch ihre Anpassungsfähigkeit an Witterungsschwankungen, durch die Widerstandsfähigkeit gegenüber Krankheiten und Schädlingen, durch eine zügige Frühjahrsentwicklung und durch die Fähigkeit aus, zahlenmäßig starke Völker zu bilden. Alle diese Eigenschaften werden durch züchterische Arbeit weiter ausgeprägt und gefestigt, um die Bienen noch besser unserer Umwelt anzupassen. Über die nicht einfache Problematik der Zucht erhalten Sie in den Ratschlägen 161 und 162 erste Informationen.

5 In einem Volk der Honigbiene können Sie drei Bienenwesen unterscheiden.

Zum Bienenvolk gehören ein geschlechtstüchtiges Weibchen (Weisel oder Königin, auch Stockmutter genannt)), im Sommer zwischen 60 000 und 80 000 Arbeiterinnen (Arbeitsbienen) und in der Zeit der Fortpflanzung mehrere hundert bis über eintausend Männchen (Drohnen). Bei allen Bienenwesen können Sie im Körperbau die typische Dreiteilung erkennen: Kopf (Caput), Brust (Thorax) und Hinterleib (Abdomen). Das Außenskelett besteht aus Chitin, trägt ein dichtes Haarkleid und ist in Ringe (Segmente) untergliedert. Die Segmente des Hinterleibes sind durch dehnbare Häutchen beweglich miteinander verbunden.

Die Entwicklung der Bienenwesen vollzieht sich in Form einer vollständigen Metamorphose. Sie erfolgt vom Ei bis zum Vollinsekt in mehreren Stadien. Aus den Eiern schlüpfen nach drei Tagen kleine Larven, die durch den von den Pflegebienen regelmäßig verabreichten Futtersaft rasch heranwachsen (Ratschlag 8). Während dem Futtersaft für die Arbeiterinnen- und Drohnenlarven mit zunehmendem Alter mehr und mehr Pollen und Honig beigemischt werden, erhalten die Larven in den Weiselzellen einen besonderen Futtersaft, den Weiselfuttersaft. Mit dem Weiselfuttersaft können die Bienen auch jede Larve in einer Arbeiterinnenzelle im Alter bis zu drei Tagen auf die Entwicklung zur Weisel umstimmen. Je früher das geschieht, desto besser wird die Qualität der neuen Weisel sein.

Nachdem die Pflegebienen die Zellen mit porösen, luftdurchlässigen Wachsdeckeln verschlossen haben, strecken sich die Larven und spinnen sich in einen Kokon ein. Das Puppenstadium, in dem sich das Vollinsekt bildet, kann sich durch Temperatureinflüsse zeitlich verschieben. Die gesamte Entwicklungsdauer beträgt bei den Arbeitsbienen etwa 21 Tage, bei den Weiseln etwa 16 und bei den Drohnen etwa 24 Tage.

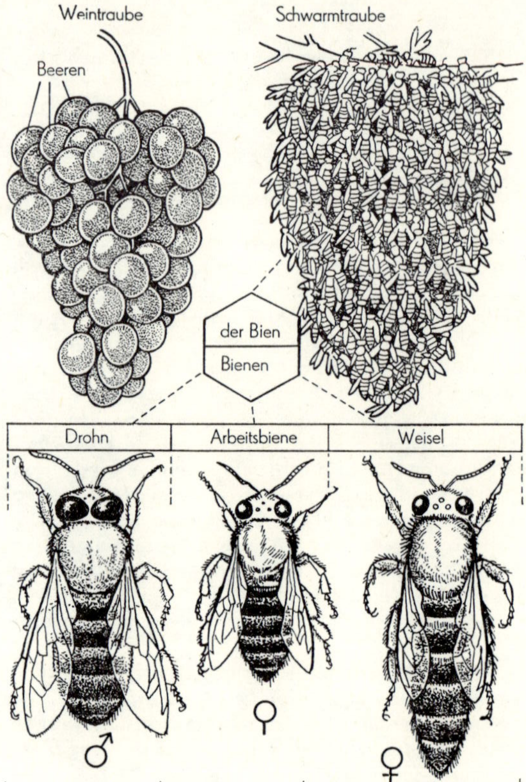

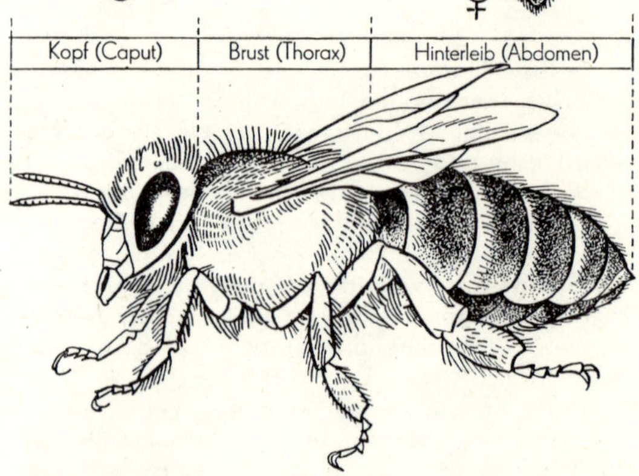

6 Die Weisel erkennen Sie am langen, schlanken Hinterleib, der die nach hinten gelegten Flügel weit überragt.

Der Hinterleib der Weisel wird zum großen Teil von den Eierstöcken ausgefüllt, die Grundlage für ihre einzige Arbeit: der Eiablage. Mit der Eiablage wird nicht nur der Bestand des Bienenvolkes gesichert, sondern die Weisel überträgt damit auch ihre Erbanlagen und die der Drohnen, welche zur Begattung kamen (Ratschlag 163), auf die anderen Bienenwesen des Volkes. Das Verhalten der Arbeitsbienen (Sammeleifer, Sanftmut usw.), die Erbanlagen der Drohnen und die gesamte Leistungs-

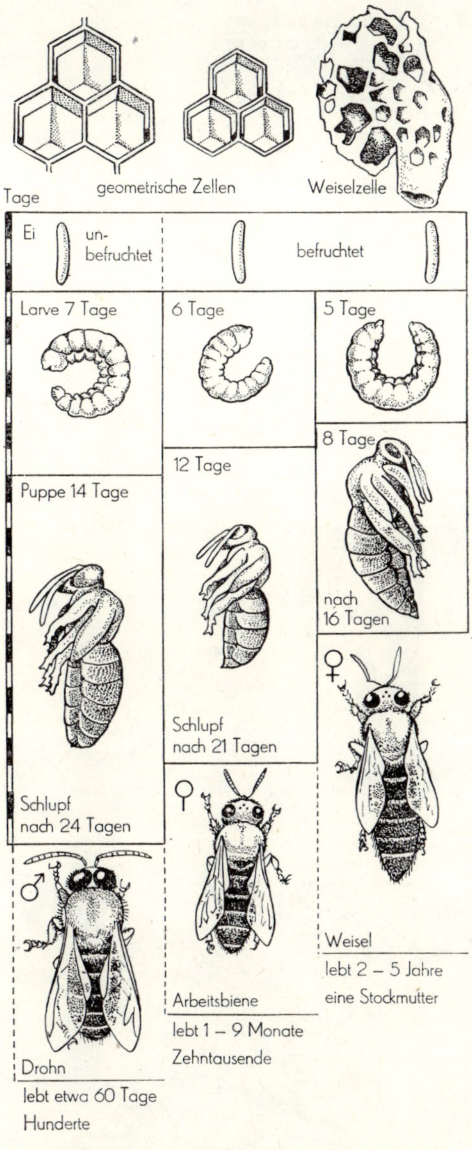

fähigkeit eines Bienenvolkes haben also ihren Ursprung in der Weisel.

In der Hochsaison kann die Weisel in Abhängigkeit von den Trachtverhältnissen und vom zur Verfügung stehenden Raum täglich bis zu 2000 und mehr Eier legen. Die Eier, dem Aussehen nach auch als Stifte bezeichnet, stehen dabei anfangs auf dem Grund der Zellen. Sehen Sie sich einmal genau an, wie die Eiablage vor sich geht: Die Weisel prüft, ob die Zelle frei ist, bevor sie diese bestiftet. Von der unterschiedlichen Größe der Zellen (Ratschlag 146) gehen die Reize aus, ob besamte oder unbesamte Eier abgelegt werden. Aus den besamten Eiern entwickeln sich Arbeitsbienen oder Weiseln, aus den unbesamten Eiern entstehen Drohnen. Die Ursache dafür, daß sich aus den gleich beschaffenen besamten Eiern zwei unterschiedliche Wesen entwickeln können, liegt in der verschiedenen Fütterung der Larven begründet (Ratschlag 5). Der Samenvorrat, den die Weisel auf ihren Hochzeitsflügen von den Gattendrohnen bekam, muß für die gesamte Lebenszeit reichen. Die Lebensdauer einer Weisel kann bis zu fünf Jahre betragen, doch beläßt sie der Imker meist nur etwa zwei Jahre in einem Wirtschaftsvolk. Die Gründe dafür finden Sie im Ratschlag 295.

Hinterleibsorganismus der Weisel (nach Büdel/Herold)

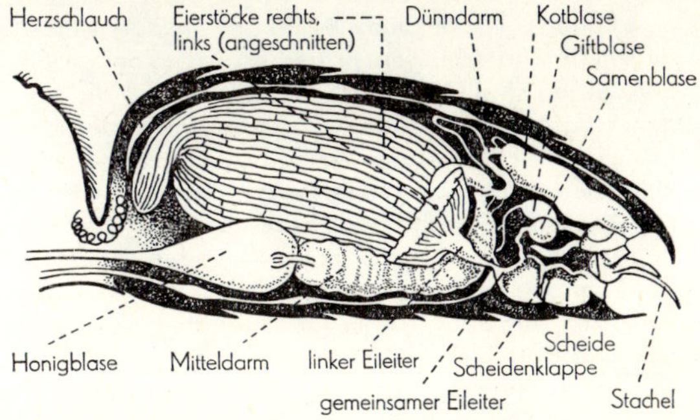

7 Die Arbeitsbienen bilden die Masse eines Bienenvolkes. Bei ihnen sind Flügel und Hinterleib etwa gleich lang.

Wie die Weiseln sind Arbeitsbienen ebenfalls weiblichen Geschlechts, pflanzen sich jedoch nur in Ausnahmefällen fort (Ratschlag 207). Ihre Aufgabe besteht darin, die im Bienenvolk anfallenden Arbeiten auszuführen. Für die recht unterschiedlichen Tätigkeiten sind die Arbeitsbienen mit allen notwendigen Organen ausgerüstet. Dazu gehören u. a. der lange Rüssel zur Nahrungsaufnahme und -abgabe, die Honigblase als Speicherorgan, die Futtersaft-, Wachs- und Giftdrüsen, die Mundwerk-

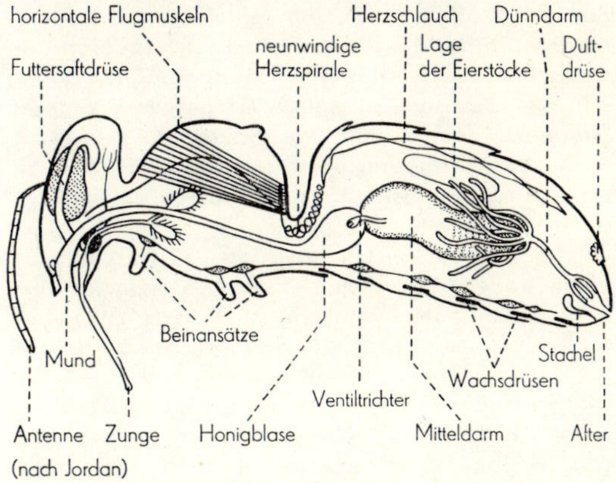

(nach Jordan)

zeuge zum Kauen und Kneten und die Beine als Putz- und Transportorgane sowie zum Sammeln des Pollens. Diese Organe werden in den weiterführenden Ratschlägen näher erklärt. Von großer Bedeutung sind für die Arbeitsbienen auch die beiden Flügelpaare, bei denen sich während des Fluges jeweils Hinter- und Vorderflügel zu einer einheitlichen Fläche zusammenhaken. Die aus mehreren tausend Einzelaugen bestehenden Facettenaugen und die Antennen, Träger der Geruchs-, Tast- und Strömungssinnesorgane, helfen den Bienen, sich auf den Trachtflügen genau zu orientieren. Die Ratschläge 41 und 223 geben hierzu weitere Informationen.

8 Beobachten Sie Arbeitsbienen im Stock, am Flugloch und auf den Blüten, um ihre unterschiedlichen Tätigkeiten genauer kennenzulernen.
In erster Linie hängen die von den Arbeitsbienen ausgeführten Arbeiten von ihrem Alter und damit vom Entwicklungsstand ab. Im Bienenvolk besteht eine Arbeitsteilung, doch ist diese entsprechend den Bedürfnissen der Gemeinschaft sehr wandlungsfähig.
Die frisch geschlüpften Arbeitsbienen, deren schützende Chitinhülle noch nicht voll ausgehärtet ist, beginnen stets mit einfachen Putzarbeiten im Stock. Zuerst müssen die frei gewordenen Brutzellen geputzt werden, damit sie die Weisel aufs neue bestiften kann. Etwa vom dritten Lebenstag an entwickeln sich die Futtersaftdrüsen (Pharynxdrüsen), die sich im Kopf der Biene befinden. Damit beginnt die Zeit der Ammenbiene: Die Bienenlarven und die Weisel werden mit einem nährstoffreichen Sekret versorgt, dessen Grundlage der eiweiß- und vitaminhaltige Pollen ist (Ratschlag 18). Jede Bienenlarve muß einige tausend Mal gefüttert werden, ehe die Zellen zur Verpuppung verdeckelt werden können. Die Brutpflegerinnen übernehmen außerdem von den Flugbienen den Nektar, lagern ihn in den Zellen ab und stampfen nebenbei noch den Pollen fest, den die Pollensammlerinnen in die dafür vorgesehenen Zellen abgestreift haben. Die Zeit der Brutpflege ist eine sehr intensive Lebensperiode, in der die Bienen selbst reichlich Nahrung aufnehmen. Das wiederum führt zur Entwicklung der Wachsdrüsen, so daß etwa mit dem zehnten Tag nach dem Schlupf die Bautätigkeit beginnt. In dieser Zeit fliegen die Bienen auch zu den ersten Orientierungsflügen aus und lernen die Umgebung ihrer Wohnung kennen. Wenn die Jungbienen „vorspielen" – im Ratschlag 223 wird das Ereignis näher beschrieben –, steht jeder Imker gern beobachtend am Bienenstand! Weitere Aufgaben dieser Altersstufe sind: das Flugloch bewachen und die Wohnung peinlich sauberhalten.
Die Sammeltätigkeit der Bienen beginnt etwa mit ihrem 21. Lebenstag. Nun gilt es, in großen Mengen Nektar, Honigtau und Pollen für die Ernäh-

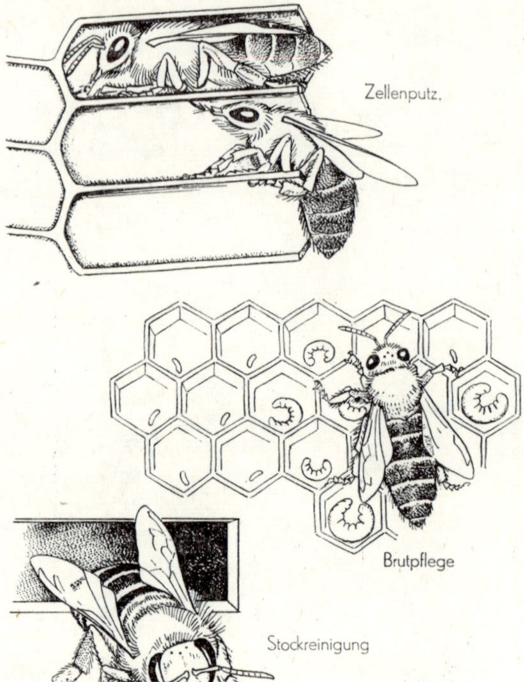

rung des Volkes und zur Bevorratung einzutragen. Ein Teil der Flugbienen sammelt Wasser, eine weitere Gruppe – neben den Suchbienen die einzige, die sich auf eine bestimmte Tätigkeit spezialisiert – sammelt Kittharz. Die Flugintensität der Bienen hängt von den Wetterbedingungen, vor allem von den Außentemperaturen, ab. Im allgemeinen muß eine Temperatur um 12 °C und darüber herrschen, damit die Bienen zum Sammeln ausfliegen. Bei Wassermangel fliegen sie bei noch tieferen Tem-

peraturen (Ratschlag 82). Auf einem Trachtflug endet schließlich das Leben der Biene. Sie kehrt nicht mehr in ihr Volk zurück.
Nicht immer verläuft das Leben der Bienen in so geordneten Bahnen wie hier beschrieben. Machen es die Bedürfnisse des Volkes notwendig, dann kann die Tätigkeit durch bestimmte Reize umgestellt werden. Die Informationstänze der Flugbienen (Ratschlag 41) können beispielsweise jüngere Bienen anregen, eine plötzlich einsetzende Tracht mit bergen zu helfen; fehlen dem Bienenvolk Bau- oder Ammenbienen, können Flugbienen die Wachs- bzw. Futtersaftdrüsen wieder regenerieren.
Auch die zeitweise untätig im Stock sitzenden Bienen sind immer für besondere „Brennpunkte" einsatzbereit. Wenn Sie sich bei Ihren Beobachtungen falsch verhalten, werden Sie das ebenfalls zu spüren bekommen. Deshalb beachten Sie die Hinweise im Ratschlag 118.

9 Die Drohnen fallen Ihnen sofort durch den gedrungenen Hinterleib auf, der kürzer als die kräftigen Flügel ist.

Begattungsorgane des Drohns (nach Büdel/Herold)

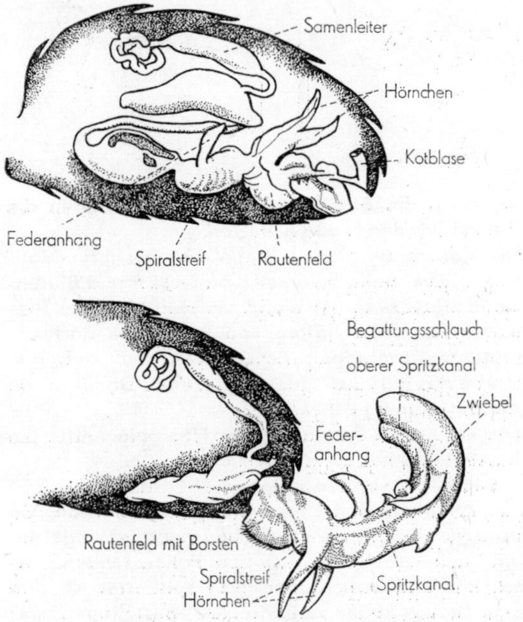

Als männliche Bienenwesen komplettieren die Drohnen (Einzahl: der Drohn) das Bienenvolk. Ihre einzige Aufgabe besteht darin, die jungen Weiseln zu begatten (Ratschlag 276). Deshalb fehlen den Drohnen alle Organe, die sie zu Stockarbeiten oder zum Sammeln befähigen. Die Drohnen besitzen auch keinen Stachelapparat; er wurde zum Begattungsorgan umgebaut. Sie können also getrost Drohnen von den Waben abfangen und genau betrachten. Dabei wird Ihnen auffallen, daß neben den kräftigen Flügeln die beiden Facettenaugen und die Antennen, als Träger der Geruchssinnesorgane bekannt, besonders ausgeprägt sind. Diese Organe bilden wichtige Voraussetzungen, um die jungen Weiseln bei den Hochzeitsflügen im Luftraum aufzuspüren und im Fluge zu begatten.
Da die Drohnen nur in der Zeit der Fortpflanzung gebraucht werden, pflegen die Bienen sie lediglich vom Frühjahr bis zum Ende des Sommers. In dieser Zeit werden die Drohnen in alle Völker eingelassen und gepflegt.
Ein Drohn lebt ohnehin höchstens zwei Monate. Im Juli gibt es aber für alle noch lebenden Drohnen kein Erbarmen. Die nun unnützen Fresser erhalten von den Arbeitsbienen kein Futter mehr, werden gezwickt, gebissen, aus dem Stock gedrängt und gehen zugrunde. Am Flugloch können Sie gut beobachten, wie die Drohnen von den Arbeitsbienen abgetrieben werden und immer wieder versuchen, in den Stock zurückzukehren. Der Imker bezeichnet diese Erscheinung als „Drohnenschlacht" und schließt daraus, daß seine Bienenvölker in Ordnung sind. Duldet ein Bienenvolk die Drohnen zu ungemäßer Zeit, so deutet das stets auf einen Notzustand hin (Ratschlag 210).

10 Nur durch das harmonische Zusammenwirken aller Bienenwesen wird der Bestand des Bienenvolkes gesichert.

Das Bienenvolk wird auch als „der Bien" bezeichnet. Dieser Begriff steht für die untrennbare Einheit der unterschiedlichen Bienenwesen und ihrer komplizierten Organisationsform.
Die Aufgaben von Weisel, Arbeitsbienen und Drohnen sind instinktiv so aufeinander abgestimmt, daß sie der Erhaltung der Art dienen. Alle Reaktionen der Einzelwesen sind auf die Bedürfnisse der Gemeinschaft gerichtet. Keines von ihnen ist in der Lage, sich auf die Dauer allein zu erhalten, wie auch das Volk als Ganzes nicht existieren kann, wenn eines der Bienenwesen ständig fehlt. Ohne Weisel keine Nachkommen, ohne Arbeitsbienen keine Sicherung der komplizierten Lebensweise, ohne Drohnen keine Begattung der Weisel, keine Arbeitsbienen, keine Weiseln ... Sie können es drehen und wenden, wie Sie wollen: Das Bienenvolk kann sich nur in der Gemeinschaft aller drei Bienenwesen erhalten.
Wenn die Weisel in dieser Gemeinschaft dennoch einen besonderen Platz einnimmt, dann hat das mehrere Gründe. Einige davon kennen Sie bereits aus dem Ratschlag 6. Einen weiteren Grund finden Sie, wenn sie die Weisel bei der Eiablage beobachten. Ein wirklich beeindruckendes Bild! Ein Kreis von Pflegebienen umgibt die Weisel, füttert und beleckt sie ständig. Die Pflegebienen nehmen dabei Stoffe auf, die die Weisel absondert. Diese

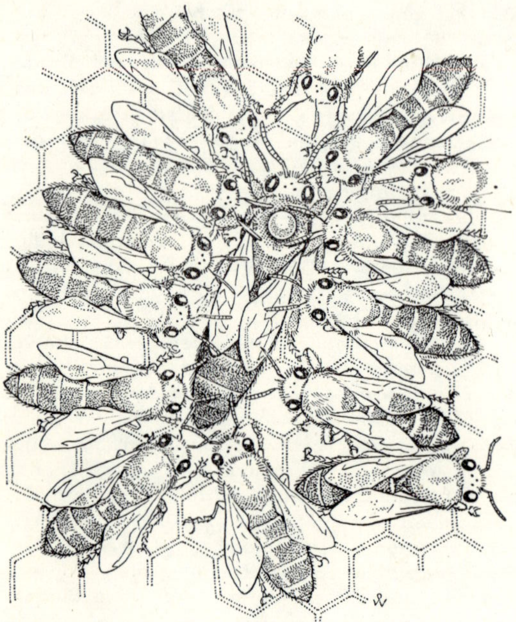

Stoffe, als Pheromone bezeichnet, zirkulieren mit dem Futterstrom durch das ganze Volk und bewirken letztlich dessen harmonischen Zusammenhalt. Die Pheromone werden erst nach der Begattung der Weisel voll wirksam. Sie aktivieren bei den Arbeitsbienen den Pflege- und Bautrieb, hemmen den Bau von Weiselzellen und die Entwicklung der Eierstöcke. Beim Verlust der Weisel fehlen die Pheromone im Volk: Die Bienen laufen suchend hin und her, sind aufgeregt und beginnen schließlich über jüngsten Arbeiterinnenlarven Weiselzellen zu errichten und neue Weiseln aufzuziehen. Die Wirkungen der Pheromone werden ebenfalls bei der Schwarmvorbereitung (Ratschlag 155) und bei alten bzw. minderwertigen Weiseln eingeschränkt. Die Erkenntnis, daß eine Weisel mit geringer Legefreudigkeit auch wenig Pheromone abgibt und damit ihre Bindung zum Bienenvolk zurückgeht, hat für Sie als Imker große praktische Bedeutung (Ratschlag 295).

Vom Nutzen der Honigbienen

11 Wenn Sie Bienen halten, schaffen Sie sich einen interessanten und erholsamen Ausgleich von der beruflichen Tätigkeit.

Die wunderbare Welt der Bienen hatte schon vor Tausenden von Jahren eine besondere Anziehungskraft auf die Menschen. Heute, im Zeitalter der Technik, finden wir mehr denn je am faszinierenden Leben und Treiben der Bienen unsere Freude, sind mit ihnen und durch sie eng mit der Natur verbunden. Zugleich fordert uns die Betreuung der Bienen, verlangt individuelles Eingehen auf Besonderheiten der Entwicklungsbedingungen, kluge Zeiteinteilung und verantwortungsbewußte Entscheidungen. Die persönlichen und materiellen Voraussetzungen für die Haltung von Bienen lassen es aber ratsam erscheinen, diesen Schritt gut zu durchdenken und gründlich vorzubereiten. Wenn Sie sich über die Voraussetzungen informiert haben, werden Sie erkennen, daß voreiliges Handeln hier fehl am Platze ist. Beherzigen Sie diesen Rat, – und Sie werden bald zu jenen gehören, die förmlich von den Bienen gepackt sind und nur schwer wieder von ihnen loskommen. Ihre Begeisterung für die Bienen macht den eigentlichen Erholungswert der Bienenhaltung aus und bildet gleichzeitig die beste Grundlage, um den vielseitigen Nutzen voll wirksam werden zu lassen.

Nach getaner Arbeit ist gut Imkerei!

12 Durch die Bestäubung der Blüten bringen die Bienen uns den größten Nutzen.

Die Bienen bestäuben die Blüten bei ihrer Nahrungssuche. Beim Sammeln von Nektar und Blütenstaub (Ratschlag 41) bleibt am Haarkleid der Bienen Blütenstaub haften und wird beim nächsten Blütenbesuch unbeabsichtigt auf der klebrigen Narbe des Blütenstempels abgestreift. Damit wurde die Bestäubung vollzogen!

Die besondere Bedeutung der Honigbienen für die Bestäubung hat mehrere Ursachen:

– Durch ihre Blütenstetigkeit übertragen die Bienen vor allem den Pollen arteigener Pflanzen. Sie besuchen die Blüten einer Pflanzenart, solange deren Ausbeute an Nektar und Pollen lohnend erscheint, sind dabei aber nicht sortenstet, so daß eine notwendige sortenfremde Bestäubung gewährleistet wird.

– Der große Sammeleifer veranlaßt die Bienen zu zahlreichen Blütenbesuchen. Immerhin sind mindestens 100 Blütenbesuche notwendig, um die Honigblase einmal zu füllen!

– Durch das hochentwickelte Informationssystem (Ratschlag 41) können innerhalb kurzer Zeit eine große Anzahl von Bienen auf eine bestimmte Kultur gelenkt werden.

– Im Gegensatz zu anderen Insekten (Hummeln, Wildbienen) überwintern die Honigbienen als Völker und sind bereits im Frühjahr in Massen vorhanden.
Das alles trägt dazu bei, daß die Blüten durch die Bienen intensiv bestäubt und die Erträge im Obst-, Ölfrucht- und Samenbau stabilisiert und erhöht werden können. Der Bestäubungsnutzen, auch als „indirekter Nutzen" bezeichnet, ist zehnmal größer als der direkte Nutzen aus den Produkten der Bienen (Ratschlag 13). Eine intensive Bestäubung der Blüten, die auch die Qualität der Früchte beeinflußt, hängt von der Entfernung ab, welche die Bienen bis zu den Trachtpflanzen zurückzulegen haben. Deshalb erhält die zeitweilige Verlegung der Bienenvölker (Wanderung) in die unmittelbare Nähe der zu bestäubenden Kulturen immer größere Bedeutung (Ratschlag 175).

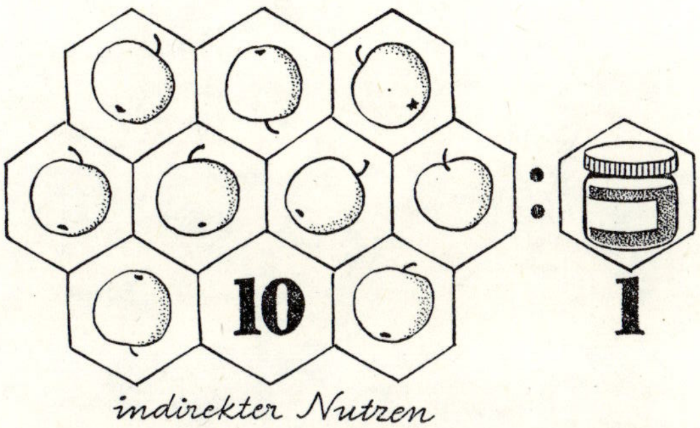

13 Honig, Wachs, Bienengift, Blütenstaub (Pollen), Kittharz (Propolis) und Weiselfuttersaft (Gelee royale) sind Produkte der Bienen, die man gewinnen und verwerten kann.
Nicht jedes dieser Produkte läßt sich ohne weiteres gewinnen und nicht alle sind auch sofort von unmittelbarem Interesse für Sie. Bienengift, Pollen und Weiselfuttersaft erfordern bei der Gewinnung einen speziellen Aufwand (Ratschläge 152 bis 154) und darüber hinaus die vertragliche Vereinbarung mit einem Verarbeitungsbetrieb. Alle Produkte der Bienen bilden aber für zahlreiche Industriezweige wichtige Rohstoffe und erhalten als Naturprodukte wachsende Bedeutung für die Humanmedizin.

14 Anfangs sollten Sie sich vor allem auf die Gewinnung von Bienenhonig und Wachs konzentrieren.
Das sind die Produkte der Bienen, an denen uns für den persönlichen Bedarf am meisten liegt. Die Aussicht auf Bienenhonig beeinflußt Ihre Entscheidung für die Bienenhaltung sicher maßgeblich. Doch denken Sie daran, daß Ihr Hobby eigentlich erst dann rentabel ist, wenn Sie Bienenhonig über den Eigenbedarf hinaus produzieren und verkaufen (Ratschlag 160). Bienenwachs benötigen Sie, um es wieder für die Bienenvölker einzusetzen.

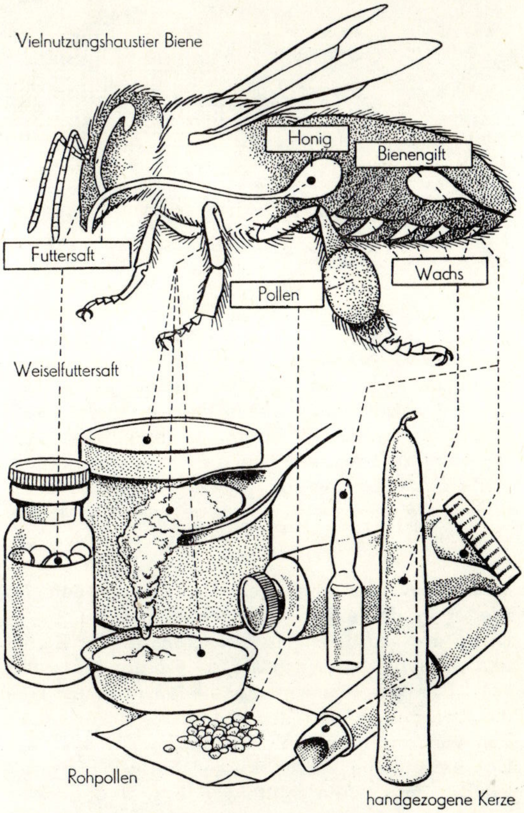

15 Das Hauptprodukt unserer Bienen, der Honig, ist nicht nur ein wertvolles Nahrungsmittel.
Jedes Imkerherz schlägt höher, wenn der Tag der Honigernte gekommen ist und köstlicher Bienenhonig aus der Schleuder fließt. Lassen Sie aber über der Freude nicht die Bedingungen außer acht, die für die Gewinnung und Pflege des Bienenhonigs erforderlich sind (Ratschläge 136 und 142). Schließlich richtet sich unsere Sorgfalt auf ein wertvolles Nahrungsmittel, das durch seinen hohen Gehalt an Frucht- und Traubenzucker (ca. 70 %), an Fermenten und anderen Wirkstoffen (Mineralstoffe, Spurenelemente u. a.) den menschlichen Organismus vielseitig beeinflußt und vor allem die natürlichen Abwehrkräfte des Körpers unterstützt. Fruchtzucker (Fruktose) und Traubenzucker (Glukose) gehen ohne weitere Verdauungsarbeit direkt ins Blut über und liefern schnell Energie. Die antibakterielle Wirkung des Honigs beruht auf den in ihm enthaltenen Inhibinen und auf der Bildung von Wasserstoffperoxyd.
Besonders bei Störungen der Verdauung, der Atmung und des Blutkreislaufes trägt Bienenhonig zur Heilung bei. Sicher haben Sie schon einmal versucht, einer Infektion der oberen Luftwege mit warmer Milch und Honig zu begegnen und damit die

Erkältungen: warme Milch mit Honig

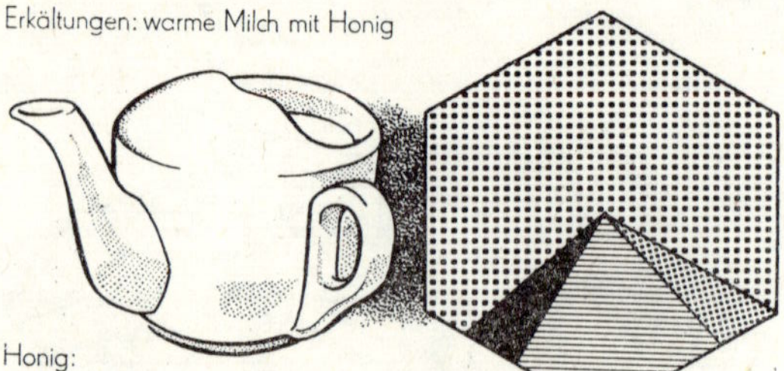

Honig:
70% Frucht- und Traubenzucker 20% Wasser
5% Rohrzucker 5% Mineralstoffe

bakterienhemmende Wirkung genutzt. Nicht unerwähnt darf bleiben, daß Bienenhonig in der Kosmetik ebenfalls einen festen Platz einnimmt. Viele Frauen wissen den Wert einer Honigmaske für ihren Teint zu schätzen! Um die wertvollen Inhaltsstoffe des Bienenhonigs über lange Zeit zu erhalten, müssen Sie auf die richtige Lagerung achten (Ratschlag 145).

16 Bienenwachs benötigen Sie zum großen Teil wieder in der eigenen Bienenhaltung.
Das Bienenwachs ist ein Drüsensekret der Bienen und wird von den Wachsdrüsen erzeugt (Ratschlag 146). Der Wachsgewinnung dienen in erster Linie die Baurahmen und das regelmäßige Ausschneiden von alten Waben (Ratschläge 147 bis 149). Das gewonnene Wachs müssen Sie gegen Mittelwände umtauschen. Mittelwände sind dünne Tafeln aus reinem Bienenwachs, auf denen das Muster von Arbeiterinnenzellen vorgeprägt ist. Mit ihnen unterstützen Sie die Bienenvölker bei der regelmäßigen Erneuerung des Wabenbaus (Ratschlag 270). Anfangs wird Ihr Wachs kaum für die benötigten Mittelwände reichen, später wird Wachs zum Verkauf übrigbleiben. Das überschüssige Wachs stellt für die Industrie einen wichtigen Rohstoff dar. Es wird für pharmazeutische Erzeugnisse (Pflaster, Zäpfchen u. a.) ebenso gebraucht wie in der Kosmetik als Zusatz für Cremes und Lippenstifte. In vielen Industriebetrieben ist Bienenwachs ein bewährter Zusatz für Klebe-, Trenn- oder Gleitmittel. Die optische Industrie nutzt das Wachs beim Schleifen von Linsen. Auch bei der Restaurierung von Kunstwerken gehört es zu einem unentbehrlichen Hilfsmittel. Das sind nur wenige Beispiele, die den großen Wert dieses Bienenproduktes verdeutlichen. Deshalb sollten Sie jeden Wachsrest gewinnen (Ratschlag 150).

17 Wenn Sie die heilende und schmerzlindernde Wirkung des Bienengiftes berücksichtigen, lassen sich Bienenstiche viel leichter verschmerzen.
Wenn Sie die gelegentlichen Bienenstiche bei der Bearbeitung der Bienenvölker gelassen hinnehmen, stellen Sie sich schnell auf ihre positiven Wirkungen ein. Besonders bei rheumatischen Erkrankungen verschafft das Gift der Bienen (Apitoxin) Linderung. Schon früher bestand die einfachste Methode der Nutzung des Bienengiftes darin, die Bienen auf entsprechende Körperstellen zu setzen und sich stechen zu lassen. Wie bequem für Sie als Imker! Doch das Gift wirkt u. a. auch bakterizid, blutdrucksenkend und gefäßerweiternd. Deshalb wird es vor allem zur Herstellung medizinischer Präparate gewonnen. Wenn Sie den komplizierten Gewinnungsprozeß, der im Ratschlag 152 beschrieben wird, mit den Vorteilen einer Nutzung des Giftes auf kürzestem Wege vergleichen, sind die Bienenstiche für Sie sicher gleich viel weniger abschreckend. Manche Menschen reagieren jedoch allergisch und müssen die Bienen und deren heilkräftiges Gift meiden (Ratschlag 24).

direkter Nutzen bei Ischias!

18 Der Blütenstaub (Pollen) ist für die Bienen und für den Menschen eine Quelle wertvoller Substanzen.
Der von den Bienen gesammelte Blütenstaub (Pollen) ist reich an Vitaminen, Eiweiß und enthält Aminosäuren, Mineralsalze und Spurenelemente. Im Bienenvolk bildet er die Grundlage für die Funktion der Futtersaftdrüsen (Pharynxdrüsen) der Arbeitsbienen (Ratschlag 8). Obwohl der Eigenbedarf der Bienenvölker an Pollen sehr hoch ist, kann dieses Produkt unter bestimmten Bedingungen und in begrenzter Menge durch besondere Vorrichtungen an den Fluglöchern der Bienenwohnungen gewonnen werden. Über den genauen Vorgang gibt Ihnen der Ratschlag 153 Auskunft. Der Pollen dient besonders zur Herstellung medizinischer Präparate und kosmetischer Artikel (Cremes und Pflegemittel). Auf Kongressen und Symposien des Internationalen Verbandes der Bienenzüchtervereinigungen (APIMONDIA) wurden in den vergangenen Jahren viele Erfahrungen vermittelt, wie Pollen als allgemeines Kräftigungsmittel, bei Nervenschwäche, zur Appetitanregung und auf andere Weise der menschlichen Gesunderhaltung dienen kann. So ist in verschiedenen Ländern bereits mit Pollen vermischter Bienenhonig im Angebot.

19 Kittharz (Propolis) sollten Sie auf keinen Fall unbeachtet lassen, denn es ist ein Rohstoff mit wachsender Bedeutung.
Die Bienen sammeln von verschiedenen Pflanzenknospen Harzstoffe, die sie mit den Ausscheidungen eigener Drüsen, mit Wachs und Pollen vermischen und zum Verkitten aller Ritzen und losen Teile in ihrer Wohnung und zum Glätten des Beuteninneren verwenden. Dieses Produkt können Sie relativ leicht gewinnen (Ratschlag 151). In vielen Ländern wird die Propolis, die sich durch eine bakterienhemmende Wirkung auszeichnet, zur Herstellung medizinischer Präparate genutzt und zielstrebig auf weitere Anwendungsgebiete hin erforscht.

20 Die Wirkungen des Weiselfuttersaftes (Gelee royale) werden in pharmazeutischen Präparaten und Schönheitspflegemitteln genutzt.

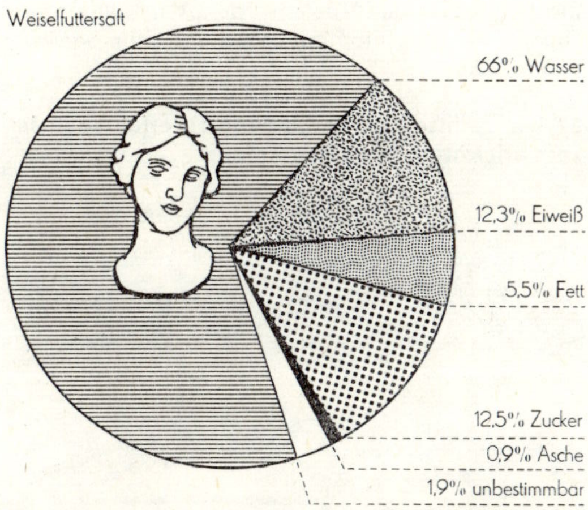

Im Bienenvolk erhalten alle Bienenlarven im Alter bis zu drei Tagen gleichartigen Futtersaft. Nach dieser Zeit werden nur die Larven in Weiselzellen mit Weiselfuttersaft weitergepflegt.
Durch die besondere Fütterung entwickeln sich daraus Königinnen (Weiseln), die größer sind als die Arbeitsbienen und sich außerdem durch ihre Fruchtbarkeit und wesentlich längere Lebensdauer von diesen unterscheiden. Die Bienen können auch Arbeiterinnenlarven auf die Entwicklung zur Weisel umstimmen, wenn sie ihnen bis zu einem bestimmten Alter Weiselfuttersaft verabreichen (Ratschlag 5). Diese „Wunderkräfte" für den Menschen nutzbar zu machen, war das Ziel vieler Forschungen. Noch heute wissen wir nicht alles über die Zusammensetzung des Weiselfuttersaftes, wohl aber, daß seine Inhaltsstoffe unseren Stoffwechsel aktivieren und regulieren helfen. Wunder können sie jedoch nicht bewirken! Neben der Pharmazie findet Weiselfuttersaft auch in der Kosmetik für Haut- und Schönheitspflegemittel Verwendung. Über seine Gewinnung informiert der Ratschlag 154.

Persönliche Voraussetzungen für die Bienenhaltung

21 Wenn Sie Freude an der Beobachtung und Pflege von Tieren finden – halten Sie Bienen!
Beobachten Sie die Bienen am Flugloch oder bei der Tätigkeit im Stock, es wird niemals langweilig. Stets bietet sich Ihnen ein neues Bild! Ebenso interessant, abwechslungsreich und lehrreich wie die Beobachtungen ist die gesamte Betreuung der Bienen. Sie erlegen sich als Bienenhalter aber auch bestimmte Verpflichtungen auf. Wie für jede Tierhaltung gilt ebenfalls für die Bienen: Sie übernehmen die Verantwortung dafür, den Bienen optimale Lebensbedingungen zu schaffen und Schaden von den Tieren abzuwenden. Die Einhaltung der seuchenhygienischen Mindestanforderungen, wie sie im Ratschlag 129 beschrieben werden, spielt dabei eine besondere Rolle. Die Freude an den Bienen muß die Fürsorge um sie einschließen.

22 Zur Bienenhaltung gehört das Interesse an den Vorgängen in der Natur.

Umwelts - Heil-Praktiker

Die wichtige Aufgabe, unsere natürliche Umwelt zu erhalten, zu pflegen und zu gestalten, spricht jeden Imker in ganz besonderem Maße an, denn dabei geht es auch um die Lebensgrundlage der Bienen. Zeigen Sie immer und überall, daß es Ihnen ernst ist, für die Natur Mitverantwortung zu tragen. Möglichkeiten dazu bieten sich in der Unterstützung einer breiten Öffentlichkeitsarbeit, der Einflußnahme auf die Pflanzenwahl bei der Garten- und Landschaftsgestaltung und nicht zuletzt im persönlichen Einsatz zur Verbesserung der Bienenweide (Ratschläge 182 bis 185).

23 Auch wenn Sie Angst vor Bienenstichen haben, können Sie Bienen halten.
Sicher ist, daß viel mehr Menschen Bienen halten würden, wenn sich diese nicht mit dem Stachel zur Wehr setzen könnten. Die Angst vor Bienenstichen ist jedoch weitgehend unbegründet und läßt sich durch Erfahrung abbauen. Wichtig ist vor allem, von Anfang an das richtige Verhältnis zum natürlichen Abwehrverhalten der Bienen zu finden. Die Ratschläge 83 bis 86 und 111 bis 118 werden Ihnen dabei helfen. Sie müssen sich aber darauf einstellen, daß man die Anzahl der Bienenstiche zwar stark einschränken, doch niemals ganz vermeiden kann. Eine ängstliche Bearbeitung der Bienenvölker ist immer hinderlich, führt zu falschen Reaktionen und zieht erst recht Stiche nach sich. Auch Sie werden sich sehr schnell an gelegentliche Bienenstiche gewöhnen und bald Teile der vollständigen Schutzkleidung ablegen, so wie das erfahrene Imker tun (Ratschlag 126).

24 Wenn Sie allergisch auf Bienenstiche reagieren, sollten Sie auf die Bienenhaltung verzichten.
Eine Überempfindlichkeit Ihres Körpers gegenüber dem Gift der Bienen, die sich u. a. in Nesselsucht, allgemeinem Unwohlsein, Schwindel- und Schwächegefühl, Atemnot oder Schockreaktionen zeigen kann, schließt eine Bienenhaltung aus. Solche allergischen Reaktionen müssen sehr ernst genommen und vom Arzt behandelt werden. Wollen Sie Bienen halten und haben bisher noch keinerlei Erfahrungen mit Bienenstichen gemacht, dann sollten Sie Ihren Körper testen lassen – oder sich durch einen Stich ganz einfach selbst testen.

25 Für die Betreuung der Bienen müssen Sie viel Zeit aufwenden.

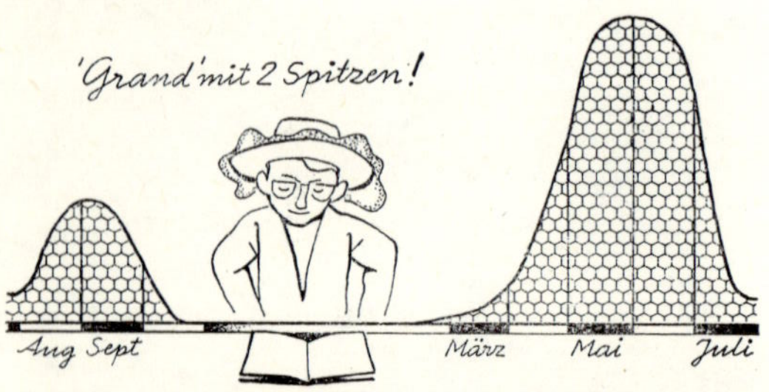

Die Bienen bieten zum einen den großen Vorteil, daß man sie nicht wie viele andere Tiere täglich betreuen muß, zum anderen gibt es aber sehr zeitaufwendige Arbeitsspitzen in der Bienenhaltung. Vor allem in den Monaten Mai und Juni, in der Haupttrachtzeit, fallen neben der regelmäßigen Bearbeitung der Bienenvölker zahlreiche andere Arbeiten an, die einen großen Teil ihrer Freizeit beanspruchen. Viel Zeit erfordern außerdem die Vorbereitungsmaßnahmen für die Überwinterung der Bienenvölker und die Wintereinfütterung Ende August/Anfang September (Ratschläge 201, 202 und 215). Manche Arbeitsspitzen können Sie vermeiden, wenn Sie die Ratschläge 232 und 234 beachten.

26 Ihr Erfolg in der Imkerei ist abhängig von Ihren Kenntnissen über die Bienen.
Ohne Kenntnis der grundlegenden biologischen Zusammenhänge und der Lebensweise der Bienen ist eine erfolgreiche Bienenhaltung nicht denkbar. Bereiten Sie sich deshalb theoretisch auf Ihre neue Freizeitbeschäftigung vor, ehe sie sich Bienen anschaffen. Nutzen Sie dazu alle sich bietenden Möglichkeiten: Bemühen Sie sich um Fachliteratur, besuchen Sie Schulungsveranstaltungen, Lehrgänge und Ausstellungen. Die hier gewonnenen Erkenntnisse bilden eine wichtige Grundlage für die spätere Arbeit mit den Bienen. Sie sind gut beraten, wenn der bekannte Ausspruch des Altmeisters der Bienenzucht v. Berlepsch (1815 bis 1877) zur Richtschnur Ihrer Arbeit wird: „Vor allem lernt Theorie, sonst bleibt ihr praktische Stümper euer Leben lang."

27 Die rechtzeitige Verbindung zu erfahrenen Imkern erleichtert Ihnen den Anfang.

Bei Ihrer theoretischen Vorbereitung werden ganz sicher viele Fragen und Probleme auftauchen, die Sie nicht allein lösen können. Besuchen Sie deshalb die Versammlungen von Imkern, um Ihr Wissen im Gespräch weiter zu vertiefen und aufgetretene Probleme zu klären. Hier werden Sie auch Imker finden, die sich bereit erklären, Ihnen auf ihrem Bienenstand erste praktische Erfahrungen zu vermitteln. Nehmen Sie sich die Zeit und sehen Sie diesen Imkern bei der Arbeit über die Schulter, denn mancher Kniff und mancher gute Rat tragen dazu bei, daß Sie als Anfänger nur wenige Fehler machen werden. Bei den Besuchen sollten Sie unbedingt den Patenimker bitten, bestimmte Handgriffe selbständig üben zu dürfen. Es zahlt sich später aus und macht außerdem Mut für den baldigen Start mit eigenen Bienenvölkern.

28 Die Grundausstattung für Ihre Bienenhaltung kostet zwar viel Geld, doch handelt es sich meist um einmalige Anschaffungen.

Die Kosten für die Grundausstattung werden sich erst im Laufe der Jahre amortisieren. Da Sie viele der notwendigen Anschaffungen auch in einem größeren Stand verwenden können, lohnt sich eine sorgsame und weitblickende Auswahl. Sicher wollen Sie die Anzahl an Bienenvölkern so bald als möglich vergrößern und Ihre Freizeitbeschäftigung dadurch mit einem höheren Ergebnis verbinden. Wenn Sie finanzielle Schwierigkeiten haben, sollten Sie mit erfahrenen Imkern sprechen und sich beraten lassen, welche Möglichkeiten bestehen, die Erstausstattung oder die Erweiterung Ihrer Freizeitimkerei über Kredit abzusichern.

Der Standort

29 Haben Sie alles gründlich durchdacht und sich für die Bienenhaltung entschlossen, müssen Sie einen geeigneten Standort für die Aufstellung der Bienenvölker finden.
Um sich mit den Bienen vertraut zu machen und erste Erfahrungen im Umgang mit ihnen zu sammeln, ist für den Anfang ein fester Standort empfehlenswert. Wählen Sie diesen Standort sehr sorgfältig aus, da er großen Einfluß auf den Erfolg der Bienenhaltung hat. Zwar ist die Haltung von Bienen in den meisten Gebieten prinzipiell möglich, doch müssen dabei lokale Besonderheiten beachtet werden. Die wichtigsten davon sind in den nachfolgenden Ratschlägen aufgeführt.

30 Beachten Sie bei der Standortwahl, daß die Haltung von Bienen nicht überall erlaubt ist.
Bevor Sie weitere Schritte unternehmen, müssen Sie sich erst einmal informieren, ob die Bienenhaltung am vorgesehenen Standort überhaupt gestattet ist oder ob gesetzliche Bestimmungen bestehen, die sie verbieten. Wenden Sie sich also unbedingt an eine rechtskundige Stelle, die Ihnen darüber Auskunft geben wird.

31 Vermeiden Sie Standorte, wo die Bienenhaltung von vornherein problematisch erscheint.
Stellen Sie die Bienenvölker möglichst nicht in unmittelbarer Nähe von Großviehanlagen oder von Industriebetrieben mit giftigen Abgasen auf, denn hier werden Sie nie richtige Freude an den Bienen haben. Die Ausscheidungen der Tiere erhöhen die Stechlust der Bienen und die Industrieemissionen führen zu ständigen Bienenverlusten. Ebensowenig ratsam ist es, dort Bienen zu halten, wo sich häufig viele Menschen aufhalten und durch die Bienen eine latente Stechgefahr vorhanden ist. Das trifft vor allem dann zu, wenn sich Kindergärten, Schulen, Altersheime oder Krankenhäuser in der Nähe befinden. Zur Zeit des Reinigungsfluges im Frühjahr (Ratschlag 240) führen die Verunreinigungen, die die Bienen hervorrufen, bei Wäschereien, Autolackierereien o. ä. Einrichtungen ebenfalls zu Problemen. Schließlich sollten Sie gründlich prüfen, daß Sie keinen Standort auswählen, der stoßartigen Erschütterungen ausgesetzt ist und somit keine ungestörte Winterruhe der Bienen ermöglicht (Ratschlag 227).

32 Die rechtzeitige Erkundung der klimatischen Verhältnisse hilft Ihnen, den richtigen Standort zu finden.
An Standorten, wo sich leicht Kaltluft ansammelt und Nebel entstehen (z. B. Geländemulden) oder ständig starke Winde wehen (z. B. Höhenlagen), wird die Bienenhaltung stark beeinträchtigt. Diese

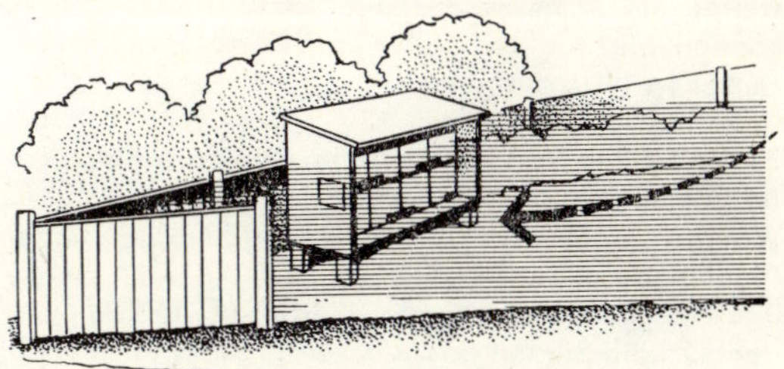

Kaltluftstau durch Bretterzaun

Kaltluftstau durch Fahrdamm

ungünstigen klimatischen Verhältnisse hemmen besonders die Frühjahrsentwicklung der Bienenvölker und beeinträchtigen damit Leistung und Ertrag. Außerdem begünstigen sie Krankheiten (Ratschlag 130). Es empfiehlt sich deshalb, am vorgesehenen Standort Temperaturen und vorherrschende Windverhältnisse über längere Zeit zu ermitteln und mit anderen möglichen Standorten zu vergleichen. Dieses Vorgehen erleichtert Ihnen die richtige Wahl und führt Sie zugleich zum besseren Verständnis des engen Zusammenhanges von Entwicklung und Leistung der Bienenvölker und Witterungsverlauf (Ratschlag 236).

33 Sie dürfen nicht versäumen, das Nahrungsangebot für die Bienen in der Nähe des vorgesehenen Standortes zu ermitteln.
Eine wichtige Voraussetzung für die Bienenhaltung ist eine ausreichende Nahrungsgrundlage für die Bienen. Sie muß die Bienen nicht nur ernähren, sondern Ihnen als Imker auch einen Mindestertrag an Honig garantieren. Ausschlaggebend dafür ist ein reichhaltiges Angebot an Pollen und Nektar während des ganzen Jahres im Umkreis von etwa 2 km um den Bienenstand. Ermitteln Sie durch Beobachtungen rechtzeitig die bestehenden Trachtverhältnisse und entscheiden Sie, ob sich darauf eine erfolgreiche Bienenhaltung aufbauen läßt. Die in den Ratschlägen 42 bis 45 gegebenen Hinweise zur Wertigkeit der Bienenweidepflanzen sollen Ihnen dabei helfen. Ratsam ist es, dazu auch erfahrene Imker zu konsultieren. Alle Trachten, die weiter als 2 km vom Bienenstand entfernt sind, können Sie nur bedingt in die Kalkulationen einbeziehen (Ratschlag 40).

34 Es ist Ihr Vorteil, wenn in Standortnähe eine natürliche Wasserstelle vorhanden ist.
Wasser gehört zu den Lebensbedingungen der Bienen. Solange Flugbetrieb herrscht, müssen sie ihren großen Wasserbedarf jederzeit decken können. Da die Bienen das Wasser im Stock nicht speichern, gewinnt eine natürliche Wasserstelle in unmittelbarer Nähe an Bedeutung. Ist diese nicht vorhanden, müssen Sie als Imker eine künstliche Tränkstelle für die Bienen schaffen. Wozu die Bienen das Wasser benötigen, wann und wie Sie eine Tränke aufstellen sollten, können Sie den Ratschlägen 78 bis 82 entnehmen.

35 Der Standort Ihrer Bienenvölker sollte ruhig und geschützt liegen.
Die Bienen brauchen zwar viel Sonne und frische Luft, ungehinderte Sonnenbestrahlung und Windeinwirkung schaden den Bienenvölkern jedoch. Sorgen Sie deshalb am Bienenstand dafür, daß Bäume oder Hecken Windschutz gewähren und besonders in den heißen Mittagsstunden des Sommers Schatten spenden. Wenn die Schutzpflanzungen den Bienen zusätzlich noch Tracht bieten und sie zum sofortigen Hochfliegen zwingen, erfüllen sie gleich mehrere gute Zwecke. Vor allem letzteres hat vielfach große Bedeutung, um Belästigungen der Mitmenschen zu vermeiden. Ein möglichst abgelegener Ort reizt die ein- und ausfliegenden Bienen am wenigsten zum Stechen. Damit machen Sie es nicht nur sich selbst, sondern auch Ihren Besuchern und Nachbarn leichter, mit den Bienen zu leben.

36 Wählen Sie nach Möglichkeit die vorteilhafte Himmelsrichtung Südost als Ausflugrichtung für Ihren Bienenstand.

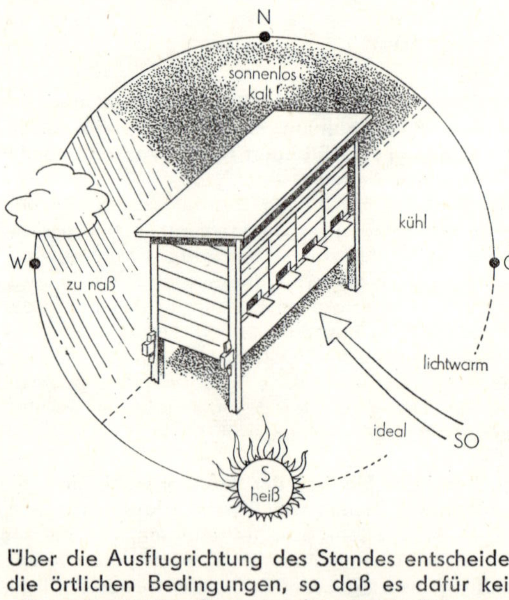

Über die Ausflugrichtung des Standes entscheiden die örtlichen Bedingungen, so daß es dafür kein allgemeingültiges Rezept geben kann. Die angegebene Richtung ist aber die vorteilhafteste, weil die Flugfront so die Morgensonne „aus erster Hand" erhält und vor den heißen Strahlen der

Mittagssonne geschützt wird. Von einer Ausflugrichtung nach Westen, zur Wetterseite hin, ist ebenso abzuraten wie nach Norden. Bedenken Sie, daß die Sonne das Lebenselement der Bienen ist und wir sie deshalb nicht ständig von der Flugfront fernhalten sollten. Bei direktem Südausflug empfiehlt sich allerdings ein weit überstehendes Dach oder die schon erwähnte Anpflanzung von Bäumen als Schattenspender für den Sommer. Dadurch verhindern Sie eine Überhitzung im Innern der Bienenwohnungen und erreichen gleichzeitig, daß die Bienen im Winter nicht schon bei den ersten Sonnenstrahlen aus dem Stock gelockt werden und in der Kälte erstarren.

37 Vor der Errichtung des Standes sollten Sie Ihr Vorhaben mit den Nachbarn absprechen.
Es gehört zu Ihren mit der Bienenhaltung verbundenen Pflichten, unzumutbare Belästigungen durch die Bienen von vornherein auszuschließen. Die Rücksichtnahme auf die Nachbarschaft steht hierbei an erster Stelle. Versuchen Sie unbedingt, alle geplanten Maßnahmen im guten Einvernehmen mit den Nachbarn abzusprechen. Durch die Gespräche müssen Sie erreichen, daß die Nachbarn Verständnis für Ihr Vorhaben aufbringen und erste Informationen erhalten, wie man sich in der Nähe von Bienen verhalten sollte. Auch später ist es angebracht, das Interesse der Nachbarn an den Bienen wachzuhalten und ihnen Einblicke in deren interessantes Leben zu geben. Sie müssen sich darüber im klaren sein, das Belästigungen nicht völlig ausgeschlossen werden können, so daß es angebracht ist, diesen Problemen die gebührende Aufmerksamkeit zu schenken. Schon manchem Imker wurde die Bienenhaltung zum Verdruß, weil sie ständig Anlaß zu Streitigkeiten bot. Soll der Stand in unmittelbarer Nähe zum Nachbargrundstück errichtet werden, muß er durch eine etwa 3,50 m hohe und entsprechend lange Schutzwand abgeschirmt sein. Die Bienen sind dadurch gezwungen, das Grundstück des Nachbarn in ausreichender Höhe zu überfliegen, und die Stechgefahr wird eingeschränkt.

38 Auch in der Nähe von öffentlichen Wegen und Straßen müssen Sie dafür sorgen, daß Belästigungen durch die Bienen ausgeschlossen werden.
Ihre diesbezüglichen Maßnahmen ähneln denen, die Sie zur Abschirmung des Nachbargrundstückes getroffen haben. Halten Sie einen Sicherheitsabstand von etwa 20 m zu Wegen und Straßen ein, um die Passanten nicht zu belästigen oder gar zu gefährden. Zusätzlich können Sie noch Hecken und Bäume pflanzen oder eine Schutzwand aus Schilfmatten, engmaschigem Draht o. ä. Material anbringen, um die Bienen zum sofortigen Hochfliegen zu zwingen.

39 Wenn Sie die Bienenvölker in einer Kleingartenanlage aufstellen wollen, benötigen Sie eine Genehmigung des Vorstandes.
Eigentlich sollte es keine Kleingartenanlage ohne Imker geben. Die Bienen finden hier ein weites Betätigungsfeld und tragen durch ihre Bestäubungstätigkeit zu stabilen Obsterträgen in den Kleingärten bei. Die Problematik besteht nur darin, daß die Bienen in einem relativ kleinen Garten aufgestellt werden müssen und damit die Belästigungsgefahr für die Gartennachbarn steigt. Der angeblich verminderte Erholungswert ist oftmals Grund genug, die Imker aus den Kleingartenanlagen zu verbannen. Aus den vorhergehenden Ratschlägen wissen Sie bereits – und viele Imker beweisen es –, daß man dieser Gefahr durch entsprechende Schutzmaßnahmen vorbeugen kann. Schirmen Sie Ihren kleinen Bienenstand von den Nachbargärten ab, streben Sie mit deren Inhabern ein besonders gutes Verhältnis an und nehmen Sie auch vom Zeitpunkt der Bienenvölkerbearbeitung her Rücksicht auf die Nachbarn. Wenn diese zum Mittagessen oder Kaffeetrinken im Garten sitzen, müssen Sie nicht gerade in die Völker eingreifen! In Kleingartenanlagen sind besonders diejenigen Gärten für die Bienenhaltung geeignet, die am größten sind oder sich am Rande der Anlage befinden. Es bietet sich an, die Bienenvölker hier in Magazinen (Ratschlag 55) zu betreuen.

Die Bienenweide

40 Der Erfolg Ihrer Bienenhaltung wird wesentlich von den Blütenpflanzen beeinflußt, die in der Nähe des Standes wachsen.
Zwischen Bienen und Blütenpflanzen entwickelte sich im Laufe von Jahrmillionen ein untrennbarer Zusammenhang. Einerseits bilden die Blüten mit ihrem Nektar- und Pollenangebot die Existenzgrundlage für die Bienen, andererseits sind die meisten Blütenpflanzen auf die Bestäubung durch die Bienen oder andere Insekten angewiesen. Wir können also ohne Übertreibung sagen, daß ohne Bienen zahlreiche Arten der uns umgebenden

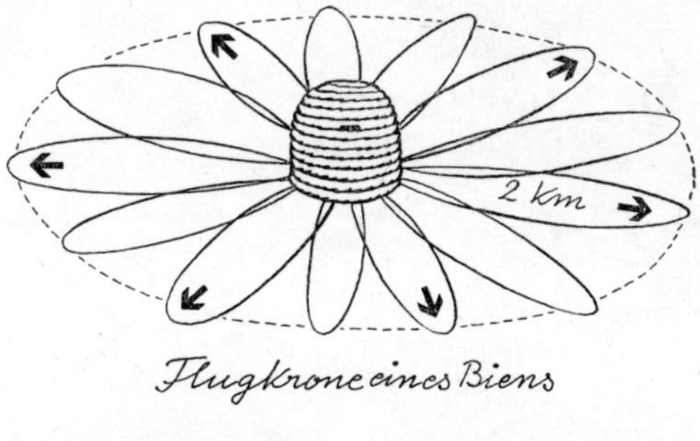

Flugkrone eines Biens

Pflanzenwelt bald verschwinden und damit auch viele Insektenarten aussterben würden.

Wenn Sie nicht wandern, ist der Bereich, in dem Ihre Bienen Nahrung finden, stark eingeschränkt. Zwar beträgt der Flugradius der Bienen bis zu 5 km, doch als Grundlage für die zu erwartenden Honigerträge können Sie nur mit einem Umkreis von etwa 2 km um den Stand rechnen. Mit den größer werdenden Flugstrecken steigt auch der Eigenbedarf der Bienen an Nahrung, so daß nur wenig als Überschuß bleibt. Außerdem haben Art und Qualität der Pflanzen, ihre Anzahl und bestimmte Umweltfaktoren (Witterung, Bodenqualität, Nährstoff- und Wasserversorgung) großen Einfluß auf den Erfolg und die Wirtschaftlichkeit Ihrer Bienenhaltung.

41 Die genaue Beobachtung von Bienen beim Blütenbesuch hilft Ihnen, die biologischen Zusammenhänge besser zu verstehen.

Auf der Suche nach Nahrungsquellen reizt die Bienen vor allem der Duft der Blüten. Sie prägen sich aber auch Farbe und Form genau ein. Diese Merkmale und die für die Flugstrecke benötigte Energie, mit der die Bienen die Entfernung vom Stock einschätzen können, ermöglichen ihnen ein sicheres Wiederfinden der Trachtpflanzen. Wichtige Orientierungshilfen für die Bienen sind außerdem auffällige Markierungen in der Landschaft und der Stand der Sonne (Ratschlag 223).

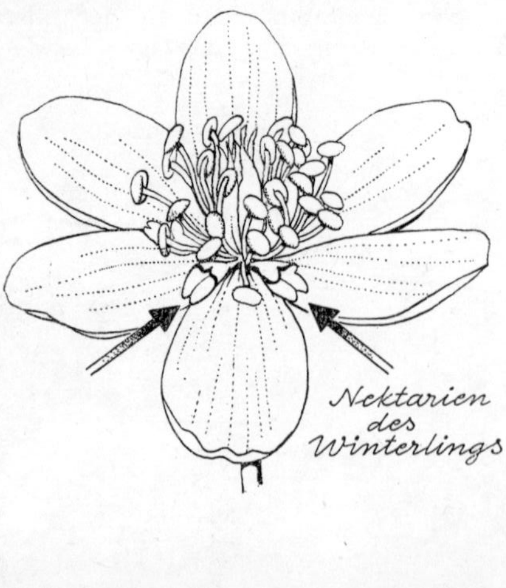

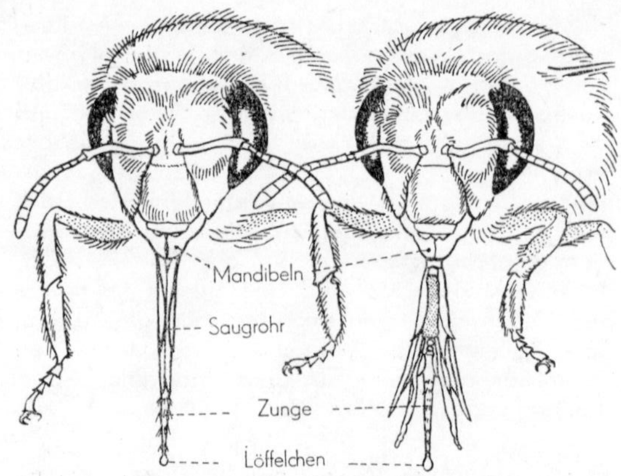

Wenn Sie die Bienen beim Blütenbesuch beobachten, können Sie viele interessante Entdeckungen machen. Da sind Bienen, die sich mit ausgestrecktem Rüssel bis auf den Grund der Blüten zwängen, um hier den Nektar aufzusaugen. Dabei legen sie – für uns nicht sichtbar – bei größeren Nektarmengen den Rüssel zu einem Saugrohr zusammen und befördern den „süßen Stoff" durch kräftige Bewegungen der Schlundmuskulatur in die Honigblase. Auf dem Wege dorthin erhält der Nektar bereits Speichelfermente zugesetzt. Damit beginnt der Umwandlungsprozeß in Honig (Ratschlag 133). Kleinere Nektarmengen leckt die Biene mit dem Löffelchen an der Zungenspitze auf.

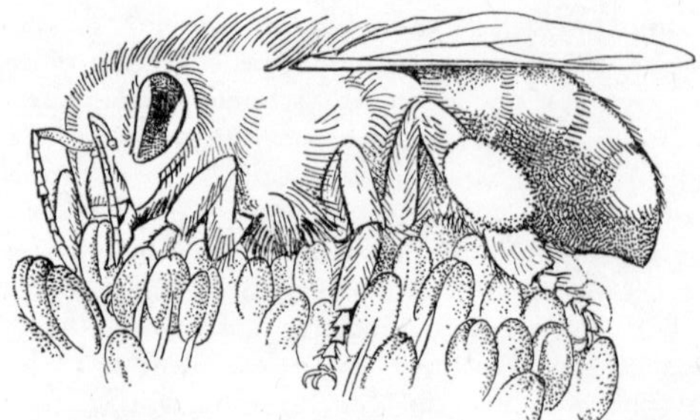

Andere Bienen sind mit dem Sammeln von Pollen beschäftigt, schütteln mit heftigen Bewegungen die Pollenbeutel der Blüten oder bearbeiten sie mit den Mandibeln, ihren Beißwerkzeugen. Den Pollen befördern die Bienen in die Körbchen der Hinterbeine, wo er schließlich als „Höschen" in den unterschiedlichsten Farben gut zu sehen ist. Während dieser Tätigkeit, dem Höseln, sind die Beine

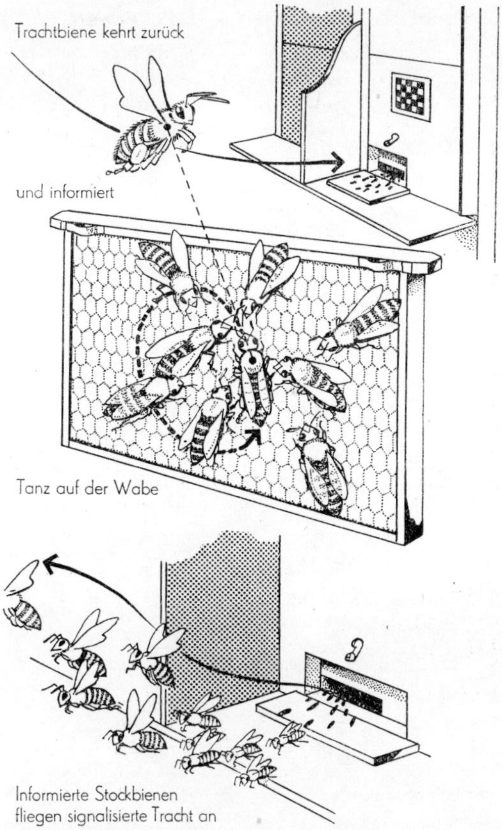

in ständiger Bewegung: Mit den Fersenbürsten der Vorderbeine wird der Pollen aus dem Haarkleid gekämmt, über die Mittelbeine zu den Hinterbeinbürsten weitergeleitet und mit Hilfe der Pollenkämme und Pollenschieber in den Körbchen verstaut. Sehen Sie genauer hin, bemerken Sie auch, daß die Biene den Blütenstaub anfeuchtet, damit er besser zusammenhält. Sind die Honigblase oder die Körbchen gefüllt, kehren die Bienen in den Stock zurück und informieren durch Tänze die anderen Stockinsassen über die Nahrungsquelle. Durch Rundtänze werden nahegelegene Nahrungsquellen (bis etwa 80 m vom Stock entfernt) angezeigt, durch Schwänzeltänze solche in größerer Entfernung. Beim Rundtanz laufen die Sammlerinnen auf der Wabe mit raschen Schritten in engen Kreisen herum und ändern dabei ständig die Richtung, während sie beim Schwänzeltanz einen kleinen Halbkreis laufen, eine scharfe Wendung machen, in gerader Linie zum Ausgangspunkt zurücklaufen und dann einen zweiten Halbkreis nach der anderen Seite beschreiben, der den ersten zum vollen Kreisbogen schließt. Wenn die Bienen geradeaus zurücklaufen und den jeweiligen Halbkreis schließen, vollführen sie rasche Schwänzelbewegungen mit dem Hinterleib.

Der dem Haarkleid der tanzenden Biene und der mitgebrachten Nahrung anhaftende Duft, Art und Weise (Richtung und Entfernung) und die Intensität (Ergiebigkeit) des Tanzes enthalten die Informationen, die dafür sorgen, daß schon bald mehr oder weniger viele Bienen die genau bestimmte Stelle ansteuern.
Dieses hochentwickelte Informationssystem wird auch als „Sprache der Bienen" bezeichnet.

42 Sorgen Sie für ein reiches Angebot an frühblühenden Pflanzen für die Bienen.
Mit der Ausdehnung der Brutflächen im Frühjahr steigt der Bedarf der Bienenvölker an Pollen enorm an. Das Angebot an Naturpollen, welches die Bienen jetzt vorfinden, trägt entscheidend zur zügigen Entwicklung und zum raschen Erstarken der Völker bei (Ratschlag 253).

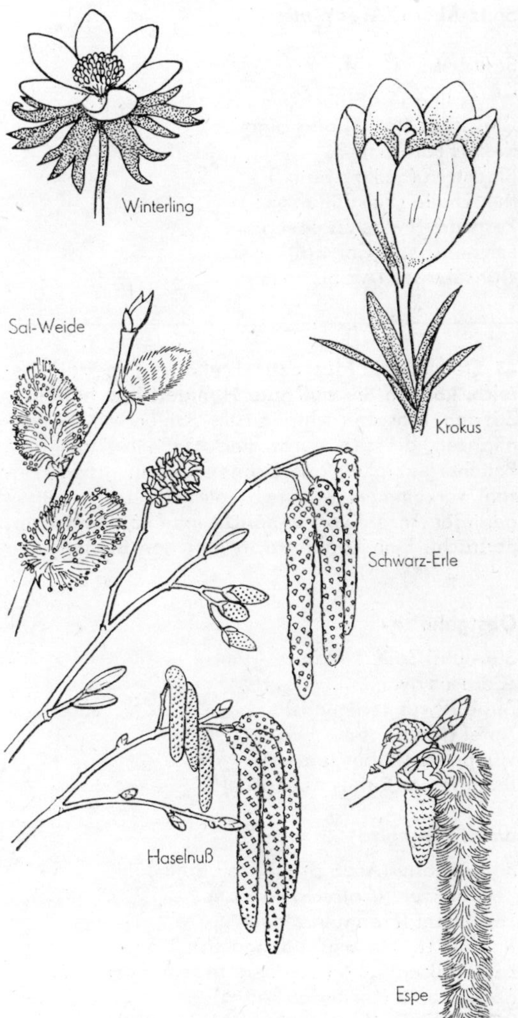

Gehölze	Blühmonat	Nektarwert	Pollenwert
Haselnuß (Corylus spec.)	3/4	ohne	mäßig
Schnee-Heide (Erica herbacea)	3/4	sehr gut	mäßig
Stachelbeere (Ribes uva-crispa)	3/4	gut	gering
Eibe (Taxus baccata)	3/4	mäßig	gut
Kornelkirsche (Cornus mas)	3/4	gut	mäßig
Purpur- und Reif-Weide (Salix purpurea, S. daphnoides)	3/4	gut	sehr gut
Sal- und Kübler-Weide (Salix caprea, S. x smithiana)	3/4	sehr gut	sehr gut
Silber-Ahorn (Acer saccharinum)	3/4	sehr gut	mäßig
Erle, Pappel, Ulme (Alnus, Populus, Ulmus)	3/4	ohne	gut
Persische- und Schwarz-Weide (Salix muscina, S. myrsinifolia)	3/4/5	gut	gut
Pfirsich (Prunus persica)	4/5	mäßig	gut
Schlehe (Prunus spinosa)	4/5	mäßig	gut
Vogel-Kirsche (Cerasus avium)	4/5	sehr gut	sehr gut
Trauer-Weide (Salix alba 'Tristis')	4/5	gut	gut
Spitz-Ahorn (Acer platanoides)	4/5	gut	mäßig
Stauden			
Winterling (Eranthis hyemalis)	3/4	mäßig	gut
Christrose (Helleborus niger)	3/4	mäßig	gut
Krokus (Crocus)	3/4	gering	mäßig
Blaustern (Scilla sibirica)	3/4	mäßig	gut
Kuhschelle (Pulsatilla spec.)	3/4	mäßig	gut
Pestwurz (Petasites spec.)	3/4	gut	gut
Lerchensporn (Corydalis spec.)	3/4/5	gut	mäßig
Gänsekresse (Arabis spec.)	3/4/5	gut	mäßig

43 Stehen viele Massentrachtpflanzen im Trachtbereich, können Sie auf gute Honigerträge hoffen. Zu den Massentrachtpflanzen zählen wir Blütenpflanzen, die sich durch eine große Nektar- bzw. Pollenergiebigkeit auszeichnen und in großer Anzahl vorkommen. Kommen solche Pflanzen nur in geringer Anzahl vor, so spricht man von einer Läppertracht. Eine Läppertracht hilft den Bienen über Lücken im Trachtangebot hinweg und erspart Ihnen eine Reizfütterung (Ratschlag 288). Aussichten auf einen Honigertrag können Sie mit solchen Trachten jedoch nicht verbinden. Ausschlaggebend für die Einordnung der aufgeführten Pflanzen in eine Massen- oder Läppertracht sind jeweils die örtlichen Bedingungen.

Obstgehölze	Blühmonat	Nektarwert	Pollenwert
Süß- und Sauerkirsche (Cerasus avium, C. vulgaris)	4/5	sehr gut	sehr gut
Birne (Pyrus communis)	4/5	gut	gut
Apfel (Malus domestica)	4/5	sehr gut	sehr gut
Himbeere (Rubus idaeus)	5/6/7	sehr gut	gut
Brombeere (Rubus fruticosus)	6/7/8	gut	mäßig
andere Gehölze			
Berg-Ahorn (Acer pseudo-platanus)	5	sehr gut	mäßig
Zwergmispel (Cotoneaster spec.)	5/6	sehr gut	gut
Faulbaum (Frangula alnus)	5/6/7	gut	mäßig
Robinie (Robinia pseudoacacia)	6	sehr gut	gering
Lederhülsenbaum (Gleditsia triacanthos)	6	sehr gut	gering
Eß-Kastanie (Castanea sativa)	6/7	gut	gut
Schneebeere (Symphoricarpos rivularis)	6–9	gut	keinen

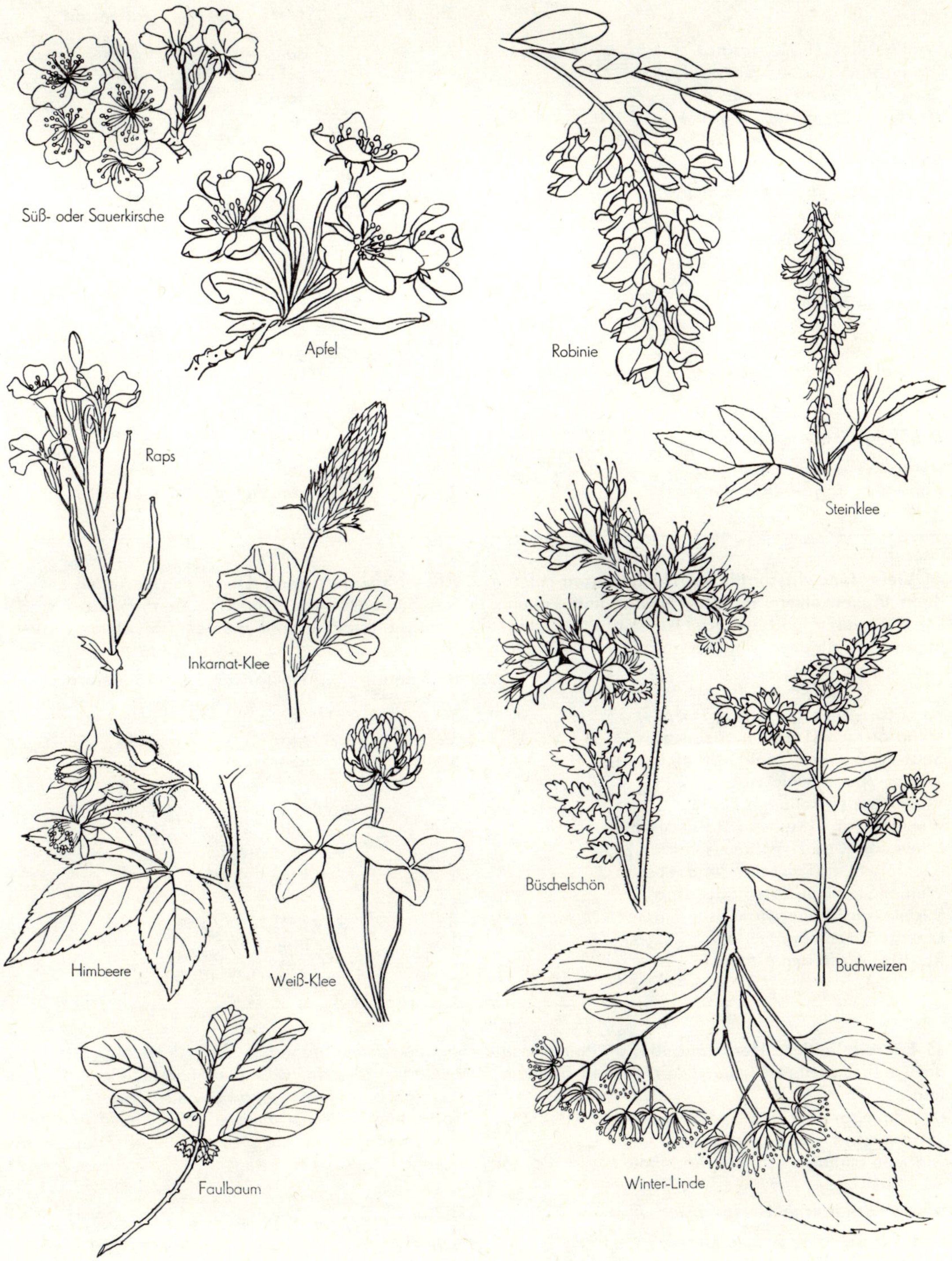
Süß- oder Sauerkirsche
Apfel
Robinie
Raps
Steinklee
Inkarnat-Klee
Büschelschön
Himbeere
Weiß-Klee
Buchweizen
Faulbaum
Winter-Linde

	Blühmonat	Nektarwert	Pollenwert
Winter-Linde (Tilia cordata)	7	sehr gut	gering
Schnurbaum (Sophora japonica)	7/8	sehr gut	mäßig
Stinkesche (Euodia spec.)	7/8/9	sehr gut	gut
Heidekraut (Calluna vulgaris)	8/9	gut	gut
Stauden			
Löwenzahn (Taraxacum officinale)	4/5	gut	sehr gut
Himmelsleiter (Polemonium caeruleum)	5/6/7	sehr gut	sehr gut
Spargel (Asparagus officinalis)	5/6/7	gut	gut
Bärenklau (Heracleum spec.)	6/7	gut	mäßig
Katzenminze (Nepeta mussinii)	6/7/8	gut	gering
Fettblatt (Sedum spec.)	6/7/8	gut	mäßig
Echter Steinklee (Melilotus officinalis)	6/7/8	sehr gut	gut
Kugeldistel (Echinops spec.)	6/7/8	gut	mäßig
Fenchel (Foeniculum vulgare)	7/8	sehr gut	gering
Ysop (Hyssopus officinalis)	7/8/9	sehr gut	sehr gut
Einjährige Gartenpflanzen			
Boretsch (Borago officinalis)	6–9	sehr gut	mäßig
Koriander (Coriandrum sativum)	7/8	sehr gut	gering

44 Viele landwirtschaftliche Nutzpflanzen bieten Ihren Bienenvölkern reichlich Nektar und Pollen.
Die auf großen Flächen angebauten landwirtschaftlichen Nutzpflanzen sind für die Bienen die typischen Massentrachten. Durch den gezielten Einsatz von Bienenvölkern können außerdem die Erträge stabilisiert und erhöht werden (Ratschlag 175).

	Blühmonat	Nektarwert	Pollenwert
Raps (Brassia napus subsp. napus)	5/6	sehr gut	sehr gut
Inkarnat-Klee (Trifolium incarnatum)	5/6	gut	gut
Saat-Esparsette (Onobrychis viciifolia)	5/6/7	sehr gut	sehr gut
Winter-Wicke (Vicia villosa)	5/6/7	gut	mäßig
Weiß-Klee (Trifolium repens)	5/6/7	sehr gut	gut
Weißer Senf – Frühsaat (Sinapis alba)	6	gut	gut
Schweden-Klee (Trifolium hybridum)	6/7	sehr gut	gut
Büschelschön (Phacelia tanacetifolia)	6–9	sehr gut	gut
Weißer Steinklee (Melilotus alba)	6/7/8	sehr gut	gut
Buchweizen (Fagopyrum esculentum)	7/8	sehr gut	gut
Luzerne (Medicago varia)	7/8/9	gut	gering
Rot-Klee (Trifolium pratense)	7/8/9	gut	gut

45 Ein reichhaltiges Herbstangebot an Pollen trägt dazu bei, daß Ihre Bienenvölker gesund überwintern.
Das Pollenangebot im Spätsommer und Herbst ist entscheidend dafür, daß die Bienen gut ernährt und mit einem umfangreichen Fett-Eiweiß-Polster in den Winter gehen können (Ratschlag 217). Zu den Pflanzen, die den Bienen den letzten Pollen des Jahres liefern, gehören viele Gartenpflanzen. Somit liegt es auch in Ihrer Hand, durch Vermehrungsmaßnahmen die Anzahl dieser Pflanzen zu erhöhen (s. Ratschlag 183).

Landwirtschaftliche Nutzpflanzen	Blühmonat	Nektarwert	Pollenwert
Schlaf-Mohn (Papaver somniferum)	6/7	ohne	sehr gut
Rot-Klee (Trifolium pratense)	7/8/9	gut	gut
Hanf (Cannabis sativa)	7/8	ohne	gut
Weißer Senf – Spätsaat (Sinapis alba)	8/9	gut	gut

Berg-Ahorn
Schneebeere
Reseda
Sonnenbraut
Luzerne
Boretsch
Weißer Senf
Efeu
Fenchel
Ysop
Thymian
Herbstaster
Dahlie

Gehölze	Blühmonat	Nektarwert	Pollenwert
Wilder Wein (Parthenocissus inserta)	7/8/9	gering	gut
Bartblume (Caryopteris spec.)	8/9	sehr gut	sehr gut
Heidekraut (Calluna vulgaris)	8/9	gut	gut
Stauden			
Seidenpflanze (Asclepias spec.)	7/8/9	sehr gut	gut
Sonnenbraut (Helenium autumnale)	7/8/9	gut	sehr gut
Herbstaster (Aster spec.)	8/9/10	gut	gut
Ein- und zweijährige Gartenpflanzen			
Reseda (Reseda odorata)	6–9	mäßig	gut
Glockenblume (Campanula spec.)	6/7/8	mäßig	gut
Königskerze (Verbascum spec.)	7/8	ohne	gut
Kornblume (Centaurea spec.)	7/8/9	gut	gut
Dahlien (Dahlia variabilis)	8/9	mäßig	gut

46 Für die Erkundung der Trachtverhältnisse spielen auch die Honigtauerzeuger eine wichtige Rolle, denn sie sind eine sehr gute Trachtquelle für die Bienen.
Neben dem Nektar der Blütenpflanzen dient den Bienen der Honigtau, den bestimmte Pflanzenläuse erzeugen, als Rohstoff für den Bienenhonig. Unter den Honigtauerzeugern haben die Rindenläuse (Lachniden) der Nadelbäume und die Fichtenquirlschildläuse (Lecanien) die größte Bedeutung. Daneben kommen auch Blattläuse als Honigtauerzeuger vor. Die Pflanzenläuse stechen mit speziellen Mundwerkzeugen – einem zum Saugrohr umgewandelten Rüssel – die Pflanzen an und saugen deren zuckerhaltigen Siebröhrensaft auf. Die eiförmigen, zwischen 1 und 6 mm langen Insekten behalten für ihren Stoffwechsel nur einen Teil des Saftes für sich und scheiden den Rest wieder aus. Der ausgeschiedene Pflanzensaft, dessen Zusammensetzung durch die Speichel- und Verdauungsdrüsen der Läuse bereits stark verändert wurde, wird von den Bienen aufgenommen und eingetragen. Der daraus bereitete Honig unterscheidet sich in Farbe und Zusammensetzung deutlich vom Blütenhonig (Ratschlag 144).

47 Nur wenn Sie sich gewissenhaft über die Trachtmöglichkeiten für die Bienen informieren, können Sie vorhandene Lücken erkennen.
Ein gutes Trachtangebot für die Bienen ist nicht nur im Hinblick auf die Honigerträge bedeutsam. Finden die Bienen im Jahresverlauf möglichst lückenlos Nektar und Pollen in größeren Mengen vor, dann beeinflußt das den gesamten Zustand des Volkes (s. auch Ratschlag 131). Das unentwegte Tätigsein der Bienen bewirkt, daß sie sich relativ schnell abarbeiten. In der Hochsaison erreichen so die Arbeitsbienen meist nur eine Lebensdauer von 4 bis 6 Wochen. Damit sich Ihre Bienenvölker immer schnell regenerieren, müssen Sie vorhandene Trachtlücken durch eine Reizfütterung (Ratschlag 288) oder durch eine Zwischenwanderung überbrücken.

Die Bienenwohnungen

48 Obwohl alle Bienenwohnungen im Grundaufbau ähnlich sind, müssen Sie unter recht unterschiedlichen Typen eine Form auswählen und dabei die Vor- und Nachteile genau abwägen.
Der Entwicklungsweg der Bienenwohnungen bis zu den heutigen Formen war lang. Unser Zeichner hat diesen Weg nachvollzogen, um Ihnen einen kleinen Überblick zu geben. Zwei grundsätzliche

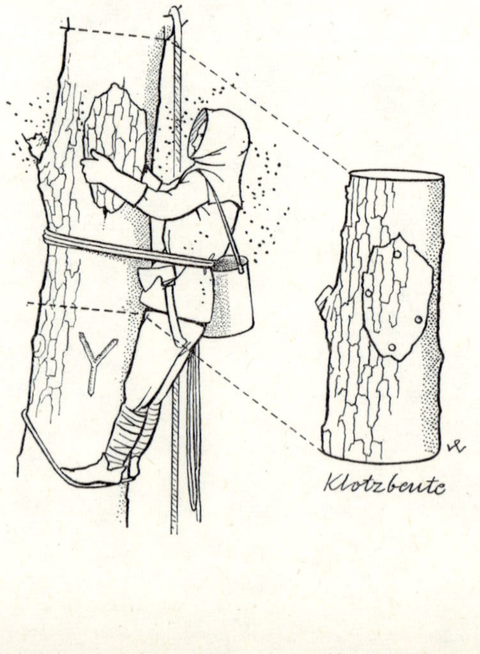

Aus der Geschichte der Bienenwohnungen

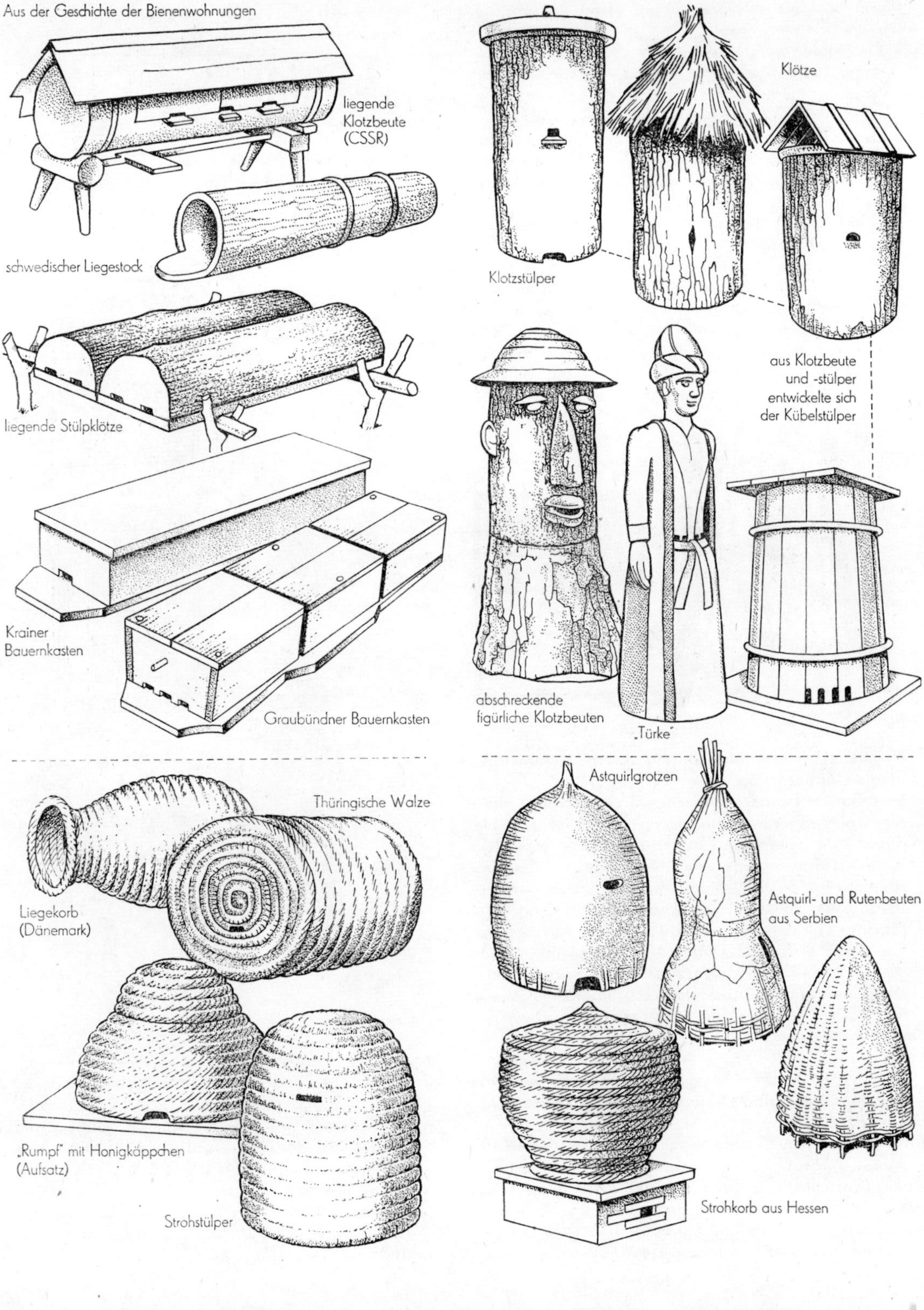

Merkmale sind hervorzuheben, wenn es um Bienenwohnungen geht:
– Die Honigbienen benutzten schon vor Jahrtausenden Höhlungen als Wohnung, suchten sich Felsspalten, Baumhöhlen und andere Hohlräume, um hier ihren Wabenbau zu errichten. Auch heute finden die Bienen in den künstlich hergestellten Bienenwohnungen (Beuten) günstige Entwicklungsmöglichkeiten und Schutz vor Feinden und Witterungsunbilden.
– Die Eigenart der Bienen, den Honig über dem Brutnest abzulagern, gab den Ausschlag, die Bienenwohnungen in Brut- und Honigraum zu trennen. Zwischen dem unteren Raum, in dem sich die Weisel befindet und die Brut aufgezogen wird, und dem darüber befindlichen Honigraum liegt ein Absperrgitter. Es ist so beschaffen, daß nur die Arbeitsbienen hindurchkriechen können und der Weisel der Weg in den Honigraum versperrt bleibt.

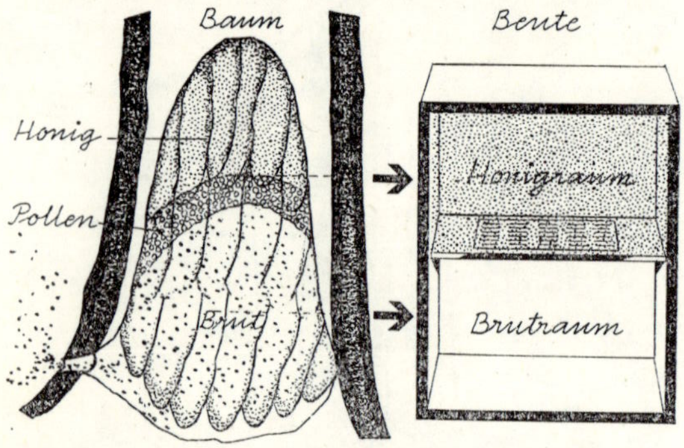

49 Historische Beuten können Ihrem Bienenstand eine besondere Note verleihen.
Sind Sie im Besitz historischer Beuten oder haben Sie Gelegenheit, solche zu erwerben, sollten Sie damit Ihren Bienenstand ausgestalten (Ratschlag 75). Das hat weniger mit Nostalgie zu tun, als vielmehr mit der Erhaltung von Zeugnissen der Geschichte der Imkerei. Die Schönheit und Originalität alter Handwerks- und Volkskunst wird nicht nur Sie selbst erfreuen, sondern auch manchen Besucher in Staunen versetzen. Nach einer entsprechenden Behandlung (Ratschlag 62) können Sie die historischen Beuten sogar zeitweise wieder mit Bienen besiedeln.

50 Bei der Auswahl der Beuten müssen Sie sich zwischen Ober- und Hinterbehandlungsbeuten entscheiden.
Normalerweise besteht eine Beute aus zwei Räumen, dem Brut- und dem Honigraum. Manche Beuten (Ratschläge 54 und 55) gestatten aber auch die Benutzung mehrerer Brut- bzw. Honigräume. Bei den Hinterbehandlungsbeuten können Sie die Bienenvölker nur von hinten behandeln, bei Oberbehandlungsbeuten werden die Völker von oben bearbeitet. Mit Magazinen, den gebräuchlichsten Oberbehandlungsbeuten, läßt sich besonders rationell arbeiten, weil hier die Räume getrennt und somit austauschbar sind. Dafür lassen sich die Hinterbehandlungsbeuten im Bienenhaus oder Wanderwagen besser stapeln.
Ihre zweite Entscheidung bezieht sich auf die Wabenstellung in den Beuten: quer oder längs zum Flugloch.

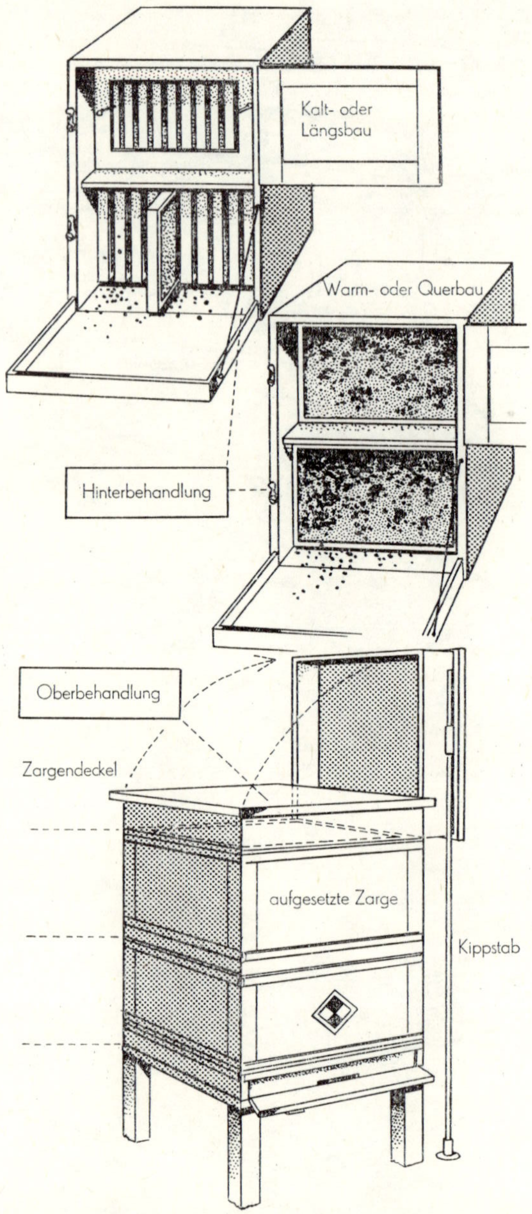

51 Hinterbehandlungsbeuten sind noch sehr weit verbreitet und für den Anfang durchaus ratsam.

Bedenken Sie, daß Sie sich erst einmal mit den Bienen vertraut machen müssen. Mit quer zum Flugloch gestellten Waben, auch als „Warmbau" bezeichnet, lassen sich die Bienenvölker auf unkomplizierte Weise erweitern bzw. einengen, d. h., Sie können den Raum nach und nach vergrößern oder verkleinern. Zugang zu den Bienen erhalten Sie dabei durch eine Beutentür, die sich nach hinten öffnen läßt und auch zweigeteilt sein kann. Zwei Fenster, jeweils mit einer wärmenden Matte versehen und an beliebiger Stelle in der Beute arretierbar, schließen Brut- und Honigraum nach hinten ab. Die Waben hängen auf Metallschienen oder Leisten und sind mit Abstandsbügeln versehen, um zwischen den Waben den notwendigen Abstand zu gewährleisten. Zum Entnehmen oder Zuhängen der Waben benötigen Sie eine Wabenzange (Ratschlag 89). Diese Betriebsweise ist ziemlich unrationell, weil nicht jede beliebige Wabe sofort greifbar ist.

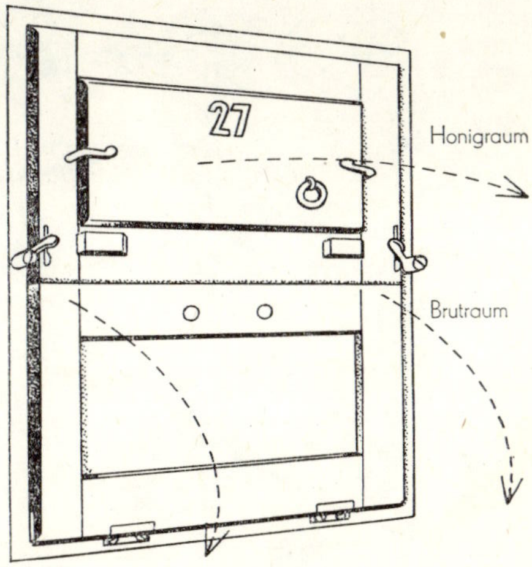

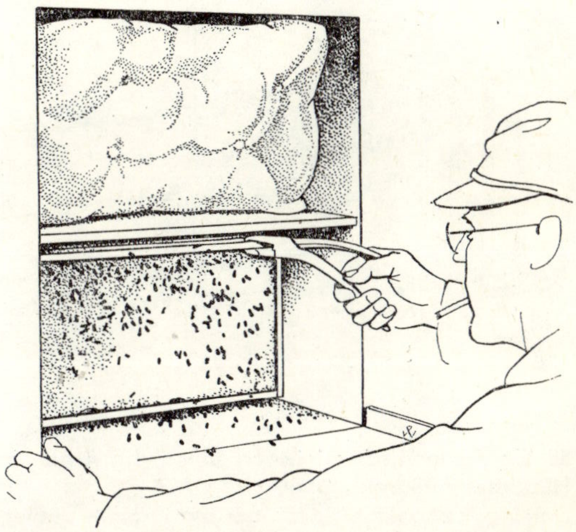

Standardbeute für Hinterbehandlung

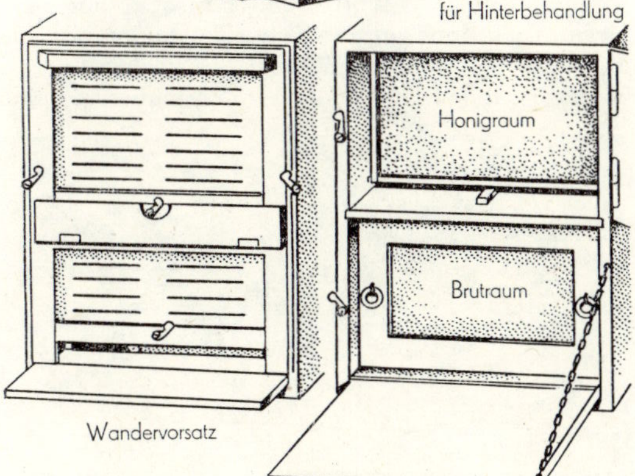

Wandervorsatz

52 In Hinterbehandlungsbeuten können Sie auch mit Längsbau imkern, so daß eine Umstellung Ihrer Betriebsweise jederzeit möglich ist.

Die Anordnung der Waben längs zum Flugloch, die auch als „Kaltbau" bezeichnet wird, weist gegenüber dem Querbau den Vorteil auf, daß Sie nach der Entnahme des Fensters alle Waben des Volkes vor sich haben und jede gewünschte Wabe herausziehen können. Auf herkömmliche Art stehen die Waben dabei auf Rosten; für den Abstand untereinander sorgen in der Beute angebrachte Abstandsrechen. Diese Wabenstellung erhielt den Namen „Blätterstock", weil sich nach der Entnahme von ein oder zwei Waben alle übrigen kontrollieren lassen, ohne sie der Beute zu entnehmen. Heute findet anstelle der Roste immer häufiger ein Schlitten Verwendung, um die Waben abzustellen. Dadurch lassen sich alle Waben im Block aus der Beute ziehen und die Bienenvölker noch schneller und leichter bearbeiten. Einziger Nachteil ist die komplizierte Einengung der Völker mit Hilfe von senkrechten Trennschieden, wenn die Stärke noch nicht ausreicht, um den gesamten Raum auszufüllen.

6-Waben-Schlitten (alte Art)

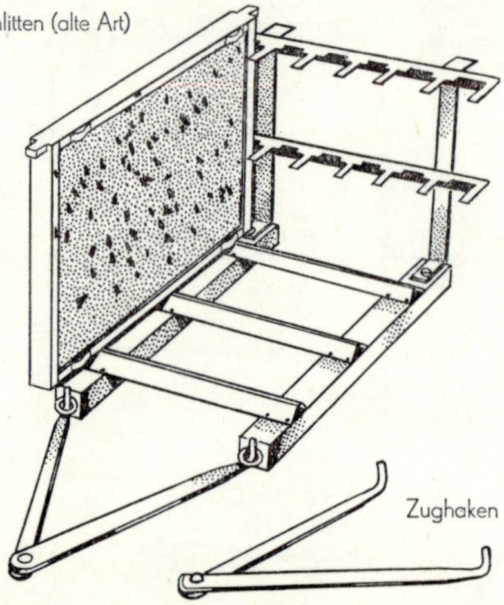

Heb- und Senkschlitten für 10 Waben

53 Ein Ansteckt isch erleichtert Ihnen die Arbeit in Hinterbehandlungsbeuten.

Der praktische Arbeitstisch, auf den Sie die Bienen bei der Bearbeitung der Völker abschlagen (Ratschlag 122) oder auf dem Sie Geräte ablegen können, ergibt sich bei den Beuten mit zweigeteilten Türen von selbst, wenn die untere Türhälfte herunterklappbar ist. Dann brauchen Sie nur noch einen Ansteck tisch anzufertigen, der die Fläche vergrößert und nach drei Seiten abgrenzt. Die abgeschlagenen Bienen dürfen nicht neben den Tisch fallen und sollen möglichst schnell in die Beute zurücklaufen. Ergibt sich der Arbeitstisch nicht bereits durch die Beutentür, so müssen sie natürlich mehr Material und Zeit aufwenden. Beachten Sie dabei, daß der Tisch glatt sein sollte und fest an der Beute verankert werden muß.

54 In den Hinterbehandlungsbeuten mit mehr als zwei Räumen, den „Dreietagern“ oder den Schrankbeuten, können Sie analog imkern.

Diese Beuten nehmen eine Zwischenstellung ein, weil ihr größeres Fassungsvermögen und die damit verbundene Variabilität bereits Vorzüge der Magazinbetriebsweise sind. Sie bieten den Vorteil, die Leistungskraft starker Bienenvölker ohne vorzeitige Schröpfungsmaßnahmen (Ratschlag 159) voll ausnutzen zu können, aber auch jederzeit Raum zur Verfügung zu haben, um Ableger unterbringen zu können. Innerhalb der Beuten besteht die Möglichkeit, die einzelnen Räume mit Hilfe von Abdeckbrettchen oder des Absperrgitters beliebig zu variieren.

55 Oberbehandlungsbeuten ermöglichen Ihnen rationelles Arbeiten, haben aber ebenfalls Nachteile.

Oberbehandlungsbeuten bestehen größenteils aus zwei getrennten Räumen, die übereinandergesetzt werden. Die Fenster können hier entfallen; der obere Raum wird durch ein Abdeckbrett dicht und warmhaltig abgeschlossen. Um in den Brutraum zu gelangen, macht sich die Abnahme des Honigraumes erforderlich. Bei älteren Beutentypen finden Sie auch die Variante, daß der Brutraum Tür und Fenster wie bei den Hinterbehandlungsbeuten besitzt. Das Absperrgitter wird zwischen die übereinandersetzbaren Räume gelegt und bedeckt den gesamten Wabenbau. Eine besondere Form der Oberbehandlungsbeuten sind die sogenannten Trogbeuten, bei denen alle Waben hintereinander in einer Ebene stehen.

Die Magazine als bekannteste Art der Oberbehandlungsbeuten, die in der Welt weit verbreitet sind, bestehen normalerweise aus mehreren gleich großen Räumen (Zargen), man kann aber auch halbhohe Zargen verwenden. Die Zargen lassen sich austauschen und in beliebiger Anzahl übereinandersetzen. Dadurch, daß ganze Räume ausgewechselt oder ergänzt werden können, ist die Bearbeitung der Bienenvölker sehr effektiv und ermöglicht Ihnen, mit weniger Zeitaufwand eine

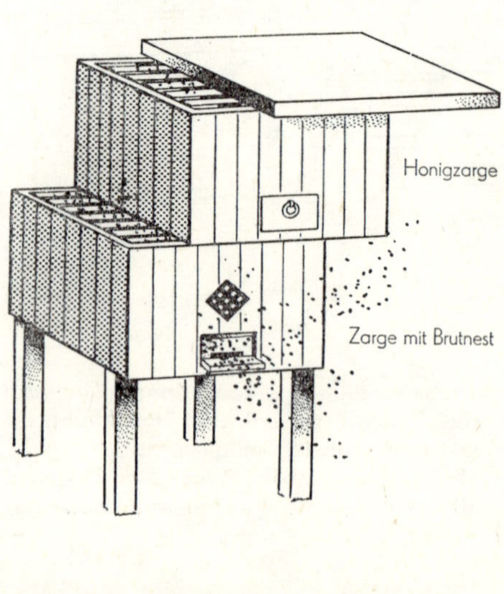

große Zahl Bienenvölker zu betreuen. Bedenken Sie aber, daß ausreichende Volksstärke und sehr gute Trachtverhältnisse wichtige Voraussetzungen für die Arbeit mit Magazinen sind. Die Einzelaufstellung verhindert, daß sich die Bienen verfliegen, bewirkt jedoch auch alle Nachteile ines Freistandes (Ratschlag 68). Bedingt durch den größeren Wärmeverlust haben die Bienenvölker in den Magazinen einen höheren Futterverbrauch. Hinzu kommt, daß die Arbeit mit ganzen Räumen körperlich sehr schwer ist und nicht von jedermann gemeistert werden kann.

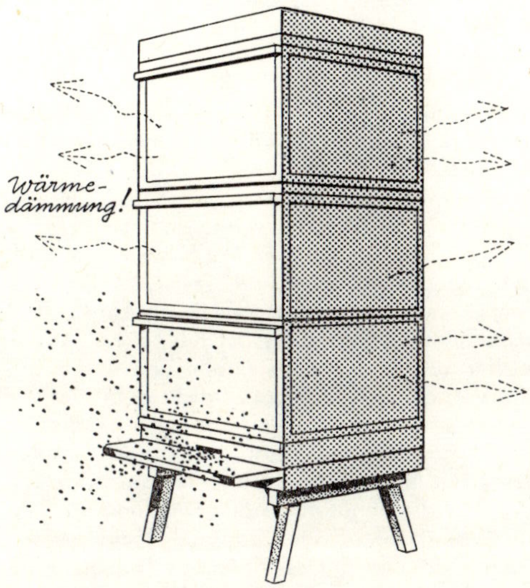

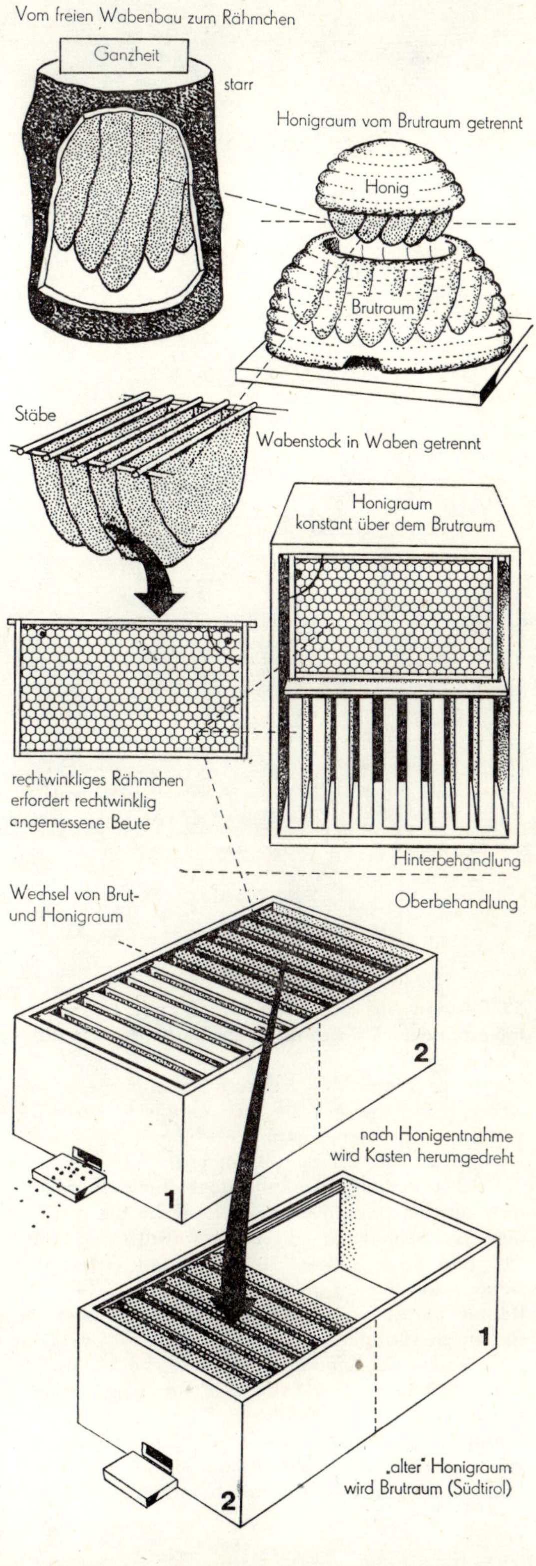

56 Im Zusammenhang mit dem Beutentyp müssen Sie sich für ein bestimmtes Rähmchenmaß entscheiden.

Die Auswahl, die Sie dabei haben, ist nicht mehr sehr groß. Auch in der Imkerei setzt sich die Standardisierung – wenn auch langsamer als auf anderen Gebieten – durch.

Das Normalmaßrähmchen hat eine Breite von 370 mm, eine Höhe von 223 mm und eine Wabenfläche von etwa 744 cm^2. Daneben sind noch das Kuntzschmaß (330 mm x 250 mm) und das Freudensteinmaß (338 mm x 200 mm) verbreitet, jedoch erweist sich für unsere brutfreudige Carnica-Biene die Freudensteinbeute mehr und mehr als zu eng. Die Empfehlung des Normalmaßes geht übrigens bis in das Jahr 1880 zurück, als man sich im heillosen Durcheinander von Rähmchengrößen und dazugehörigen Beuten auf der „Wanderversammlung der deutschen und österreichischen Bienenwirte" endlich auf das Normalmaß einigte. In jüngster Zeit kommen auch Rähmchenmaße mit einer noch größeren Wabenfläche in Gebrauch.

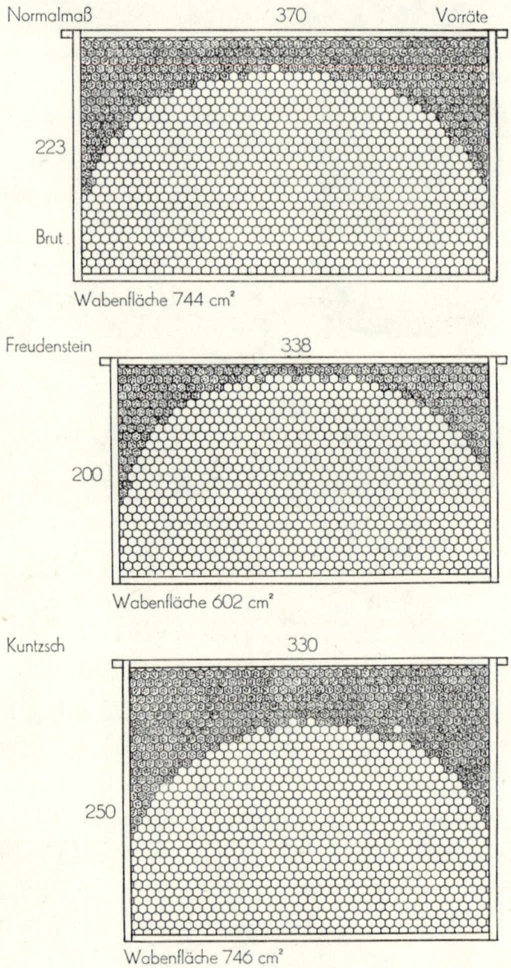

57 Beraten Sie sich noch einmal mit erfahrenen Imkern, bevor Sie sich für einen Beutentyp entscheiden.

Für jedes Bienenvolk müssen Sie eine Beute erwerben. Entscheiden Sie sich möglichst für neue Beuten, es sei denn, man bietet Ihnen gleich vollwertige Völker mit den Beuten an. Vergewissern Sie sich trotzdem eingehend über den Zustand der gebrauchten Beuten und beachten Sie die Bestimmungen beim Kauf von Bienen (Ratschlag 103). Auf alle Fälle sollten Sie industriell gefertigten Beuten den Vorzug geben und nicht versuchen, die Beuten selbst herzustellen. Die Kosteneinsparung rächt sich später meist, wenn zutage tritt, daß Ihr handwerkliches Können für eine solche Maßarbeit doch nicht ausreichte. Jede Ungenauigkeit bei der Herstellung der Beuten samt Zubehör kann dazu führen, daß sich Beutenteile verklemmen oder Ritzen entstehen, durch die Bienen hindurchschlüpfen und Ihnen manches Ärgernis bereiten.

58 Ein einheitliches Beutenmaß erspart Ihnen ebenfalls viel Ärger.

Keinesfalls sollten Sie Ihr Glück mit unterschiedlichen Beutentypen versuchen. Einheitliche Beuten lassen sich nicht nur leichter im Stand unterbringen, sondern auch warmhaltiger aufstellen (Ratschlag 63). Die größten Vorteile bieten sie Ihnen jedoch bei der Bearbeitung der Völker: Beutenzubehör, Rähmchen und Waben sind stets austauschbar, umständliches Umklemmen und Umschneiden von Waben kann entfallen. Außerdem benötigen Sie nicht eine Vielzahl von Geräten für die verschiedenen Betriebsweisen und können sich auf eine Form konzentrieren. Diese Details erleichtern Ihnen die Arbeit und erhöhen die Freude und den Erfolg der Bienenhaltung.

59 Die warmhaltige Verpackung, die die Beuten komplettiert, können Sie käuflich erwerben oder selbst herstellen.

Zur Bienenwohnung gehören wärmende Kissen oder Matten, die dafür sorgen, daß die Wärme nicht ungehindert entweichen kann, wenn die Beuten mit Bienen besiedelt sind. Diese Kissen oder Matten können Sie aus Papier, Wellpappe, Stroh oder ähnlichem Material selbst herstellen. Achten Sie dabei auf ausreichende Größe und Dicke, damit die Verpackung auch gut abdichtet. In jüngster Zeit setzte sich besonders Verpackung aus Schaumstoffen durch, die sehr gute Isoliereigenschaften besitzen. Mit einem Messer läßt sich der Werkstoff bequem auf die benötigte Größe zuschneiden. Sehr praktisch sind Ringe oder Schlaufen an der Verpackung. Dadurch fällt es Ihnen leichter, das enganliegende Material aus der Beute zu entfernen.

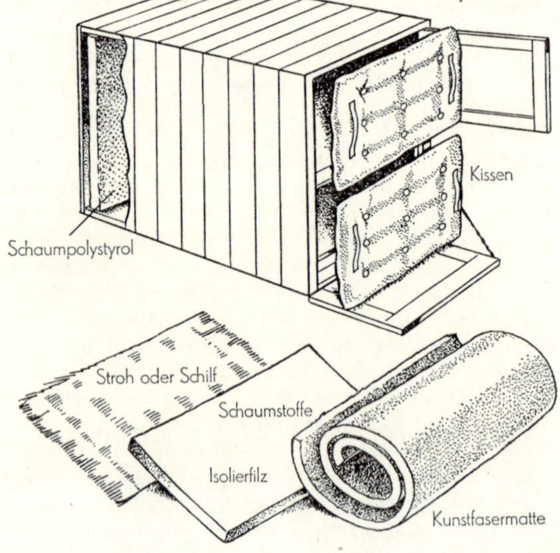

Bienen in der Bautraube

Die Bautätigkeit gehört zu den zahlreichen Aufgaben der Arbeitsbienen im Stock. Der Imker muß dafür sorgen, daß die Bienen stets die Möglichkeit haben, ihrem Bautrieb ungehindert nachzukommen.

Bienen am Flugloch

Wachbienen

Futterweitergabe von Biene zu Biene

Wachbienen bei ihren Kontrollen am Flugloch

Am Flugloch der Bienenwohnung kann man immer interessante Beobachtungen machen. Das Verhalten der Bienen sagt dem Imker vieles über den Zustand des Volkes und erspart ihm manchen Eingriff.

Reger Betrieb am Flugloch

Fächelnde und sterzelnde Bienen

Der Austausch der Luft in den Bienenwohnungen erfolgt durch das Flugloch. Im Sommer sorgen die ein- und ausfliegenden Bienen und die Fächlerinnen für die notwendige Luftzirkulation.

Weisel im Kreise ihrer Pflegebienen

Weisel

Porträt einer Weisel

Die Weisel, auch Königin oder Stockmutter genannt, ist das einzige geschlechtsfähige Weibchen im Bienenvolk. Die Masse der täglich abgelegten Eier kann ihre eigene Körpermasse weit übersteigen.

Wabe mit Brut

Wabe mit Honig und Pollen

Arbeitsbienen

Drohnen

Porträt einer Arbeitsbiene

Porträt eines Drohn

Die Arbeitsbienen verrichten die unterschiedlichsten Tätigkeiten und sichern die komplizierte Lebensweise des Bienenvolkes. Drohnen werden im Volk nur in der Zeit der Fortpflanzung gepflegt.

Bestiftete Arbeiterinnenzellen

Arbeiterinnenlarven

Larven unterschiedlichen Alters

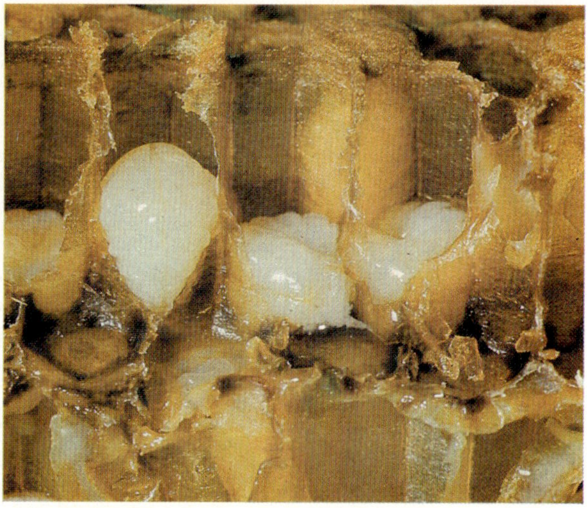

Larve streckt sich

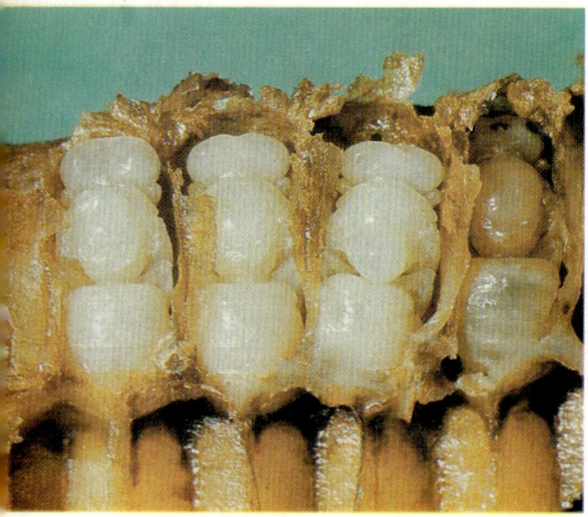

Arbeiterinnenpuppen

Beginn der Pigmentation

Die Entwicklung der Bienenwesen vollzieht sich in Form einer vollständigen Metamorphose. Sie führt vom Ei über die Larve (Rundmade) zur Puppe, die bereits den Körperbau der Biene aufweist.

Vollkommen ausgebildete Arbeitsbienen

Schlüpfende Arbeitsbiene

Geschlüpfte Biene („Müllerin")

Nach der Puppenruhe, in der sich die Körperorgane ausbilden und die Körperfärbung (Pigmentation) erfolgt, schlüpfen die Bienenwesen als vollkommen ausgebildete Insekten aus den Zellen.

Wasserholerin an der Tränke

Biene auf Nektarsuche

Pollensammlerin

Die Sammeltätigkeit der Bienen konzentriert sich auf Nektar, Honigtau, Pollen und Wasser. Sie bilden unentbehrliche Grundlagen für die Existenz und Entwicklung eines Bienenvolkes.

60 Die Beuten, die Sie neu erwerben, brauchén einen Schutzanstrich. Das erhöht die Lebensdauer und gibt ihnen ein freundliches Aussehen.

Es ist ratsam, diese Arbeit besonders ernst zu nehmen. Haben Sie die Beuten erst einmal im Stand untergebracht und mit Bienen besiedelt, dann kommen Sie so schnell nicht wieder dazu. Alle Außenseiten der Beuten sollten Sie mit Firnis oder Halböl vorbehandeln und danach mit einem farbigen oder farblosen Anstrich versehen. Zu empfehlen sind dafür Ölfarben oder Bootslack. Zur Gestaltung der Vorderseiten müssen Sie die Hinweise im nächsten Ratschlag beachten. Das Innere der Beuten reinigen Sie gründlich, streichen es aber nicht, weil sonst das Holz die Feuchtigkeit, die die Bienenvölker abgeben, nicht aufnehmen kann. Die Bienen überziehen das Innere ihrer Wohnung ohnehin bald mit einer dünnen Kittharzschicht. Am gelbbräunlich gefärbten Holz können Sie das unschwer erkennen.

61 Um den Bienen die Orientierung zu erleichtern, müssen Sie die Vorderseiten der Beuten deutlich unterscheidbar streichen.

Hierbei sollten Sie die Besonderheiten beachten, die bei den Bienen in der Farbwahrnehmung bestehen.

Die Wahrnehmung des Farbspektrums der Biene ist gegenüber der des Menschen verschoben, deshalb ist beispielsweise Rot für die Bienen keine Farbe, sondern ein tiefdunkles Grau oder Schwarz. Dafür können sie aber die ultravioletten Lichtstrahlen, die auf unser menschliches Auge überhaupt nicht wirken, als Farbe wahrnehmen. Die Bienen können damit auch Blüten farbig sehen, die für uns weiß erscheinen. Sie sehen aber ihre Umwelt nur in den Farben Gelb, Blaugrün, Blau und Ultraviolett. Für Ihren Beutenanstrich bedeutet das, sich auf deutlich zu unterscheidende Farben zu konzentrieren. Bewährt hat sich ein Wechsel von blau und gelb, vielleicht noch rot – für die Bienen schwarz – als dritte Farbe. Der Bienenstand soll nicht wie ein Farbenkasten aussehen, aber schön und vor allem zweckdienlich sein. Den Anstrich der Vorderseiten müssen Sie später bei besetzten Beuten öfter erneuern (Ratschlag 266). Deshalb ist es ratsam, hierfür Farben zu verwenden, die schnell trocknen und für die Bienen nicht giftig sind. Mit dem verschiedenfarbigen Anstrich helfen Sie den Bienen, sich innerhalb der Beutenfront zu orientieren und sicher das eigene Volk zu finden. Die Farbkombination sollte sich dabei möglichst nicht wiederholen, weil sich die Bienen auch die Farben der umliegenden Beuten genau einprägen.

Leitzeichen, die Sie im Fachgeschäft kaufen können, sind weitere Orientierungshilfen für die Bienen. Wenn Sie den Anstrich abgeschlossen haben, sollten Sie diese Zeichen unbedingt über den Fluglöchern der Beuten anbringen.

62 Aus seuchenhygienischen Gründen sind Sie gezwungen, alle gebrauchten Beuten einer besonderen Behandlung zu unterziehen.

Bevor Sie gebrauchte Bienenwohnungen wieder mit Bienen besiedeln können, müssen Sie diese einer sehr sorgfältigen Behandlung unterziehen. Das dient in erster Linie der Vernichtung von Krankheitskeimen und ist deshalb vorgeschrieben. Zur Desinfektion gehört, daß Sie die Beuten gründlich auskratzen, anschließend abflammen und mit scharfer Lauge auswaschen. Nachdem mit klarem Wasser nachgewaschen wurde, müssen Sie das Beuteninnere gut austrocknen lassen. Ehe Sie die Beuten mit Bienen besetzen, sollten Sie auch die „Außenhaut" einer solchen Behandlung unterziehen und einen neuen Farbanstrich aufbringen (Ratschlag 60).

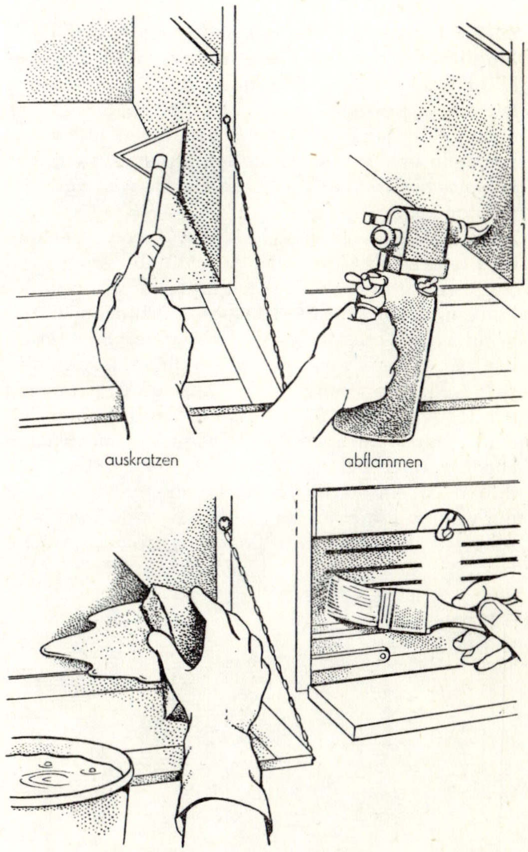

auskratzen – abflammen – auswaschen – eventuell streichen

63 Bringen Sie die für eine Besiedlung mit Bienen vorbereiteten Beuten so im Stand unter, daß ein geschlossener Wärmeblock entsteht.

Filz- und andere Abdichtungsstreifen zwischen den Beuten haben sich bestens bewährt, um einen guten Wärmeeffekt zu erzielen. Dadurch werden alle Ritzen geschlossen und Unebenheiten ausgeglichen, so daß es den Bienenvölkern später leichter fällt, sich gegenseitig zu wärmen und die notwendige Bruttemperatur (Ratschlag 254) konstant zu halten. Erforderlich ist außerdem, daß Sie die untere und obere Beutenreihe und die Randbeuten gut isolieren. Auch hierzu eignen sich Schaumstoffe, Matten, Decken o. ä. Material. Die Wärme darf aus den Beuten nach keiner Seite ungehindert entweichen. Wenn Sie diesen Grundsatz verwirklichen, wird sich das für Sie in der Entwicklung der Völker und damit in den Erträgen bemerkbar machen. Auch hier gilt: Wärmeverlust ist Futterverlust!

Der Freistand

64 Ein Freistand bildet die einfachste und billigste Möglichkeit, um Ihre Bienenvölker unterzubringen.
Nicht wenige Imker begannen die Bienenhaltung mit einem provisorischen Freistand. Er genügt, um erste Erfahrungen im Umgang mit den Bienen zu sammeln und sich dabei endgültig klar zu werden, in welchem Umfang das neue Hobby weitergeführt werden soll.
Auch Sie können für den kleinen Anfangsbestand an Bienenvölkern mit wenigen Mitteln einen Freistand selbst herstellen. Vier Pfähle für die Beutenbank und ein darauf befestigtes Schutzhaus, das Wind und Wetter von den Beuten fernhält, erfüllen bereits den Zweck und helfen Ihnen, Kosten einzusparen. Die Beutenbank sollte eine Höhe von mindestens 0,50 m über dem Erdboden haben und muß nach allen Seiten in Waage stehen. Bedenken Sie aber bei der Errichtung des Freistandes, daß auch ein solches Provisorium, das Sie sicher nur wenige Jahre nutzen werden, ansprechend aussehen und sich in das Landschaftsbild einfügen muß.

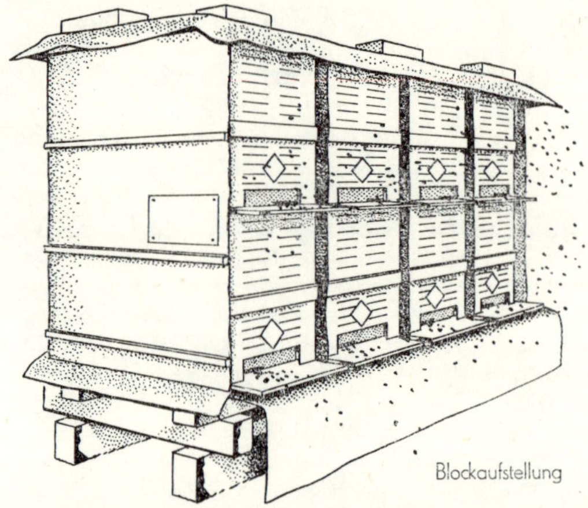

Blockaufstellung

65 Es ist zweckmäßig, wenn Sie den Freistand zerlegen können.
In einzelne Baugruppen unterteilt, läßt sich der Freistand leicht auseinandernehmen und transportieren. Dadurch können Sie den Stand bei Bedarf verlegen und bald erste Wandererfahrungen sammeln (Ratschlag 180). Empfehlenswert ist, die beiden Seitenteile mit den Füßen, die Beutenbank, das Dach und die Rückwand so zu gestalten, daß es Ihnen wenig Mühe bereitet, alle Baugruppen schnell zu verbinden bzw. zu lösen. Schraubverbindungen haben sich dabei ebenso bewährt wie eine Verbindung, bei der die Kanthölzer für die Beutenbank in die Seitenteile gesteckt und verkeilt werden können. Das aufsetzbare Dach gibt dem Stand zusätzliche Stabilität.

66 Achten Sie darauf, daß der Bodenstreifen unmittelbar vor den Beuten bewuchsfrei bleibt.
Der bewuchsfreie Streifen am Bienenstand, der die gesamte Länge des Standes und eine Breite von etwa 1 m umfassen sollte, hat eine große Bedeutung. Er ermöglicht die exakte Kontrolle des Bienentotenfalls, so daß Ihnen abnorm hoher Totenfall und auch kranke Bienen sofort auffallen (s. auch Ratschlag 250). Im Gras gehen solche Erscheinungen unter. Beim Freistand reicht es völlig, wenn Sie den Streifen regelmäßig umgraben oder harken und die toten Bienen dabei mit beseitigen. Am Bienenhaus können Sie den Streifen befestigen (Ratschlag 76).

67 Ihren Bienenstand müssen Sie durch ein Warnschild kenntlich machen.
Zum vorschriftsmäßigen Bienenstand gehört das gelbe Warnschild „Vorsicht Stechgefahr! Bienen". Dieses Schild, das Sie in jedem Geschäft für Imkereibedarf kaufen können, muß jedem ahnungslosen Besucher rechtzeitig auffallen und ihn auf die Gefahren aufmerksam machen, bevor er vor der Flugfront Ihres Standes steht. Je nach Stand-

ortsituation ist deshalb zu prüfen, ob Sie mit einem gut sichtbaren Schild auskommen oder mehrere Schilder zu Ihrer und Ihrer Besucher Sicherheit notwendig sind.

68 Die Nachteile eines Freistandes zeigen sich besonders dann, wenn Sie die Bienenvölker bearbeiten.
Ist Ihr Freistand auch schön und zweckmäßig gestaltet, bei der Bearbeitung der Bienenvölker sind Sie dennoch stets vom Wetter abhängig. Bei Regen, starkem Wind oder zu niedrigen Temperaturen müssen Sie die geplanten Arbeiten auf einen späteren Zeitpunkt verschieben (Ratschlag 115). Greifen Sie trotzdem in die Völker ein, stehen Sie den Bienen im Freien bald hilflos gegenüber, denn diese können ungehindert ihre Angriffe starten. Ähnliche Probleme gibt es in trachtarmen Zeiten, in denen die Waben des geöffneten Bienenvolkes sehr schnell Räuber anlocken (Ratschlag 205). Dann ist guter Rat erst recht teuer und die Bearbeitung mehrerer Völker nacheinander fast unmöglich. Wie unkompliziert lassen sich die Bienenvölker demgegenüber an guten Trachttagen bearbeiten, doch leider kann sich der Imker nur selten den günstigsten Zeitpunkt aussuchen. Als Nachteil werden Sie sicher auch bald empfinden, daß Sie im Freistand kaum alle benötigten Geräte und Arbeitsmittel übersichtlich und griffbereit unterbringen können, es sei denn, Sie nutzen dafür eine noch leere Beute. Mit ihrem kleinen Anfangsbestand an Bienenvölkern läßt sich manches der angeführten Probleme leichter lösen, aber stellen Sie sich von Beginn an darauf ein, besonders zügig zu arbeiten, die auf dem Wabenbock stehenden Waben unter Umständen mit Folie o. ä. Material abzudecken und wenn nötig, die Arbeit sofort abzubrechen.

Das Bienenhaus

69 In einem Bienenhaus bereitet Ihnen die Arbeit mit den Bienen mehr Freude als im Freistand.
Wollen Sie die Bienenhaltung schnell erweitern, dann ist es ratsam, ein geräumiges Bienenhaus zu errichten. Es bietet gegenüber einem Freistand viele Vorteile. Die Bienenvölker sind hier geschützter und wärmer untergebracht, Sie selbst können sich die Arbeit besser einrichten und müssen nicht mehr in dem Maße das Wetter berücksichtigen. Alles, was Sie zur Arbeit an den Völkern benötigen, läßt sich im Bienenhaus zweckmäßig unterbringen. Überhaupt können Sie hier viel mehr als im Freistand tun, damit Sie sich bei Ihrer Freizeitbeschäftigung wohl fühlen und Ihnen die ganze Arbeit mit den Bienen noch mehr Spaß bereitet. Konkrete Anregungen dazu erhalten Sie in den nachfolgenden Ratschlägen. Vielleicht taucht bei Ihnen jetzt die Frage auf: Und was wird mit dem Bienenhaus, wenn ich später die Bienenhaltung auf die Wanderung umstelle? Die Antwort darauf finden Sie bei den vielen Imkern, die mit ihren Bienenvölkern wandern und das Bienenhaus als heimatlichen Zuchtstand nutzen.

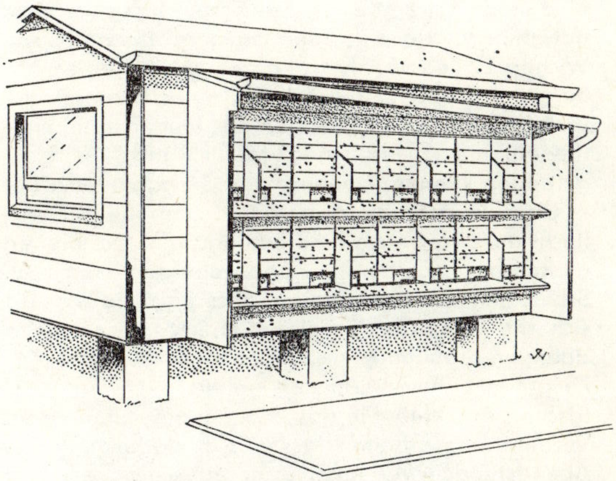

70 Bevor Sie das Bienenhaus errichten, müssen Sie die Rechtsverhältnisse klären.
Holen Sie sich von einer rechtskundigen Stelle Auskunft, ob für den vorgesehenen Standort Ihres Bienenhauses eine Baugenehmigung erforderlich ist und Sie entsprechende Unterlagen einreichen müssen. Wenn die Bienenvölker auf einem fremden Grundstück untergebracht werden, sollten Sie in jedem Fall mit dem Eigentümer einen Nutzungsvertrag abschließen. Versäumen Sie nicht, sich über die genaue Abfassung eines solchen Vertrages ebenfalls eine Rechtsauskunft einzuholen.

71 Entscheiden Sie sich nach Möglichkeit für ein Bienenhaus aus Holz.
Das Bienenhaus aus Holz erwärmt sich weit schneller als ein Bau aus Stein oder Beton. Besonders im Frühjahr unterstützt das die Entwicklung der Bienenvölker, weil die Bruttemperatur dann zu Beginn der Bruttätigkeit von den Bienen leichter konstant gehalten werden kann. Aber auch sonst –

wie Sie bereits wissen – spielt die Wärme im Leben der Bienen eine sehr wichtige Rolle. Damit die Wärme nicht so schnell entweichen kann, ist es ratsam, das Bienenhaus innen zusätzlich mit Faser- oder Spanplatten zu verkleiden und zwischen Außenwand und Verkleidung zu isolieren. Die Mindesthöhe der unteren Beutenreihe vom Erdboden (Ratschlag 64) hängt ebenfalls damit zusammen, denn die Bienenvölker sind sonst ständig den kalten bodennahen Luftschichten ausgesetzt. Außerdem sollten Sie das Bienenhaus möglichst ameisensicher aufbauen (Ratschlag 197).

72 Sorgen Sie dafür, daß Sie im Bienenhaus genügend Licht haben.
Ein Bienenhaus muß hell und freundlich sein. Viel Licht ist für die Arbeit an den Bienenvölkern, für die Kontrolle von Waben und andere imkerliche Arbeiten unentbehrlich. Ihr Bienenhaus braucht eine möglichst große Fensterfläche. Es ist aber nicht notwendig, daß sich alle Fenster öffnen lassen. Wichtig ist jedoch, daß alle Fenster mit einer Abflugmöglichkeit für die Bienen, einer Bienenflucht, versehen sind. Die Bienen, die immer zum Licht fliegen, müssen so schnell als möglich ins Freie gelangen können. Neben Oberlicht haben sich besonders Fenster bewährt, bei denen die Bienenflucht durch versetzte Scheiben entsteht. Die Bienen gleiten am Glas herunter und gelangen durch den Schlitz am Unterteil des Fensters nach außen. Da sich die versetzten Scheiben überlappen, können aber von draußen keine Bienen zurückkommen.
Zu guten Lichtverhältnissen gehört auch ein elektrischer Anschluß für das Bienenhaus, denn viele Vorbereitungsarbeiten lassen sich dadurch in die Abendstunden verlegen, ganz zu schweigen vom abendlichen Blick durch die Beutenfenster. Er sagt Ihnen manchmal mehr als am Tage, wenn ein Großteil der Bienen sammelt. Vor allem aber bei der Wintereinfütterung (Ratschlag 215) wird sich das elektrische Licht für Sie auszahlen.

73 Große Blenden am Bienenhaus schützen Ihre Bienenvölker vor störenden Windeinflüssen.
Die Blenden, die Sie an beiden Seiten der Flugfront anbringen sollten, bieten den Bienen Schutz vor Wind, aber auch vor peitschendem Regen. Wenn die Bienen erschöpft vom Trachtflug heimkehren, treibt sie jeder Windstoß leicht von der heimischen Beute ab. Immer und immer wieder müssen sie anfliegen, finden sie nicht den zusätzlichen Schutz unmittelbar vor ihrer Wohnung. Auch große Anflugbretter, auf denen sich die Bienen setzen und ausruhen können, dienen diesem Ziel. Weiterhin sollte es für Sie selbstverständlich sein, zumindest über der Flugfront eine Dachrinne anzubringen, um das Regenwasser von den Bienen fernzuhalten.

74 Arbeitstisch und Wabenschrank dürfen auch in Ihrem Bienenhaus nicht fehlen.
Beides hilft Ihnen, sich gute Arbeitsbedingungen zu schaffen. Dabei ist es vorteilhaft, den Tisch gleich mit Schubladen für Geräte und mit bienendichten Schränken für die Waben zu kombinieren. Auf der großen Tischfläche können Sie alle benötigten Geräte übersichtlich ablegen und viele imkerlichen Arbeiten ausführen. Sie bietet Platz für den Wabenbock, für eine Waschgelegenheit (Ratschlag 126), für die Gefäße, die das anfallende Wachs und das Kittharz aufnehmen, und läßt sich auch sehr leicht sauberhalten. In den Wabenschränken sind Waben und Rähmchen mit Mittelwänden sofort griffbereit. Unter dem Arbeitstisch können eine Sitzgelegenheit, die Ihnen z. B. beim Zeichnen von Weiseln oder bei Zuchtarbeiten (Ratschläge 170 bis 173) gute Dienste leistet, und Reinigungsgeräte (Ratschlag 117) bereit stehen. Wenn Sie nun noch an der Wand einen Spiegel sowie Haken für das Handtuch und für die Schutzkleidung anbringen, haben Sie die Arbeitsbedingungen, die Ihnen Freude machen werden.

Ruhe ist die erste Imkerpflicht!

75 Der Anstrich für Ihr Bienenhaus sollte wetterfest und ansprechend sein.
Bienenstände können belebende Farbtupfer in der Natur sein und sich harmonisch in das Landschaftsbild einfügen. Darauf sollten auch Sie achten, wenn es um die Außengestaltung des Standes geht. Es wäre schade, wenn Sie das neue Bienenhaus aus Holz sofort farbig streichen würden. Lassen Sie vielmehr die Naturmaserung des Holzes zur Geltung kommen, indem Sie die Außenwände mit Firnis oder Halböl vorbehandeln und dann mit einem farblosen Anstrich aus Bootslack oder Ölschleiflack versehen. Günstig ist, vorher noch die Nagelköpfe zu versenken und zu verkitten. Das Dach erhält einen Schutzanstrich mit Kaltstreichmasse oder Teer. Empfehlenswert ist, das Dach abschließend

mit einem orangefarbenen Kreis von etwa 1,5 m Durchmesser zu markieren. Er macht den Stand für die Piloten beim Pflanzenschutzeinsatz kenntlich. Haben Sie historische Beuten zur Verfügung, dann können Sie diese im Stand unterbringen oder als Schmuckstück neben dem Bienenhaus aufstellen (Ratschlag 49).

76 Auch zum Bienenhaus gehören ein bewuchsfreier Streifen vor der Beutenfront und eine gut sichtbare Kennzeichnung.

Hier trifft das schon in den Ratschlägen 66 und 67 Beschriebene zu. Beim Bienenhaus lohnt es sich aber, den grasfreien Streifen zu betonieren oder durch Ziegel zu befestigen. Sie können ihn dadurch viel leichter sauberhalten. Damit kein Regenwasser stehen bleibt, erhält der Streifen ein leichtes Gefälle. Die toten Bienen vor dem Stand müssen Sie so oft wie möglich zusammenfegen, vergraben oder verbrennen. Der günstigste Zeitpunkt dafür sind die Abendstunden, wenn die Bienen nicht mehr fliegen.

77 Mit der Innenausgestaltung können Sie Ihren Bienenstand noch schöner machen.

Im Bienenhaus werden Sie einen großen Teil Ihrer Freizeit verbringen. Damit Sie sich hier wohlfühlen, sollten Sie den Raum individuell und Ihren ganz persönlichen Vorstellungen entsprechend gestalten. Auch dabei gilt: Schön, zweckmäßig und praktisch muß alles sein! Zweckmäßig ist beispielsweise, die Wände in einem hellen Farbton zu halten, weil das Bienenhaus so noch heller und freundlicher wird. Die Beuten an den Rückwänden fortlaufend zu numerieren, wird sich für Sie als sehr praktisch erweisen. Sie können sich dadurch leichter innerhalb der Beutenfront orientieren. Die leuchtend farbigen Zahlen, die Sie am besten mit einer Schablone auftragen, sind gleichzeitig eine Zierde für den Stand. Wenn Sie einmal bei dieser Arbeit sind, sollten Sie die Zahlen auch gleich noch einmal an den Vorderseiten der Beuten auftragen. Und wenn Ihnen Besucher die Frage stellen, ob die Bienen ihre Wohnung etwa an der Hausnummer erkennen, dann lächeln Sie entweder nur oder nutzen die Gelegenheit, Ihr Wissen über die Bienen weiterzugeben.

Die Tränke

78 Wenn die Bienen in unmittelbarer Nähe des Bienenstandes nicht genügend Wasser finden, müssen Sie eine künstliche Tränkgelegenheit schaffen.

Die Bienen benötigen große Mengen Wasser, um den Pollen verdauen zu können, den Futtersaft für die Bienenlarven zu bereiten und Luftfeuchtigkeit und Temperatur im Stock zu regulieren. Sie nutzen dafür auch das Wasser, das im eingetragenen Nektar enthalten ist, doch reicht es nur an wenigen Trachttagen aus. Den größten Teil des Bedarfs decken die Bienen an natürlichen Wasserstellen (Ratschlag 34) oder an einer Tränke, die Sie in der Nähe des Standes aufstellen müssen. Einfache Tränken gibt es zu kaufen. Günstiger ist jedoch, die Tränke selbst herzustellen. Holen Sie sich dafür erst einmal bei erfahrenen Imkern Rat, bevor Sie sich an die Arbeit machen.

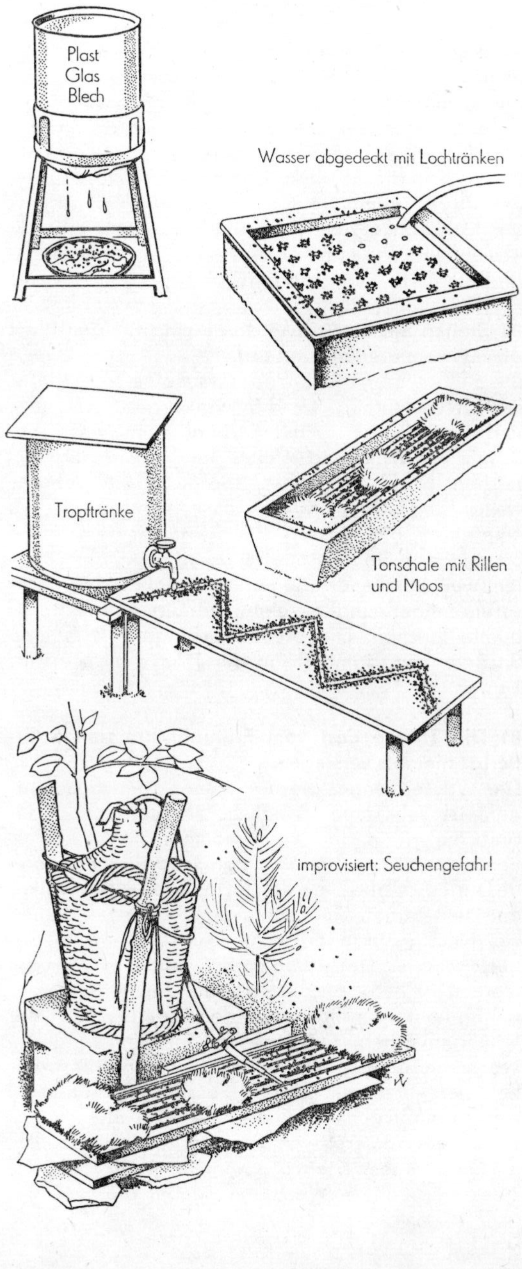

79 Sie sollten auch eine Tränke aufstellen, wenn natürliche Wasserstellen vorhanden sind.

Die Bienen bevorzugen Wasserstellen, an denen sie mineralhaltiges Wasser finden. Sie sind nicht sonderlich wählerisch, sitzen an Drecklachen, Tümpeln, Dunghaufen u. ä. Stellen und nehmen Wasser auf. Das ist aus seuchenhygienischer Sicht ungünstig und hat auch den Nachteil, daß die Bienen mit dem Wasser Giftstoffe aufnehmen können. Immer wieder gibt es Beispiele, daß Bienenverluste auftreten, weil das Wasser, mit dem die Geräte ausgewaschen werden, Pfützen bildet, die Reste von Pflanzenschutzmitteln enthalten. Durch eine Tränke können Sie solche Gefahren weitgehend ausschalten. Sie sind verpflichtet, eine Tränke aufzustellen, wenn die Bienen ihren Wasserbedarf an entsprechenden Stellen auf Nachbargrundstükken decken und dabei deren Bewohner belästigen. Die eigentliche Schwierigkeit besteht für Sie darin, die Bienen bereits beim ersten Ausflug im Frühjahr an Ihre Tränke zu locken und an diese Stelle zu gewöhnen. Wie das zu erreichen ist, können Sie im Ratschlag 255 nachlesen.

80 Stellen Sie die Tränke an einem sonnigen Platz abseits vom Bienenstand auf.

Bieten Sie den Bienen das Wasser einige Meter seitlich vom Stand, wo die Tränke geschützt steht und die Sonne das Wasser schnell erwärmen kann. Schutz vor Wind und Wetter können Sie auch erreichen, wenn die Tränke überdacht oder anderweitig abgeschirmt wird. Auf keinen Fall ist zu empfehlen, die Wasserstelle direkt vor dem Stand oder in der Einflugschneise der Bienen aufzustellen, weil abkotende Bienen die Tränke dann leicht verunreinigen und zu einer ständigen Infektionsquelle machen. Die Bienen benötigen stets eine Sitzgelenheit, damit sie in der Tränke nicht ertrinken.

81 Die Tränke darf vom Frühjahr bis zum Spätherbst niemals versiegen.

Die Wassermenge, die die Bienen täglich benötigen, ist sehr unterschiedlich. Sie hängt von der Bruttätigkeit in den Bienenvölkern, von den Außentemperaturen und von den Trachtbedingungen ab, natürlich auch von der Anzahl der Bienenvölker auf dem Stand. An Tagen, an denen die Bienen viel Nektar eintragen, wird die Tränke kaum genutzt – ein „Trachtbarometer", das Sie sich gut merken sollten! Ansonsten sind die Wasserholerinnen immer fleißig dabei, den Wasserbedarf der Völker zu sichern. Damit sie an der Tränke ständig Wasser vorfinden, empfiehlt es sich, einen Vorratsbehälter mit einem großen Fassungsvermögen zu verwenden. Dennoch müssen Sie die Tränke regelmäßig kontrollieren, anfangs so oft wie möglich, um Erfahrungswerte zu sammeln, später mindestens wöchentlich. Wechseln Sie bei dieser Gelegenheit das Wasser, damit es nicht in Fäulnis übergeht und den Bienen schadet. Können Sie die Tränke längere Zeit über nicht betreuen, müssen Sie das Wasser durch Zusätze haltbar machen. Entsprechende Mittel erhalten Sie in Drogerien oder Apotheken.

82 Im Frühjahr erhalten Sie durch eine heizbare Tränke vielen Wasserholerinnen das Leben.

Nach dem Reinigungsflug im Frühjahr (Ratschlag 240) gehen die Bienen verstärkt in Brut, so daß der Wasserbedarf sprunghaft ansteigt. Die Wasserholerinnen fliegen normalerweise bereits bei Außentemperaturen um 8 °C aus. Im Frühjahr sind

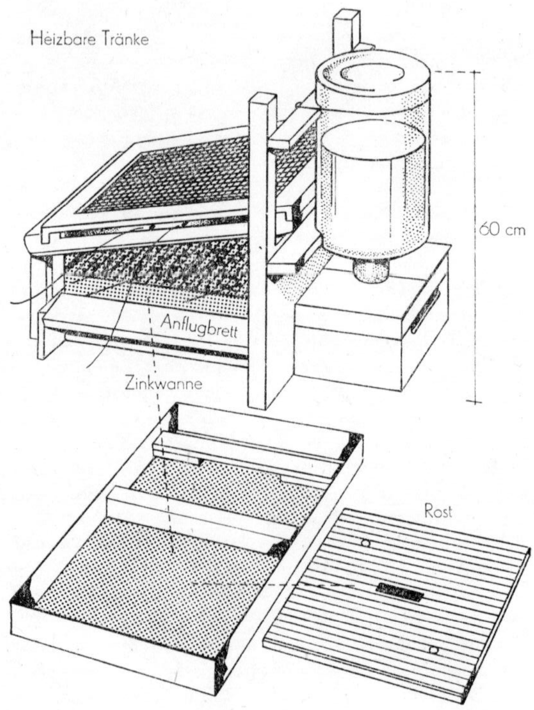

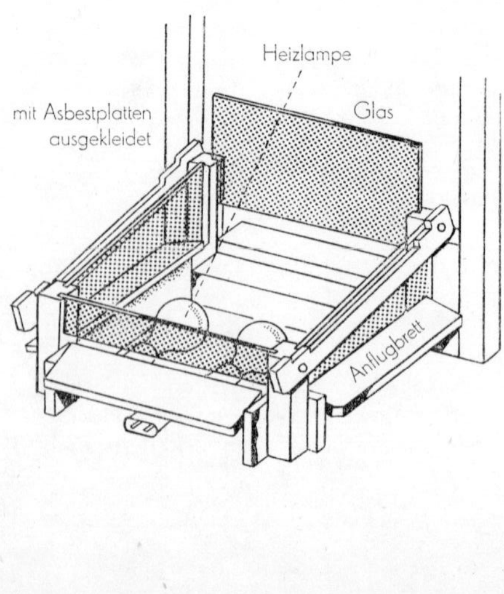

sie oftmals gezwungen, auch bei noch niedrigeren Temperaturen nach Wasser auszufliegen, verklammen bei der Wasseraufnahme und gehen zugrunde. Das können sie verhindern, indem sie eine heizbare Tränke aufstellen, die den Bienen angewärmtes Wasser bietet. Mit dem Wasser nehmen die Bienen Wärme auf und finden sicher zu den Völkern zurück.
Die einfachste Möglichkeit, die Tränke zu heizen, besteht darin, die Wärme einer Glühlampe zu nutzen. Aquarienheizer und ähnliche elektrische Heizvorrichtungen eignen sich ebenfalls gut, um das Tränkwasser leicht anzuwärmen. Fehlt Ihnen der Elektroanschluß, so greifen sie einfach zum Katalytofen. Aber denken Sie daran: Wir wollen das Wasser nur erwärmen und nicht aufheizen!

Die Schutzkleidung des Imkers

83 Die Schutzkleidung gibt Ihnen Sicherheit bei der Arbeit an den Bienenvölkern.
Als Anfänger müssen Sie sich durch eine entsprechende Kleidung vor möglichen Bienenstichen schützen. Das gehört zum unerläßlichen Arbeitsschutz und gibt Ihnen das Gefühl der Sicherheit, denn die Bienen finden bei vollständig angelegter Schutzkleidung keinerlei Angriffspunkte. Später, wenn Sie genügend Erfahrungen im Umgang mit Bienen gesammelt haben, können Teile der Schutzkleidung nach und nach unbenutzt bleiben (Ratschlag 126). Niemals dürfen Sie dabei jedoch leichtsinnig handeln!

84 Kleiden Sie sich stets mit dem weißen Imkerkittel oder -anzug, wenn Sie die Bienenvölker beobachten oder bearbeiten wollen.
Die weiße Imkerkleidung, die Sie auch äußerlich als Imker kenntlich macht, verschmutzt zwar schnell, wirkt aber auf die Bienen beruhigend. Und nur das zählt! Kittel oder Anzug bestehen aus einem glatten und strapazierfähigen Gewebe – meist Leinen –, das man beim Waschen kochen und somit gut sauberhalten kann. Ratsam ist es, die Ärmel des Kittels bzw. der Jacke und die Hosenbeine mit Gummizügen zu versehen, damit keine Bienen hineinkriechen können.
Frauen sollten bei der Arbeit an den Bienenvölkern statt des Rockes eine Hose tragen. Vermeiden Sie neben dunkler auch rauhe Kleidung, weil die Bienen darauf aggressiver reagieren als auf helle und glatte Stoffe. Festes Schuhwerk sollte für Sie bei der Arbeit an den Bienenvölkern selbstverständlich sein, wenn sie nicht gestochen werden wollen.

85 Hut und Imkerschleier sind für Sie unentbehrlich.
Damit schützen Sie sich vor besonders unliebsamen Stichen ins Gesicht, die mitunter fatale Wirkungen haben. Ersparen Sie sich die Erfahrung, mit entstellenden Schwellungen den Spott Ihrer Mitmenschen zu ernten! Auch hier wird Sie erst der längere Umgang mit den Bienen lehren, wann Sie ohne Gefahr den Schleier ablegen können. Der Imkerhut sollte, ebenso wie Kittel oder Anzug, ohnehin Ihr ständiger Begleiter am Bienenstand sein. Ohne Hut verfangen sich laufend Bienen in den Haaren – und Sie kommen nicht zu ungestörter Arbeit. In diesem Zusammenhang gleich eine Verhaltensregel: Versuchen Sie niemals, Bienen zu befreien, die sich in den Haaren verfingen und sich tiefer und tiefer wühlen ... Die befreite Biene käme sofort wieder auf Sie zu, weil sie gereizt ist und sich bedroht fühlt. Da hilft nur, die Biene mit einem kräftigen Schlag zu töten und anschließend aus den Haaren zu entfernen.

36 Die Imkerhandschuhe, die Sie am Anfang unbedingt anlegen sollten, vervollständigen die Schutzkleidung.
Die Handschuhe bieten den Händen einen guten Schutz vor Bienenstichen. Sie sind aus Leder und haben einen langen Schaft aus Stoff mit einem Gummizug. Obwohl die Hände am meisten gefährdet sind, arbeiten viele Imker ohne Handschuhe an den Bienenvölkern. Die derben Imkerhandschuhe schränken das Fingerspitzengefühl stark ein. Bei der Bearbeitung der Bienenvölker ist das sehr nachteilig. Wenn Sie nach einiger Zeit die Handschuhe ebenfalls beiseite lassen wollen, beachten Sie Ratschlag 126.

Imkerliche Geräte und Hilfsmittel

87 Für die Arbeit an den Bienenvölkern benötigen Sie ein Rauchgerät.
Mit Rauch können Sie die Bienen beruhigen und sich gute Arbeitsbedingungen schaffen (Ratschlag 121). Im Angebot sind sehr unterschiedliche Rauch-

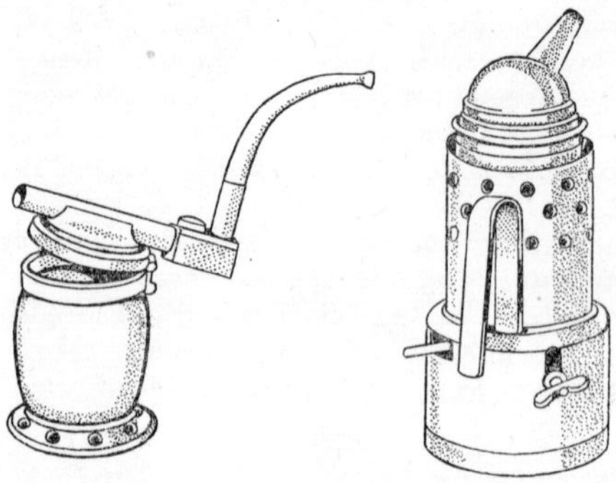

geräte. Wenn das Rauchmaterial nicht trocken ist, funktionieren aber weder Imkerpfeife, noch Smoker, Rauchbläser mit batteriebetriebenem Ventilator oder jedes andere Rauchgerät. Im Ratschlag 297 erhalten Sie Hinweise zum Rauchmaterial.

88 Ein Wassersprühgerät leistet auf dem Bienenstand viele gute Dienste.

Neben Rauch kann eine leichte Wasserdusche aus dem Sprühgerät die Bienen ebenfalls beruhigen. Sie können das Gerät aber auch bei der Honiggewinnung einsetzen oder damit Zucker- und Duftlösung versprühen, wenn es um die Vereinigung oder die Heilbehandlung von Bienenvölkern geht (Ratschläge 212 und 262). Verwendeten Sie Zucker- oder Duftlösung, müssen Sie das Sprühgerät gründlich mit warmem Wasser auswaschen, um zu vermeiden, daß die Zerstäuberdüse verstopft und das Gerät unbrauchbar wird.

89 Mit Wabenzange oder Rähmchenzieher können Sie den Bienenvölkern Waben entnehmen oder zuhängen.

Diese wichtigen Arbeitsmittel brauchen Sie immer dann, wenn Waben zu bewegen sind. Im Querbau (Ratschlag 51) kommen Sie nicht ohne Wabenzange aus, im Längsbau und bei der Magazinbetriebsweise (Ratschläge 52 und 55) benötigen Sie einen Rähmchenzieher. Von diesen Geräten sind verschiedenartige Ausführungen im Angebot, so daß Sie sich bei der Auswahl beraten lassen sollten.

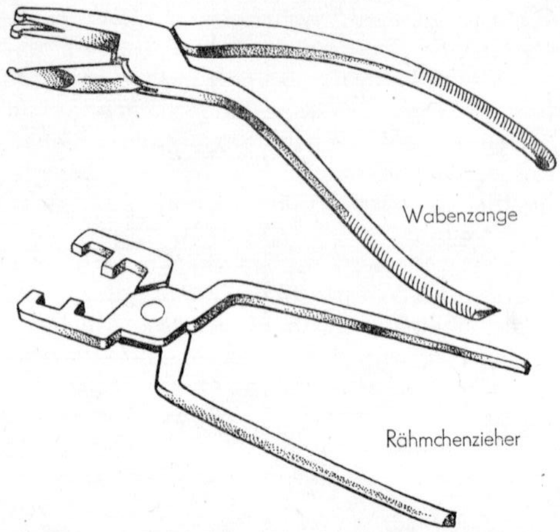

90 Der Wabenbock muß mindestens die Waben eines Volkes aufnehmen können.

Die Waben, die Sie den Bienenvölkern entnommen haben, werden auf einem Wabenbock abgestellt (Ratschlag 124). Dieser muß so geräumig sein, daß keine Waben provisorisch untergebracht werden müssen, weil das Ihnen nur Ärger bringt und den Arbeitsablauf empfindlich stören kann. Wie schnell wird eine voll mit Bienen besetzte Wabe umgestoßen!

Einen Wabenbock, der geräumig ist und auch das gesonderte Abstellen einzelner Waben ermöglicht, können Sie selbst herstellen und sogar beweglich gestalten, wenn Sie Räder anbringen.

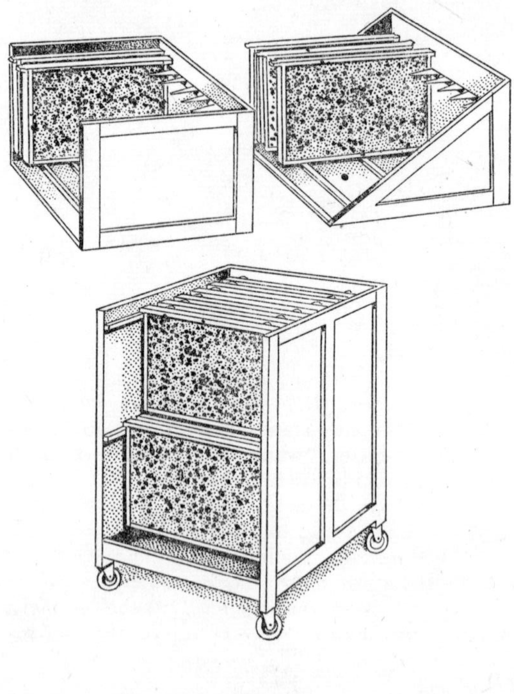

91 Hilfsgeräte erleichtern Ihnen die imkerlichen Arbeiten.
Da die Bienen alle lockeren Teile und alle Ritzen ihrer Wohnung verkitten und in größeren Zwischenräumen Wildbau errichten, benötigen Sie Geräte, mit deren Hilfe Waben, Fenster u. a. Teile gelockert und die Beutenwände gereinigt werden können. Diesem Zweck dienen Stockmesser, Stockmeißel und ein Spatel. Die Gemüllkrücke (Bodenreiniger) eignet sich sehr gut, um den Beutenboden zu säubern und die Nuten für die Wabenaufhängung von störendem Kittharz zu befreien.

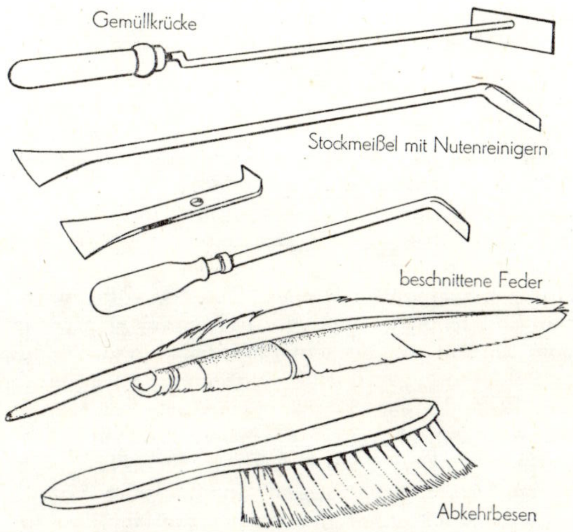

92 Für jedes Bienenvolk muß eine Feder oder ein Abkehrbesen vorhanden sein.
Große Gänsefedern oder Abkehrbesen sind unentbehrliche Hilfsmittel auf dem Bienenstand, die Sie oft einsetzen müssen (Ratschlag 123). Die Feder hat gegenüber dem Abkehrbesen den Vorteil, daß sich damit wesentlich besser arbeiten läßt, weil die Bienen nicht so stechlustig werden. Aus seuchenhygienischen Gründen bekommt jedes einzelne Bienenvolk eine eigene Feder oder einen eigenen Besen, die Sie am besten gleich in einer Halterung an der Beutentür unterbringen.

93 Reizfutter, das den Bienenvölkern Tracht vortäuscht, können Sie in Futtertaschen reichen.
Eine Reizfütterung der Bienenvölker ist in trachtlosen Zeiten und besonders nach Trachtschluß unerläßlich (Ratschläge 202 und 288). Bei Hinterbehandlungsbeuten haben sich dafür Futtertaschen bestens bewährt. Sie sind leicht herzustellen und sollten mindestens 2 kg Reizfutter (Futterteig oder Maische) aufnehmen. Die dem Beutenfenster zugewandte Seite der Futtertasche wird mit einer Glascheibe oder zumindest mit einem Glasstreifen versehen. Dadurch können Sie den Futterstand jederzeit kontrollieren. Das große Fassungsvermö-

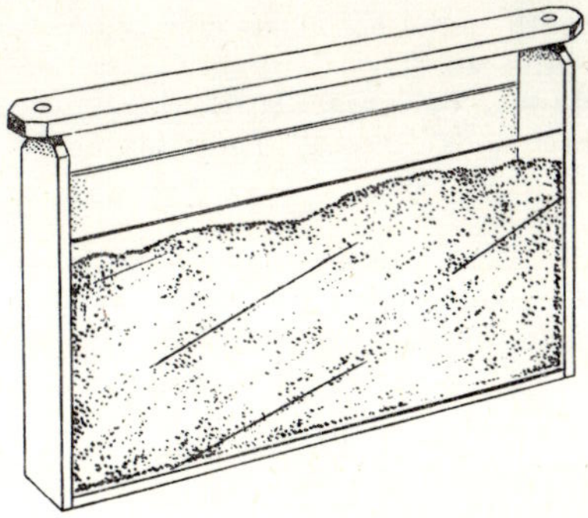

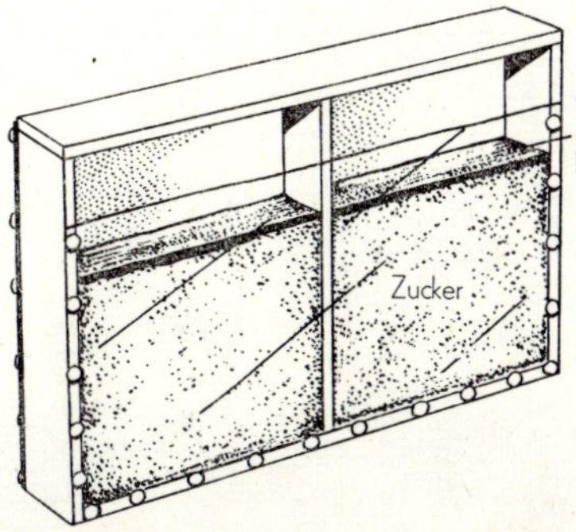

gen der Futtertaschen erspart Ihnen, öfter in die Bienenvölker einzugreifen, um Futter nachzufüllen. Wie Sie Futterteig und Maische herstellen können, erfahren Sie in den Ratschlägen 201 und 238. Für eine flüssige Reizung der Bienenvölker eignen sich alle Futtergeräte für die Winterfütterung (Ratschlag 99).

94 Die Stockkarte bedeutet für Sie eine große Hilfe.
Auf die Stockkarte, die in einer Halterung an jeder Beute stecken sollte, gehören alle Angaben über das Bienenvolk. Dabei spielen Form und Einteilung, die Verwendung der käuflichen Vordrucke oder selbstgefertigter Karten eine völlig untergeordnete Rolle. Wichtig ist nur, daß Sie hier vom ersten Tag an alle wichtigen Daten und die Arbeiten an den Bienenvölkern gewissenhaft festhalten. Die wenigen Minuten, die Sie für kurze Notizen benötigen, zahlen sich immer aus. Auch

bei der anfänglich geringen Völkerzahl brauchen Sie die Stockkarte zur Orientierung für spätere Eingriffe. Wohl selten bewahrheitet sich das Sprichwort „Wer schreibt, der bleibt!" mehr als in der Bienenhaltung.

95 Besorgen Sie sich rechtzeitig alle Materialien und Geräte, die zum Einlöten der Mittelwände in die Rähmchen nötig sind.

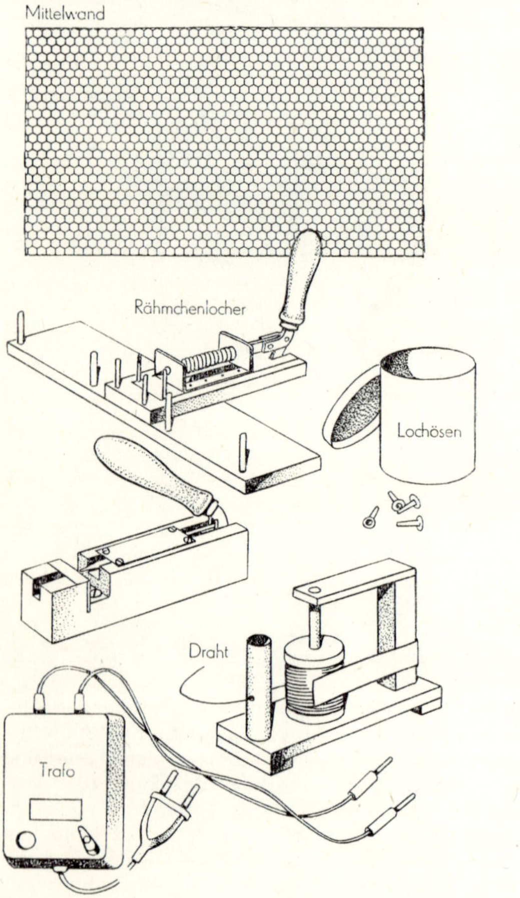

Die Vorbereitung der Rähmchen, in die die Mittelwände eingelötet werden sollen, gehört zu den Winterarbeiten des Imkers. Damit die ausgebauten Waben später eine große Festigkeit aufweisen, ist es ratsam, die Rähmchen zu drahten. Sie benötigen dafür einen Rähmchenlocher, Ösen und Wabendraht sowie kleine Nägel. Das Einlöten der Mittelwände erfolgt am rationellsten mit einem Einlöttrafo. Doch auch einfachere Geräte, wie Rillrädchen oder Einlötkolben, erfüllen diese Aufgabe. Im Ratschlag 270 wird beschrieben, wie die Rähmchen gedrahtet und die Mittelwände eingelötet werden.

96 Zum Zeichnen von Weiseln brauchen Sie einige Hilfsmittel.

Selbstgezogene Weiseln (Ratschläge 170 bis 172) und Weiseln, die das Zeichenplättchen verloren haben, müssen Sie zeichnen, weil gezeichnete Weiseln die Arbeit an den Bienenvölkern wesentlich erleichtern. Weiselten Bienenvölker „still" um, so ist das Zeichnen der neuen Weisel ebenfalls erforderlich. Deshalb sollten Sie die dafür notwendigen Hilfsmittel – Weiselfänger, Zeichengerät, Schell- oder Nagellack und die Zeichenplättchen in den fünf Jahresfarben – stets zur Hand haben. Außerdem benötigen Sie Zusetzkäfige, in denen die gezeichneten Weiseln unter leichtem Futterteigverschluß den Völkern zurückgegeben werden. Weitere Auskünfte zu diesem Thema gibt der Ratschlag 173.

97 Die Geräte zur Honiggewinnung sollten Sie sich bereits im Anfangsjahr anschaffen.

Honigschleuder, Entdecklungsgabel und Entdecklungsgeschirr sowie ein Doppelsieb sind die Geräte, die Sie unbedingt kaufen müssen, um den Honig gewinnen zu können. Das kann im günstigen Fall schon in dem Jahr notwendig werden, in dem Sie mit der Bienenhaltung beginnen. Ablauf und Bedingungen der Honiggewinnung werden in den Ratschlägen 134 bis 140 erklärt. Sich darauf zu verlassen, die Geräte einstweilen vom Nachbarimker ausleihen zu können, ist eine Notlösung. Wenn Tracht herrscht und damit Honig anfällt, braucht jeder Imker die Geräte zur Honiggewinnung erst einmal für sich selbst. In der Vorfreude

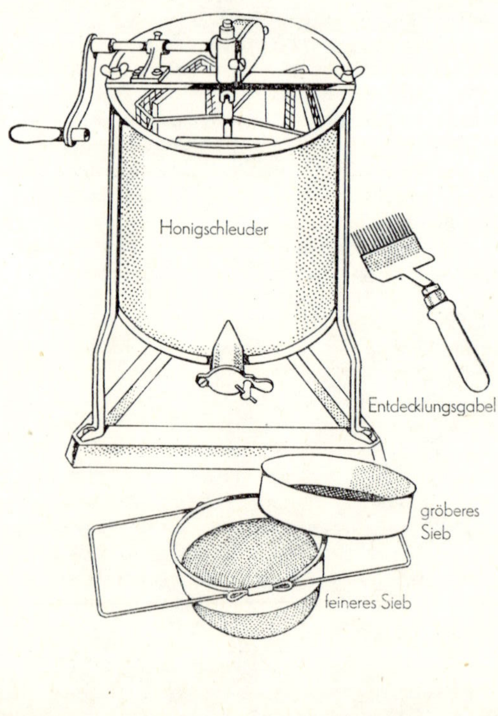

auf den köstlichen Honig warten zu müssen, bis Ihr Nachbar die Schleuder selbst nicht mehr benötigt, kann sehr ärgerlich sein. Wenn das sehr lange dauert, besteht sogar die Gefahr, daß die Bienen im Sammeleifer nachlassen oder in Schwarmstimmung kommen (Ratschlag 289).

98 Ein Honigkübel mit Quetschhahn ist sehr gut geeignet, um Bienenhonig in Gläser abzufüllen.
Mit Hilfe eines solchen Kübels kann der Bienenhonig, der für den Eigenbedarf bestimmt ist, sauber und verlustlos in die Gläser abgefüllt werden. Der Quetschhahn ermöglicht Ihnen, die Stärke des Honigstromes nach Bedarf zu regulieren und kurzfristig zu unterbrechen. Selbst wenn Sie dabei eine exakte Massebestimmung wünschen, ist die Arbeit leicht von einer Person zu meistern. Stellen Sie die Gläser auf eine Waage genau unter den Quetschhahn und füllen Sie die gewünschte Menge ab. Sie werden feststellen, wie bequem, sauber und genau man mit dem Honigkübel arbeiten kann.

99 Die Futtergeräte für die Wintereinfütterung der Bienenvölker sollten Sie nach bestimmten Kriterien auswählen.
Um den Bienenvölkern als Ersatz für den entnommenen Honig eine Zuckerlösung als Winterfutter reichen zu können, stehen Ihnen Futtergeräte zur Auswahl, die so unterschiedlich sind wie die Beutenarten und Betriebsweisen. Lassen Sie sich vor allem vom großen Fassungsvermögen der Gefäße leiten. Mehrere Liter Zuckerlösung auf einmal zu reichen, schadet den Bienen nicht, spart Ihnen aber viel Zeit. Weiterhin sollten Sie darauf achten, daß durch die Futtergefäße die warmhaltige Verpackung der Völker nicht eingeschränkt wird und an Wirkung verliert. Jedes Bienenvolk muß ein eigenes Futtergefäß erhalten, denn nur so können Sie alle Völker gleichzeitig füttern und die Zeitspanne der Einfütterung weiter verkürzen.

100 Bodeneinlagen („Windeln") sind für Sie Hilfsmittel zur Kontrolle des Gesundheitszustandes der Bienenvölker.
Die Bodeneinlagen werden mit den ersten Nachtfrösten im Herbst in die Beuten eingeschoben und verbleiben normalerweise dort bis zum Reinigungsflug im Frühjahr. Sie müssen aus einem festen Werkstoff (Packpapier, Tapete, Pappe, Plastfolie u. a.) und möglichst von weißer Farbe sein, damit sie ihre Aufgabe erfüllen können. Die Einlagen ermöglichen Ihnen, die Bienenvölker vorbeugend auf Varroatose zu untersuchen und geben Ihnen außerdem viele Hinweise, wie die Völker überwinterten (Ratschläge 237 und 241). Die Bodeneinlagen, als „Windeln" bezeichnet, müssen den gesamten Beutenboden bedecken und im Fluglochbereich einen Ausschnitt erhalten. Der Ausschnitt verhindert, daß das Flugloch durch etwaige Verwerfungen der Bodeneinlage verdeckt und die Luftzufuhr für die Bienenvölker unterbunden wird.

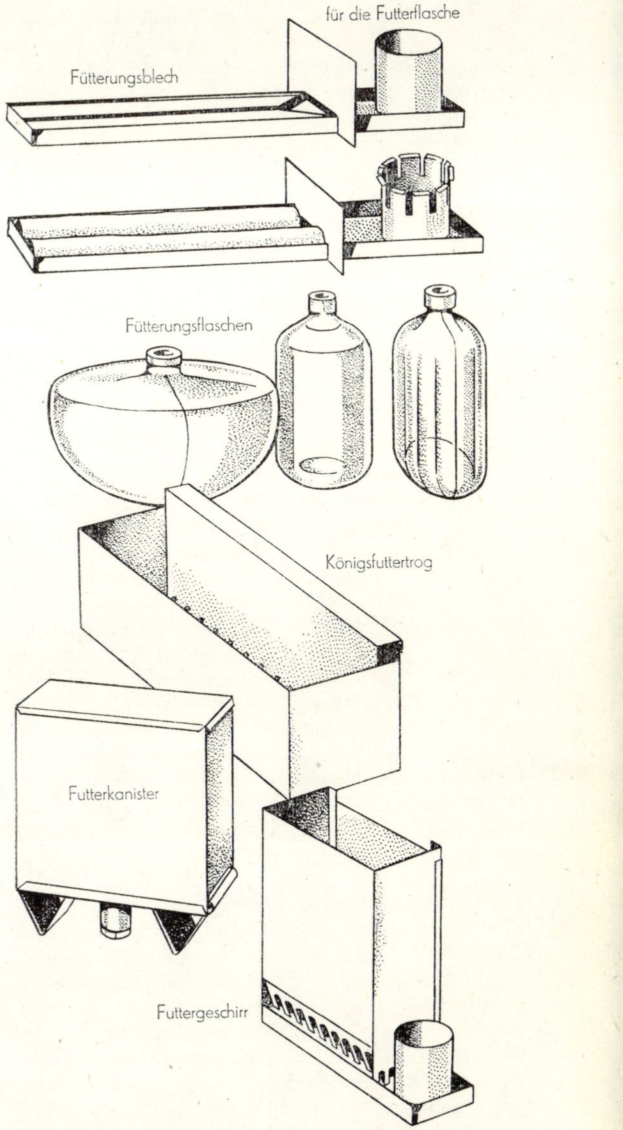

Zur Beschaffung des Bienenmaterials

101 Es ist vorteilhaft, die Bienenhaltung mit mehreren Bienenvölkern zu beginnen.
Die vielseitigen Voraussetzungen und Vorbereitungen, die für die Bienenhaltung notwendig sind, verbieten eigentlich von selbst, „probeweise" mit einem Bienenvolk anzufangen, zumal dadurch die neue Freizeitbeschäftigung von vornherein gefähr-

det wird. Mit einem einzigen Bienenvolk haben Sie keinerlei Vergleichsmöglichkeiten, versagt es oder stößt ihm etwas zu, so gleicht das einem generellen Mißerfolg. So gesehen, bieten Ihnen nur mehrere Bienenvölker die Gewähr für den Erfolg! Wählen Sie aber den Anfangsbestand auch nicht so groß, daß Ihnen die ganz sicher auftretenden Probleme schier unlösbar erscheinen. Ratsam ist es, die Bienenhaltung mit drei bis vier Völkern zu beginnen und später planmäßig zu erweitern (Ratschlag 160).

102 Erwerben Sie nur gesundes und leistungsfähiges Bienenmaterial.
Auch für Sie als Anfänger hat die Qualität der Bienen große Bedeutung, denn wenn der Erfolg ausbleibt oder Sie sich bei der Bearbeitung der Völker der Bienen kaum erwehren können, vergeht die Freude an der Bienenhaltung schnell. Vor allem mit sogenannten „Stechern", die durch mangelhafte züchterische Arbeit entstehen, wird selbst einem erfahrenen Imker die Arbeit zum Verdruß! Deshalb achten Sie auf die Reinrassigkeit der Bienen, die Sie am Verhalten und am Äußeren erkennen können (Ratschlag 162). Noch besser, Sie ziehen einen erfahrenen Imker mit zu Rate. So wie es Ihnen nicht darum gehen sollte, irgendwelche Bienen zu besitzen, so unklug wäre es auch, mit gekörten und kostspieligen Zuchtvölkern zu beginnen. Um erst einmal Erfahrungen im Umgang mit Bienen zu sammeln und dennoch bereits erfolgreich imkern zu können, steht Ihnen genügend züchterisch bearbeitetes Bienenmaterial zur Verfügung.

103 Lassen Sie sich unbedingt bescheinigen, daß die Bienen frei von Krankheiten und Seuchen sind.
Ganz gleich, woher oder von wem Sie das Bienenmaterial erwerben – diese Bescheinigung gehört grundsätzlich dazu. Sie stellt ein Bienenseuchensachverständiger (BSS) oder der Tierarzt aus. Ein Verkauf von Bienen, Weiseln und auch Beuten oder Geräten ist nicht gestattet, wenn der Verdacht auf Bienenseuchen besteht oder solche ausgebrochen sind. Die Sperrmaßnahmen gelten dann meist für ein größeres Gebiet. Der „Gesundheitspaß" garantiert Ihnen, daß Sie gesunde Bienenvölker erworben haben. Er ist notwendig, um der Verbreitung von Bienenkrankheiten entgegenzuwirken. Schon oft half eine routinemäßige Untersuchung von Bienenvölkern, Krankheitsherde rechtzeitig zu entdecken.

104 Die Bienenvölker, die Sie sich von Nachbarn beschaffen, müssen Sie vorerst an einem anderen Ort aufstellen.
Liegt der frühere Standort der Bienenvölker im neuen Flugbereich, dann fliegen alle Bienen, die die Gegend bereits kennen, dahin zurück. Um das

zu verhindern, müssen Sie die Völker erst einmal an einem Ort aufstellen, der mehr als 2 km vom ehemaligen Standort entfernt ist. Da sich die Bienen aber nur die Gegend als Flugbereich erschließen, in der sie Tracht vorfinden, kann der Ort im konkreten Fall auch näher oder weiter liegen. Nach drei bis vier Wochen, wenn die alten Flugbienen nicht mehr am Leben sind, können die Bienenvölker dann den vorgesehenen Platz einnehmen.

105 Ein Schwarm erleichtert Ihnen den Anfang.
Das Schwärmen löscht das Ortsgedächtnis der Bienen aus, so daß bei einem Schwarm die im Ratschlag 104 genannten Maßnahmen nicht erforderlich sind. Früher schworen die Imker auf die natürliche Vermehrungsform der Bienen und gründeten darauf ihre Betriebsweise. Die Bienen eines Schwarmes orientieren sich stets auf den neuen Standort, das Volk entwickelt sich schnell und bringt nicht selten noch im gleichen Jahr einen Honigertrag. Für Sie als Anfänger, der noch ohne einen Bestand an Waben ist, kommt als Vorteil hinzu, daß Sie den Schwarm ausschließlich auf Mittelwände setzen können. Diese werden sofort fleißig ausgebaut, denn die Notwendigkeit, sich schnell ein neues Nest zu schaffen, veranlaßt die Bienen aller Altersstufen zum Bauen. Wie man einen Schwarm behandeln muß, erfahren Sie im Ratschlag 158. Die moderne Bienenhaltung schließt jedoch das Schwärmen weitgehend aus (Ratschlag 159). Damit sind die Möglichkeiten weitgehend eingeschränkt, Schwärme als sehr günstiges Anfangskapital zu erhalten.

106 Herrenlose Schwärme dürfen Sie nicht ohne weiteres für die Bienenhaltung einsetzen.
Schwärme, die von irgendwo zufliegen und meist zufällig entdeckt werden, stellen ohne Behandlung eine große Gefahr für die Bienengesundheit dar. Da ihr ehemaliger Besitzer unbekannt ist, fehlt Ihnen jeder Nachweis über den Gesundheitszustand des Schwarmes. Bisher blieb nichts anderes übrig, als solche herrenlose Schwärme einzufangen und mit Hilfe von Schwefel abzutöten. Beachten Sie dabei, daß die Schwefeldämpfe aus dem Behältnis, in dem sich der Schwarm befindet, nicht entweichen können. In der Bundesrepublik und in Berlin (West) sind Sie verpflichtet, eingefangene Schwärme der Veterinärbehörde oder speziell dazu autorisierten Imkern gegen eine geringe Gebühr zur Behandlung zu übergeben. Dadurch kann wertvolles Bienenmaterial noch gerettet werden.

107 Ein Kunstschwarm bietet Ihnen ähnliche Vorteile wie ein natürlicher Schwarm.
Der Imker kann Schwärme künstlich bilden, dadurch deren Vorteile nutzen und gleichzeitig die Nachteile des natürlichen Schwarmes (Ratschlag 156) ausschalten. Die Kunstschwarmbildung wird im Ratschlag 169 beschrieben. Einen Kunstschwarm müssen Sie im Gegensatz zum natürlichen Schwarm sofort füttern, denn die Bienen nahmen keine „Wegzehrung“ mit.

108 Am leichtesten können Sie sich Ableger beschaffen.
Die Ableger, kleine Völkchen mit etwa sechs Waben, bildet der Imker, indem er starken Bienenvölkern einzelne oder mehrere Waben entnimmt. In den Ratschlägen 164 bis 167 erhalten Sie Auskunft, welche Arten von Ablegern es gibt und wie sie gebildet werden. Ableger finden in kleineren Kästen (Ablegerkästen), die nur aus einem Brutraum bestehen, oder in einer Beute Platz. Sie müssen sich also entscheiden, ob Sie die Beute zu dem Imker bringen, von dem Sie einen Ableger erwerben wollen, oder ob Sie den Ableger vorerst mit der kleineren Wohnung aufstellen. Dabei gilt es zu bedenken, daß Ihnen die erste Variante Vorteile bringt, weil sich die Bienen gleich auf die neue Beute einfliegen. Sind die Bienen im Ablegerkasten untergebracht, macht es sich später erforderlich, diesen mit der Beute zu vertauschen und die Waben umzuhängen. Das dürfen Sie aber immer erst dann tun, wenn sich die Bienen auf den neuen Standort eingeflogen haben. Und noch ein kleiner Rat: Melden Sie Ihren Bedarf an Ablegern rechtzeitig an, damit sich der Imker, bei dem sie kaufen wollen, darauf einstellen kann.

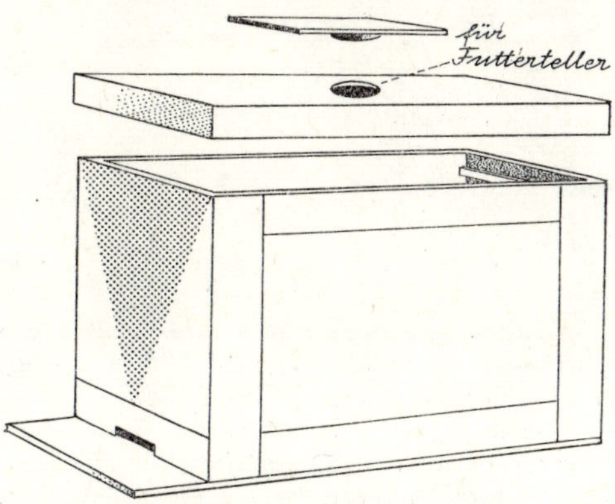

Ablegerkasten für 3 Waben

109 Vollwertige Bienenvölker versprechen einen baldigen Honigertrag.
Wenn Sie Gelegenheit haben, bereits voll entwickelte Bienenvölker zu erwerben, sollten Sie zugreifen. Zu jedem Bienenvolk gehört aber eine Beute! Wer seinen Bienenstand auflöst, verkleinert – oder welche Gründe noch für einen Verkauf in Frage kommen –, die leeren Beuten wird wohl niemand behalten wollen. Kommt ein solches Angebot zeitig genug und haben die Beuten einen guten Gebrauchswert, dann ersparen Sie sich die Neuanschaffung von Beuten. Besitzen Sie bereits Beuten und die gebrauchten Bienenwohnungen werden billig abgegeben, sollten Sie gründlich überlegen, ob Sie diese umbauen oder anderweitig verwenden können.

110 Beachten Sie das Rähmchenmaß, wenn Sie Ableger oder Bienenvölker erwerben wollen.
Ableger und vollwertige Bienenvölker sitzen bereits auf fertigem Wabenbau. Das Rähmchenmaß der Waben sollte dabei mit dem Maß übereinstimmen, für das Sie sich entschieden haben. Es fällt Ihnen dann leichter, die Ableger und Völker in die neuen Beuten umzusiedeln. Zwar läßt sich der Wabenbau auch umschneiden, indem Sie die Waben dem eigenen Maß entsprechend zerschneiden und in die anderen Rähmchen setzen, doch kann das wirklich nur die Ausnahme sein. Sie brauchen nicht viel Phantasie, um sich die Erschwernisse vorzustellen, die eine solche Arbeit bei bebrüteten und voll mit Bienen besetzten Waben mit sich bringt. Verhältnismäßig leicht können Sie einen Wechsel vom Freudensteinmaß zum Normalmaß vollziehen. Wenn Sie vom Freudensteinrähmchen eines der beiden Trageohren abtrennen, paßt es genau in ein Normalmaßrähmchen. Verkeilen Sie diese „Doppelrähmchen“ trotzdem noch miteinander, um zu verhindern, daß sie sich bei der Arbeit lösen. Später können Sie die Rähmchen nach und nach ausrangieren.

Der Umgang mit Bienen

111 Ohne zwingende Gründe sollten Sie nicht in die Bienenvölker eingreifen.
Gerade als Anfänger ist man geneigt, die Beuten bei jeder Gelegenheit zu öffnen und das faszinierende Treiben im Bienenvolk unmittelbar zu beobachten. So beeindruckend die Beobachtungen auch immer sind: Bedenken Sie, daß Sie mit jedem Eingriff den geregelten Arbeitsrhythmus, die Harmonie im Bienenvolk stören, Wärme- und damit Futterverlust verursachen. Außerdem beantworten die Bienen Störungen mit Abwehrverhalten. Wenn die Bienen häufig gestört werden, erhöht das ihre Stechlust. Wollen Sie also Leistung und Verhalten Ihrer Bienenvölker nicht negativ beeinflussen, so schränken Sie von Anfang an die Störungen auf das unbedingt notwendige Maß ein. Regelmäßige Beobachtungen am Flugloch und ihre richtige Deutung erleichtern es, diese Forderung einzuhalten (Ratschlag 210).

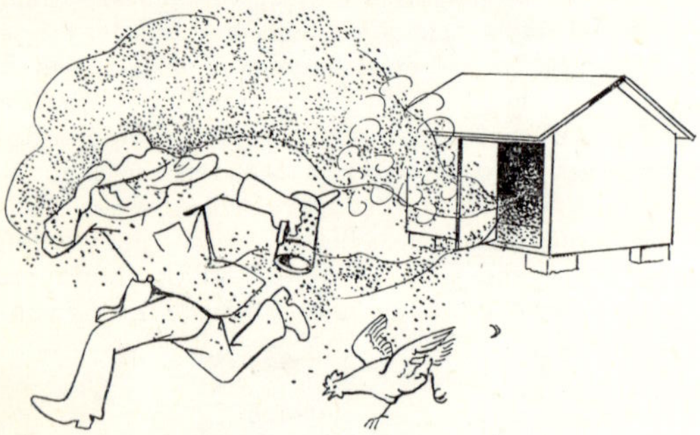
Maß für Maß!

112 Stellen Sie sich bei der Bearbeitung der Bienenvölker darauf ein, daß die Bienen ihre Wohnung verteidigen werden.
Die Bienen gebrauchen ihre Waffe, den mit Widerhäkchen versehenen Stachel, gegen jeden Störenfried, gegen Räuber (Ratschlag 205) und auch gegen den Imker. Greifen Sie in den Lebensrhythmus des Bienenvolkes ein, kommt das für die Bienen einem Angriff gleich. Die Wohnung gegen Feinde zu verteidigen, gehört zum natürlichen Verhalten der Bienen. Darauf müssen Sie sich einstellen!
Wenn eine Biene sticht, bohrt sie ihren Stachel in die Haut – und kann ihn wegen der Widerhaken nicht wieder herausziehen. Beim Versuch, sich nach dem Stich zu entfernen, reißt der Stachelapparat ab, und die Biene verletzt sich selbst tödlich. Der Stachelapparat arbeitet – wenn er nicht unverzüglich entfernt wird – selbsttätig weiter und pumpt auch das restliche Gift noch in die Wunde. Achten Sie darauf, den Stachel nie herauszuziehen, weil Sie sonst durch das Zufassen selbst dafür sorgen,

Stachelorgan (nach Hüsing)

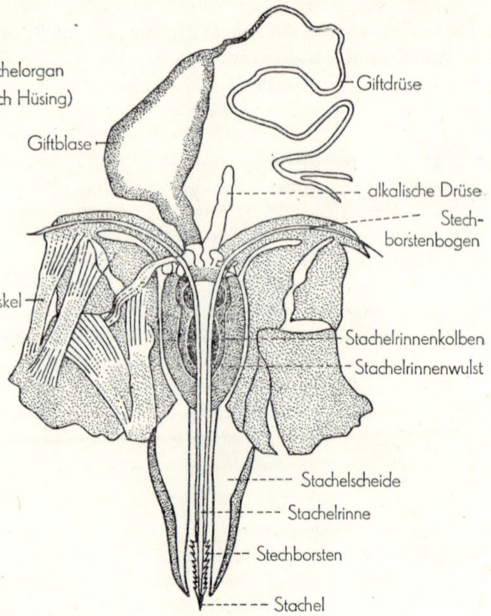

Kämpfende Weiseln

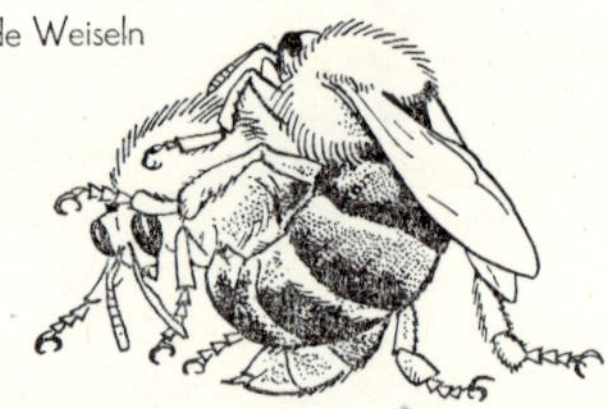

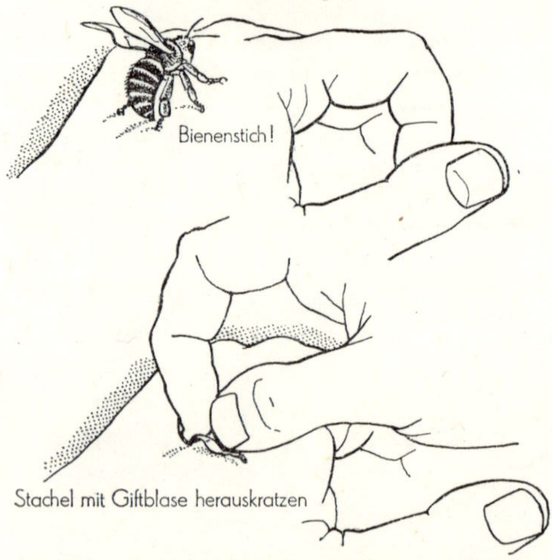
Bienenstich!
Stachel mit Giftblase herauskratzen

daß die Giftblase völlig entleert wird. Kratzen Sie den Stachel mit dem Fingernagel seitlich heraus, vermeiden Sie diese zusätzliche Giftdosis. Sticht eine Biene ihresgleichen, dann kann sie den Stachel wieder herausziehen, weil sich der durchstochene Chitinpanzer nicht wie die elastische Haut zusammenzieht.

113 Merken Sie sich gut: Alle fremden Gerüche reizen die Bienen.
Die Bienen besitzen einen sehr gut ausgeprägten Geruchssinn. So wie stockfremde Bienen am anderen Geruch erkannt und abgewehrt werden, reagieren die Bienen auch gereizt auf Gerüche, die von Ihnen ausgehen. Bei der Bearbeitung der Bienenvölker müssen Sie das unbedingt berücksichtigen. Parfüm aller Art, Körperspray, Alkohol- und Körpergeruch sind nur einige der Faktoren, die die Stechlust der Bienen erhöhen. Bei Frauen können dafür auch die kritischen Tage eine Ursache sein. Sogar der Ihren Händen anhaftende Duft des Volkes, das Sie zuvor bearbeiteten, führt nicht selten zu heftigen Abwehrreaktionen der Bienen. Deshalb sollten Sie die Hinweise im Ratschlag 126 beachten, wenn Sie ohne Handschuhe an den Bienenvölkern arbeiten.

114 Der Vormittag eines hellen, warmen Tages ist die günstigste Zeit, um die Bienenvölker zu bearbeiten.
Es gibt viele Dinge, die Sie bei der Arbeit an den Bienen beachten müssen, doch dem Bearbeitungszeitpunkt kommt eine besonders wichtige Bedeutung zu. Bei schönem Wetter und guter Tracht ist die Masse der Bienen, die den Stock verteidigen könnten, draußen und hat damit zu tun, die Tracht zu bergen. Im Stock bleiben vor allem die Jungbienen zurück – Ihre Arbeiten an den Bienenvölkern können Sie schnell und ohne große Belästigungen durchführen. Bereits in den Mittagsstunden oder am Nachmittag, wenn die Sonne vom Himmel brennt, kann die Flugintensität der Bienen wieder nachlassen, und die Bedingungen für Ihre Arbeit ändern sich. Während am Vormittag alles unterwegs war, was im Stock nicht benötigt wurde, treffen Sie nun wieder auf eine größere Zahl von Verteidigern.

115 Vermeiden Sie bei ungünstigem Wetter Eingriffe in die Bienenvölker, wenn sich die Masse der Bienen im Stock aufhält.
Oft bleibt Ihnen weder Zeit noch Gelegenheit, sich bei den notwendigen imkerlichen Arbeiten den günstigsten Zeitpunkt auszusuchen. Dann müssen Sie auch bei weniger geeignetem Wetter an den Bienen arbeiten. Regentage, Gewitterschwüle oder starker Wind sind jedoch Witterungsverhältnisse, bei denen Sie nur in Ausnahmefällen die Bienenvölker öffnen sollten. Ebenso ungeeignet ist der Zeitpunkt, wenn die Jungbienen vorspielen (Ratschlag 223). Öffnen Sie die Beute trotzdem, fliegen viele Jungbienen nach hinten ab, orientieren sich falsch und finden nicht mehr zum Volk zurück.

116 Sie dürfen nicht am Brutnest eines Bienenvolkes arbeiten, ohne die Außentemperaturen zu beachten.
Ein Bienenvolk ist von relativ hohen Temperaturen abhängig. Deshalb müssen Sie bei den Eingriffen in die Völker, vor allem aber bei der Arbeit am Brutnest, die Temperaturverhältnisse beachten. Grundsätzlich sollte der Unterschied zwischen Außentemperatur und Brutnesttemperatur (ca. 35 °C) immer so gering wie möglich gehalten werden, um zu verhindern, daß die Brut verkühlt. Bei Außentemperaturen, die unter 18 °C liegen, ist das nicht mehr gewährleistet. Problematisch wird das oftmals im Frühjahr, doch können Sie die erforderlichen Bedingungen leicht schaffen, indem Sie das Bienenhaus aufheizen.

117 Eine gründliche Vorbereitung ermöglicht Ihnen effektives Arbeiten.
Um zügig und reibungslos an den Bienenvölkern arbeiten zu können, müssen Sie alle benötigten Arbeitsmittel und Geräte übersichtlich bereitlegen, das Rauchgerät in Aktion setzen und die Arbeitsschutzbekleidung anlegen. Der Wabenbock steht für die Waben bereit, die den Bienenvölkern entnommen werden. Denken Sie auch an die entsprechenden Gefäße, die die anfallenden Wachsreste und Kittharzbauten aufnehmen sollen. Bliebe schließlich noch, Sie auf die Waschgelegenheit (klares Wasser!) und auf Eimer und Scheuertuch hinzuweisen, damit Sie ständig peinliche Sauberkeit aufrechterhalten können. Hände, Geräte und Arbeitstisch regelmäßig zu säubern, erleichtert Ihnen nicht nur die Arbeit, sondern gehört auch zu den hygienischen Grundanforderungen.

118 Wenn Sie ruhig und bedacht arbeiten, reizen Sie die Bienen am wenigsten.
Die meisten Menschen wissen sehr wohl, daß man die Bienen mit schnellen Bewegungen erst recht auf sich aufmerksam macht, sie handeln aber nicht

danach. In kritischen Situationen wild um sich zu schlagen, hilft gar nicht! Bei der Bearbeitung der Völker, bei den Beobachtungen am Flugloch oder bei Arbeiten in unmittelbarer Nähe des Standes sollten Sie sich stets dazu zwingen, besonders überlegt und ruhig zu sein. Das bildet die Grundvoraussetzung, um mit Bienen umzugehen und trägt dazu bei, viele unnötige Bienenstiche zu vermeiden. Für dieses Verhalten gibt es eine sehr einfache Begründung: Die Facettenaugen der Bienen, die aus einigen Tausend Einzelaugen bestehen, liefern nur ein verschwommenes Bild, so daß sich bewegende Gegenstände besser wahrgenommen werden können als ruhende. Jede schnelle Bewegung von Ihnen führt deshalb ebenso wie jedes Rucken und Zerren an den Beutenfenstern, an Waben oder anderen Teilen dazu, die Bienen zusätzlich zu reizen.

119 Durch eine zügige Bearbeitung der Bienenvölker verhindern Sie übermäßige Wärmeverluste.
Um die Störung der Bienenvölker so kurz wie möglich zu halten, müssen Sie trotz langsamer und ruhiger Arbeitsweise immer dafür sorgen, daß alles zügig abläuft. Neben dem Wärmeverlust erhöht sich mit zunehmender Zeit auch das Abwehrverhalten der Bienen. Mit einer guten Arbeitsvorbereitung legen Sie den Grundstein für die zügige Arbeit an den Völkern, denn dann vertun Sie keine kostbare Zeit mit Suchen und Kramen.

120 Bevor Sie den Beuten Fenster und Waben entnehmen, müssen Sie diese lockern.
Da die Bienen alle losen Teile fest verkitten (Ratschlag 19), beginnt Ihre Arbeit stets damit, alles, was Sie der Beute entnehmen wollen, vorsichtig zu lockern. Stockmeißel oder Stockmesser (Ratschlag 91) sind dafür die geeignetsten Arbeitsgeräte. Bei den Hinterbehandlungsbeuten müssen Sie zuerst das Fenster von seiner Verkittung lösen, ehe es schräg – mit einer Seite nach vorn – herausgezogen werden kann. Günstig ist, vorher das am Fenster angebrachte Verschlußbrettchen zu entfernen und durch die so entstandene Öffnung einen Rauchstoß in das Beuteninnere zu geben. Die Waben lockern Sie, indem Sie den unteren Wabenschenkel mit der Wabenzange nach vorn ziehen und leicht hin- und herbewegen (Querbau) oder die Verkittung von oben lösen (Oberbehandlung). Beim Schlittenbetrieb macht es sich ebenfalls erforderlich, hemmende Kittharz- oder Wirrbauten zu entfernen, bevor Sie die Waben im Block aus der Beute ziehen können. Ratsam ist es, alles störende Kittharz oder Wachs sofort mit einem Messer abzutrennen und in den bereitstehenden Gefäßen unterzubringen.

121 Sparsame Rauchstöße besänftigen die Bienen und unterstützen Ihre Bemühungen, ungestört und zügig zu arbeiten.
Die Betonung liegt hierbei auf sparsam, denn eine regelrechte „Einnebelung" erschwert die Arbeit, weil sie den Bienen – und nicht zuletzt Ihnen selbst – lästig wird. Wenn Sie die Völker zu günstigen Zeiten bearbeiten, kann das Rauchgerät meist fast unbenutzt bleiben. Es sollte aber für alle Fälle funktionsbereit sein. Beginnen Sie mit leichten Rauchstößen, nachdem Sie das Bienenvolk geöffnet haben. Dann entscheidet das Verhalten der Bienen, ob Sie überhaupt weiter mit Rauch arbeiten müssen. Lassen sich die Bienen in Ausnahmefällen mit Rauch nicht mehr besänftigen, versuchen Sie es mit einer feinen Wasserdusche aus dem Sprühgerät. Völker, die auch darauf nicht mehr ansprechen, sollten Sie schnellstens wieder schließen

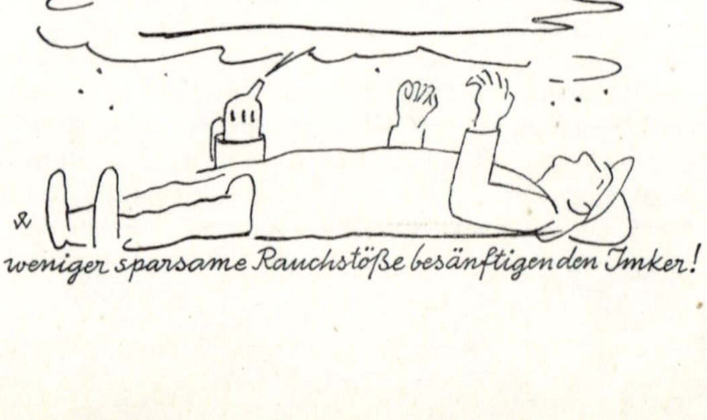
weniger sparsame Rauchstöße besänftigen den Imker!

und zu einem späteren Zeitpunkt bearbeiten. Gehen Sie in einem solchen Fall aber unbedingt der Frage nach: Was habe ich falsch gemacht, daß sich die Bienen so aggressiv verhalten?

122 Im allgemeinen schlägt man die Bienen von Fenstern, Waben oder anderen Beutenteilen ab.
Bei dieser Arbeit hält die linke Hand das entsprechende Teil über Eck fest. Während Fensterrahmen und andere feste Teile den direkten Schlag vertragen, müssen Sie bei den Waben auf die haltende Hand schlagen. Dadurch wird die unmittelbare Wucht der kurzen Schläge abgefangen und verhindert, daß die Waben zerbrechen. Die abgeschlagenen Bienen fallen auf den Arbeitstisch oder – bei Oberbehandlungsbeuten – direkt auf die Trageleisten der Waben. Die wenigen Bienen, die nicht abgefallen sind, können Sie mit der Feder oder dem Besen abfegen. Es ist amüsant anzusehen, wie eilig die Bienen in die Beute zurücklaufen, geleitet von den sterzelnden Bienen, die ihre Duftdrüse ausgestülpt haben und deren Geruch durch emsiges Fächeln mit den Flügeln verströmen. Geht Ihnen der „Rückmarsch" der Bienen zu langsam, so helfen Sie mit etwas Rauch nach. Wenn Sie den Bienen auf den Waben im Wabenbock kurzzeitig Gelegenheit geben, sich vollzusaugen, lassen sie sich viel leichter abschlagen.

123 Brutwaben müssen Sie abfegen.
Die Erschütterungen, die die Schläge hervorrufen, sind den Brutwaben, vornehmlich den im Futtersaft schwimmenden Larven in den offenen Zellen, wenig zuträglich. Deshalb müssen Sie die Bienen von solchen Waben abfegen. Meist kommt das nur vor, wenn Sie Zucht betreiben oder Völker mit bienenfreien Brutwaben verstärken wollen. Beginnen Sie beim Abfegen am oberen Wabenrand und halten Sie die Feder schräg nach unten. Eine gekürzte Federfahne erleichtert Ihnen die Arbeit beträchtlich. Die Abkehrbesen eignen sich dafür weniger, weil sich die Bienen in den langen Haaren verfangen und stechlustig werden. Sie können es aber auch mit Besen versuchen, deren Haare Sie gekürzt haben. Wenn Sie Feder oder Besen vorher anfeuchten, arbeitet es sich noch besser damit. Besondere Vorsicht ist dann geboten, wenn sich die Weisel auf der Wabe befindet, die Sie abfegen wollen. Hier empfiehlt sich, die Wabe noch einmal zurückzuhängen und die Weisel ablaufen zu lassen oder sie mit dem Weiselfänger abzufangen und in das Volk zurückzugeben.

124 Stellen Sie alle den Bienenvölkern entnommenen Waben vorsichtig auf dem Wabenbock ab.
Auf dem geräumigen Wabenbock (Ratschlag 90) sind die Waben sicher und übersichtlich aufgehoben und können abschließend wieder in umgekehrter Reihenfolge zurückgehängt werden. Die Wabe mit der Weisel erfordert immer Ihre besondere Aufmerksamkeit und eine gesonderte Abstellung auf dem Wabenbock. Um unliebsame Überraschungen zu vermeiden, sollten Sie sich noch einmal vom Vorhandensein der Weisel überzeugen, ehe Sie diese Wabe in die Beute zurückhängen. Im Querbau ist es recht aufwendig, die Waben zu entnehmen und zurückzugeben. Nachdem eine Wabe gelockert ist, können Sie mit der Wabenzange die Mitte der Trageleiste fassen, die linke Seite nach vorn ziehen und dabei das rechte Trageohr in der Nut belassen. Wenn Sie die Wabe an der Seite packen, muß diese von der linken Hand am unteren Rähmchenholz zusätzlich gestützt werden. Ein Dreikantstab, der der Länge nach in die Beute geschoben wird und auf dem Sie die Wabe aufsetzen können, verhindert gleich-

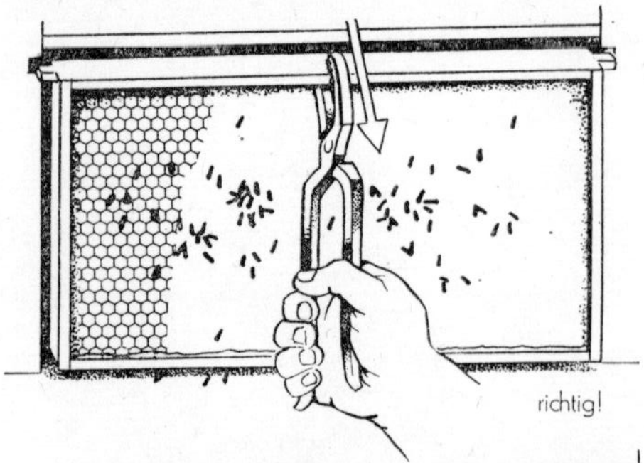

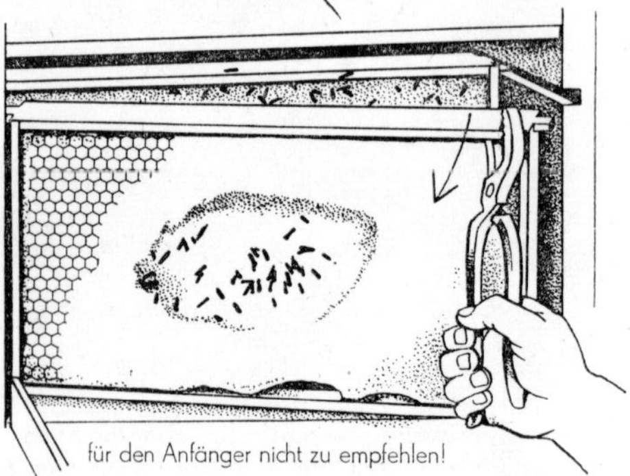

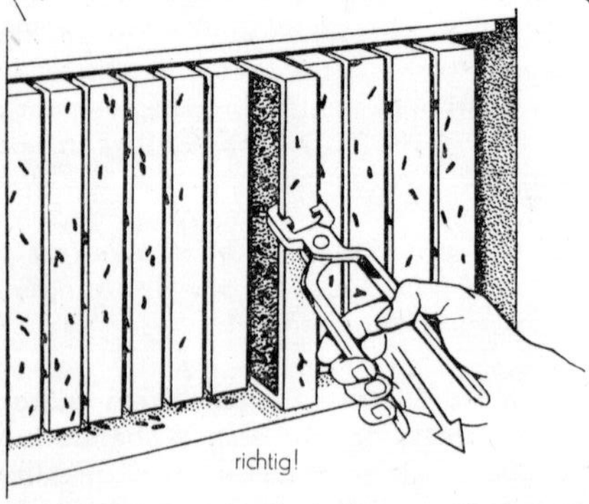

falls, daß die Waben abrutschen. Im Längsbau und in Oberbehandlungsbeuten ist es weniger kompliziert, die Waben mit Hilfe eines Rähmchenziehers zu bewegen.

125 Gelegentliche Bienenstiche dürfen Sie nicht in Panik versetzen.

Sie wissen bereits, daß die Arbeit an den Bienen auch bei größter Sorgfalt und Vorsicht kaum ohne Stiche abgeht. Also heißt es, Körperbeherrschung zu üben! Trotz des plötzlichen Schmerzes ruhig und bedächtig weiterzuarbeiten, zumindest aber den begonnenen Handgriff zu vollenden, will natürlich gelernt sein und kostet Überwindung. Keinesfalls verbessert panikartiges Verhalten Ihre Situation, sondern verschlimmert sie höchstens noch. Alle falschen Verhaltensweisen fallen dann zusammen: Schnelle Bewegungen, zeitlich ausgedehnte Störung und ein heilloses Durcheinander reizen die Bienen zusätzlich. Soweit muß und darf es nicht kommen, wenn Sie mit der richtigen Einstellung an die Bienen herangehen.

126 Gewöhnen Sie sich nach und nach daran, ohne Handschuhe an den Bienenvölkern zu arbeiten.

Ohne Handschuhe arbeitet es sich besser, denn oftmals gehen gerade von den Imkerhandschuhen heftige Abwehrreaktionen der Bienen aus. Sie lassen sich zwischenzeitlich nicht so schnell und nicht so gründlich säubern wie die bloßen Hände, so daß stockfremder Geruch, Honigreste u. a. bald das aggressive Verhalten der Bienen auslösen. Auch mancher unsanfte Handgriff hat in den Handschuhen seine Ursache. Üben Sie ganz bewußt, ohne Handschuhe an den Bienen zu arbeiten, indem Sie diese vorerst nur gelegentlich entfernen und vor allem die Völker ohne Handschuhe bearbeiten, die besonders sanftmütig sind. Grundsätzlich sollten Sie sich dabei öfter die Hände in klarem Wasser waschen, zumindest aber dann, wenn Sie die Arbeit an einem Bienenvolk abgeschlossen haben. Probieren Sie, die Völker mit nassen Händen zu bearbeiten oder dem klaren Waschwasser einen Schuß Essig zuzugeben, und Sie werden feststellen, daß man die Bienen gut von den Händen fernhalten kann. Es gehört zum Arbeitsschutz, vor der Arbeit an den Bienenvölkern alle Fingerringe abzulegen.

127 Nach der Bearbeitung jedes Volkes sollten Sie alle durchgeführten Maßnahmen sofort auf der Stockkarte vermerken.

Dadurch ist für Sie immer ablesbar, wann Sie welche Veränderungen vorgenommen haben. Darüber hinaus ist es ratsam, daß Sie Angaben über die Volksstärke, den Brutstand und über auffallende Besonderheiten festhalten. Notieren Sie schließlich auch, wenn Sie die Weisel sichten und begutachten konnten. Wie Sie Ihre Notizen vereinfachen können, wird im Ratschlag 281 erklärt.

Schreiben → merken → begreifen → handeln!

Zur Erhaltung der Bienengesundheit

128 Für gesunde und leistungsfähige Bienenvölker tragen Sie selbst die größte Verantwortung.
Sie selbst haben es in der Hand, die bestmöglichen Bedingungen für die Bienenvölker zu schaffen und durch Ihr Können und Ihre Fürsorge einem Krankheitsausbruch vorzubeugen. Auch in der Bienenhaltung gilt der Grundsatz: Vorbeugen ist immer besser als heilen! Ihre Verantwortung, alle imkerlichen Maßnahmen stets darauf zu richten, die Bienenvölker gesund zu erhalten und in ihrer Entwicklung zu fördern, wird noch dadurch erhöht, daß Bienenkrankheiten nicht selten seuchenhaften Charakter annehmen. Damit sind nicht nur die Bienenvölker Ihres eigenen Standes, sondern auch die Bienenstände der Umgebung gefährdet. Es gibt konkrete gesetzliche Bestimmungen, die festlegen, wie Sie sich bei Verdacht oder Ausbruch bestimmter Krankheiten zu verhalten haben und wie die Krankheiten zu bekämpfen sind (Ratschläge 186 bis 188). Folgende Faktoren sollten Sie ganz besonders beachten, um einem Krankheits- oder Schädlingsbefall vorzubeugen:
– Sorgen Sie für den für die Bienen günstigsten Standort.
– Achten Sie auf die rechtzeitige Weiselerneuerung und auf ein gutes Trachtangebot als wichtige Grundlagen für starke Bienenvölker und für den ständigen Bienenumtrieb (Ratschläge 47 und 295).
– Wintern Sie durch gute Nachtrachtpflege, einschließlich einer guten Pollenversorgung, jungbienenreiche Bienenvölker ein (Ratschläge 201 und 202).
– Halten Sie peinliche Ordnung und Sauberkeit auf dem Bienenstand.
– Sorgen Sie laufend für die Wabenerneuerung (Ratschlag 284).
– Halten Sie die Sicherheitsvorschriften ein, wenn Sie Bienen oder Beuten beschaffen (Ratschläge 62, 103 und 106). In diesem Zusammenhang muß auch hervorgehoben werden, daß es streng verboten ist, Bienen oder Weiseln illegal aus dem Ausland einzuführen.

129 Es sollte eines Ihrer wichtigsten Anliegen sein, den Bienenstand ständig ordentlich und sauber zu halten.
Wenn Sie sich bemühen, dieses Ziel vor, während und nach der Bearbeitung der Völker zu realisieren, halten Sie die hygienischen Mindestanforderungen der Bienenhaltung aufrecht und schaffen sich die Bedingungen, um überhaupt erfolgreich imkern zu können. Bedenken Sie immer, daß jede unachtsam zertretene Biene, jede herumliegende Wabe und jede Unsauberkeit Ausgangspunkte für gefährliche Krankheiten sein können. Wenn Sie die diesbezüglichen Forderungen von Anfang an ernst nehmen, sehen Sie sich durch gesunde und leistungsfähige Bienenvölker belohnt. Es steht viel auf dem Spiel, so daß man auch ganz hart formulieren muß: Wer in den Fragen von Ordnung und Sauberkeit leichtfertig oder gar verantwortungslos handelt, verspielt das Recht auf die Bienenhaltung.

130 Achten Sie darauf, daß auch bestimmte Umweltfaktoren den Gesundheitszustand Ihrer Bienenvölker beeinflussen.
Das sind vor allem das Klima und die Ernährungsfaktoren, aber auch schädigende Einflüsse durch Pflanzenschutzmittel und Industrieabgase. Im Normalfall wird das Bienenvolk mit allen Umwelteinflüssen fertig, doch können sie auch zu einer Störung des Gleichgewichtszustandes im Bienenvolk und damit zum Krankheitsausbruch führen. So sind

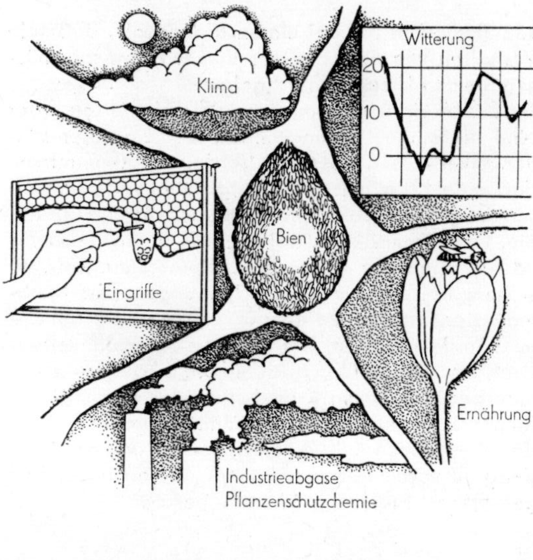

ungeeignete Standorte und extreme klimatische Erscheinungen oft die Ursache, daß sich Krankheitserreger massenhaft vermehren. Auch Vergiftungen schwächen die Bienenvölker und ziehen häufig Krankheiten nach sich. Immer sind Sie als Imker verantwortlich dafür, daß Ihre Bienenvölker so vital und leistungsfähig sind, daß sie mit den von Ihnen nicht zu beeinflussenden Faktoren fertig werden.
Ein starkes Bienenvolk ist naturgemäß weniger anfällig als ein schwaches und bricht nicht gleich zusammen, vorausgesetzt, es handelt sich um keine Extremfälle. Eine Krankheit erfolgreich zu bekämpfen, setzt schließlich voraus, daß Ihr imkerliches Können, die tierseuchengesetzlichen Maßnahmen und eine medikamentöse Behandlung im Zusammenwirken den Krankheitserregern keine Chance lassen.

131 Die Ernährungsgrundlage ist entscheidend für den Gesundheitszustand der Bienen.
Die Bienen entnehmen dem Nektar und Pollen, den sie im Trachtbereich vorfinden, die lebensnotwendigen Kohlenhydrate, Eiweiße, Vitamine und andere Substanzen. Das entscheidet letztlich über den körperlichen Zustand der Bienen und über die Aufzuchtbedingungen für die Bienenbrut. In Verbindung mit einer jungen, legefreudigen Weisel sichern Sie durch eine gute Ernährung der Bienen auch die beste altersmäßige Zusammensetzung des Bienenvolkes, d. h. Bienen aller Altersstufen sind vorhanden. Wenn Sie die Bienen durch ein lückenloses Trachtangebot oder – bei Schlechtwetterperioden – durch eine Reizfütterung nie ohne Arbeit lassen, fördern Sie den Bienenumtrieb und sorgen dafür, daß die Altbienen als Träger vieler Krankheitskeime rechtzeitig absterben.

132 Bemerken Sie bei einem Bienenvolk, daß sein Verhalten von dem anderer Völker abweicht, müssen Sie den Ursachen nachgehen.
Jede Abweichung vom normalen Verhalten oder eine auffällige Leistungsminderung einzelner Bienenvölker lassen stets den Verdacht aufkommmen, daß eine Krankheit oder Vergiftung vorliegt. Leiten Sie deshalb sofort eine genauere Untersuchung ein. Es ist unerläßlich, dafür einen Bienenseuchensachverständigen oder einen Tierarzt zu Rate zu ziehen, weil nur sie die Erscheinungen und Merkmale der Krankheiten genau kennen und Maßnahmen treffen können, die größere Schäden verhindern. Trotzdem sollten auch Sie die Erscheinungsformen der wichtigsten Krankheiten der erwachsenen Bienen und der Bienenbrut kennen, um Ihren Verdacht gegebenenfalls zu untermauern und der Meldepflicht nachkommen zu können, die für besonders gefährliche Bienenkrankheiten besteht.

Die Bienenhoniggewinnung

133 Bienenhonig ist ein „süßer Stoff", den die Bienen aus Nektar oder Honigtau bereiten.
Der Nektar der Blüten und der Honigtau (Ratschlag 46) sind stark wasserhaltige Zuckerlösungen, die die Bienen auf ihren Trachtflügen sammeln und in den Stock eintragen. Im Stock reichen sie die in der Honigblase gespeicherte „Fracht" an die Stockbienen weiter und fliegen erneut zum Sammeln aus. Die Stockbienen lagern Nektar und Honigtau in den Zellen ab, tragen sie von Zelle zu Zelle um und schließen die Zellen mit einem Wachsdeckel luftdicht ab, wenn sie mit reifem Bienenhonig gefüllt sind. Seine Reife erhält der Honig dadurch, daß jede Biene, die Nektar oder Honigtau aufnimmt und weitergibt, den Rohstoffen körpereigene Stoffe (Fermente) zusetzt. Diese Fermente wandeln den hauptsächlich enthaltenen Rohrzucker in Frucht- und Traubenzucker um – sie invertieren ihn. Gleichzeitig entziehen die Bienen diesen Zuckerlösungen einen großen Teil des Wassers. Um ein Kilogramm Bienenhonig zu erzeugen, benötigen die Bienen etwa drei Kilogramm Nektar.

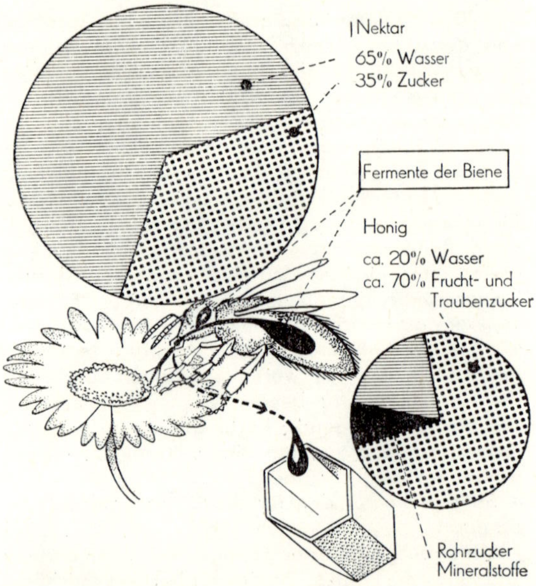

134 Im allgemeinen dürfen Sie nur Waben aus dem Honigraum entnehmen, um Bienenhonig zu gewinnen.
Durch das Absperrgitter, das Brut- und Honigraum trennt, bleiben die Waben im Honigraum brutfrei, so daß Sie diese Waben zur Honiggewinnung entnehmen können. Grundsätzlich dürfen Sie nur brutfreie Waben mit verwenden! Waben aus dem Brutraum können Sie nur dann schleudern, wenn der Brutraum bei guter Tracht verhonigt ist, d. h. Ho-

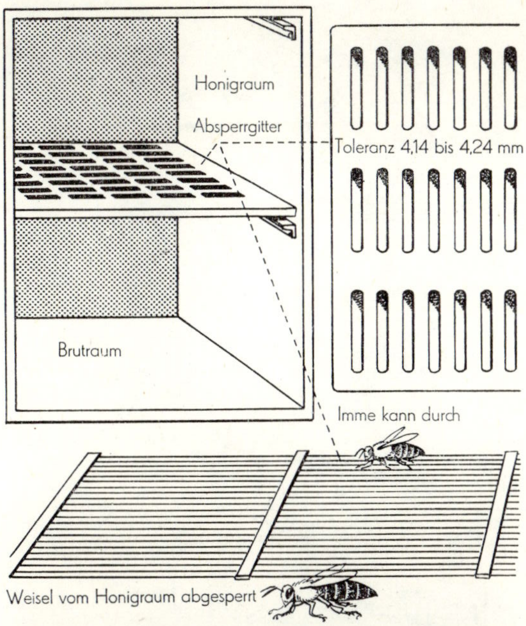

nigwaben das Brutnest einengen. Von den entnommenen Waben müssen Sie die Bienen abschlagen, wie das im Ratschlag 122 beschrieben ist. Eine Bienenflucht erleichtert Ihnen diese Arbeit wesentlich. Dazu decken Sie das Absperrgitter einige Stunden vor der Schleuderung bienendicht ab und geben den Bienen im Honigraum, die sich bald weisellos fühlen werden, eine Möglichkeit abzufliegen. Übrig bleiben schließlich nur wenige Jungbienen, die Sie leicht abfegen können. Sollten sich aber im Honigraum noch Waben mit Brut befinden (Ratschläge 277 und 283), dann klappt die Methode nur bedingt.

135 Schleudern Sie den Bienenhonig nur, wenn er auch wirklich reif ist.
Es dauert natürlich seine Zeit, ehe die Bienen durch mehrfaches Umtragen und durch Verdunstung aus dem stark wasserhaltigen Nektar bzw. Honigtau den köstlichen Honig bereitet haben. Spritzt der Honig noch aus den Zellen, wenn Sie die Bienen von den Waben abschlagen, so enthält er noch zu viel Wasser und ist nicht reif. Vermeiden Sie, solchen unreifen Honig zu schleudern, denn er geht leicht in Gärung über und wird unbrauchbar. Der Fleiß der Bienen und Ihre aufgewendete Mühe sollen doch nicht umsonst gewesen sein! Sind die Honigzellen verdeckelt, dann brauchen Sie keinerlei Bedenken zu haben. Deshalb gibt es auch viele Imker, die immer solange mit der Schleuderung warten, bis der größte Teil der Honigwaben von den Bienen verdeckelt wurde. Warum Sie an diesem alten Zopf nicht festhalten sollten, können Sie im Ratschlag 289 nachlesen.

136 Achten Sie bei der Honiggewinnung auf peinliche Sauberkeit.
Bevor Sie das hochwertige Nahrungsmittel Bienenhonig gewinnen können, müssen Sie die entsprechenden Bedingungen dafür schaffen. Sie brauchen einen Raum, der hell, sauber und für die Bienen unzugänglich ist. Ein kühler Raum erschwert Ihnen die Schleuderung, weil sich der Honig dann schlecht aus den Zellen löst. Heizen Sie den Schleuderraum also notfalls auf. Alle Geräte, die Sie benötigen, die Auffanggefäße für den Honig sowie Ihre Kleidung und die Ihrer Helfer müssen sauber sein. Sie sollten eine Kopfbedeckung tragen und selbstverständlich auch nicht rauchen, wenn Sie Bienenhonig gewinnen. Zu den hygienischen Anforderungen gehört ebenfalls, den geschleuderten Honig vor Verunreinigungen zu schützen. Ein sauberes Tuch, über die Auffanggefäße gedeckt, erfüllt bereits diese Aufgabe.

137 Jede Schleuderung sollten Sie damit verbinden, die Erträge der einzelnen Bienenvölker zu ermitteln.
Es ist ratsam, dazu die den Bienenvölkern entnommenen Honigwaben auf den Trageleisten mit Kreide zu kennzeichnen. So können Sie die Waben der einzelnen Völker nicht verwechseln. Das hat auch seuchenhygienische Gründe (Ratschlag 141). Um den Ertrag eines Volkes zu ermitteln, müssen Sie die gekennzeichneten Waben vor und nach der Schleuderung wiegen. Die Differenz schreiben Sie dem Volk als Ertrag gut. Wiegen Sie die Waben nicht etwa einzeln, sondern gleich mit dem Transportkasten. Die Masse des Wachses, das beim Entdeckeln anfällt, müssen Sie später vom Ertrag absetzen, denn die erste Masseermittlung sollten Sie vornehmen, ehe die Waben entdeckelt werden. Insgesamt nimmt die ganze Arbeit wenig Zeit in Anspruch, hat aber den Vorteil, daß Sie sich ein genaues Bild von der Leistungsstärke Ihrer Bienenvölker machen können.

138 Vor dem Schleudern müssen Sie die Wachsdeckel der gefüllten Honigzellen entfernen.
Dabei leistet Ihnen ein Entdeckungsgeschirr gute Dienste, weil Sie damit schnell und sauber arbeiten können und der abtropfende Honig aufgefangen wird. Stellen Sie die Wabe auf den schrägen Bügel und heben Sie die Zelldeckel mit einer Entdecklungsgabel von unten nach oben ab. Günstig ist, das Entdecklungsgerät vorher zu erwärmen oder elektrisch heizbar zu gestalten. Das Wachs muß öfter abgestreift werden, um zügig weiterarbeiten zu können. Mit dem Entdeckeln haben Sie die Honigwaben für die Schleuderung vorbereitet, nur der besonders dickflüssige und oft bereits in den Waben kandierende Heidehonig bedarf einer zusätzlichen Arbeit. Ihn müssen Sie mit einem speziellen Lösegerät „stippen", bevor Sie die Waben in die Schleuder stellen. Das anfallende Wachs sollten Sie in einem verschließbaren Gefäß sammeln, später auswaschen und mit einschmelzen (Ratschlag 147). Die Honiglösung, die Sie durch das Auswaschen erhalten, bildet für die Bienenvölker eine vorzügliche Reizfütterung.

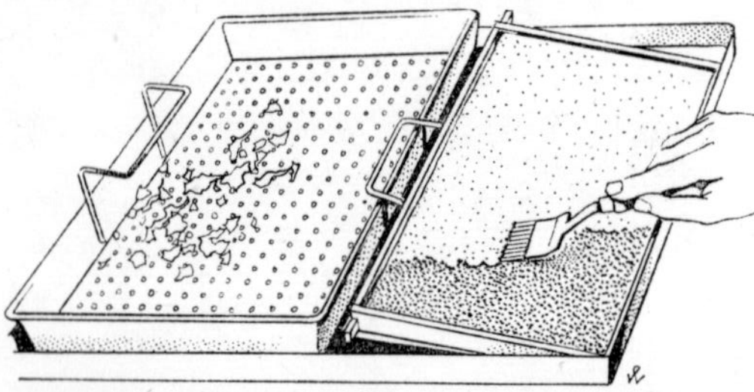

139 Drehen Sie die Schleuder anfangs sehr langsam, damit die Honigwaben nicht zerbrechen.
Die verschiedenen Honigschleudern fassen eine unterschiedliche Anzahl von Waben und können durch Hand oder Motor angetrieben werden. Bei allen wird aber die Zentrifugalkraft genutzt, um den Honig zu gewinnen. Für Sie genügt eine Drei- oder Vier-Wabenschleuder, in die Sie die Waben mit der Breitseite zum Schleuderkorb stellen müssen. Vorteilhaft ist es, die Masse im Schleuderkorb möglichst gleichmäßig zu verteilen, damit die Schleuder nicht zu schlagen beginnt. Zunächst schleudern Sie den Honig etwa zur Hälfte aus der einen Wabenseite aus, indem Sie langsam und vorsichtig drehen. Dann müssen Sie die Waben wenden und die andere Seite völlig ausschleudern. Auch hier wird langsam begonnen, das Tempo danach aber gesteigert. Nun wenden Sie die Waben nochmals und gewinnen den restlichen Honig aus der ersten Seite. Nur wenn Sie diesen Vorgang exakt einhalten, können Sie verhindern, daß die mitunter sehr schweren Honigwaben in der Schleuder zerbrechen. Bei Radial- und Sternschleudern entfällt das Wenden der Waben; sie fassen auch zehn und mehr Waben auf einmal.

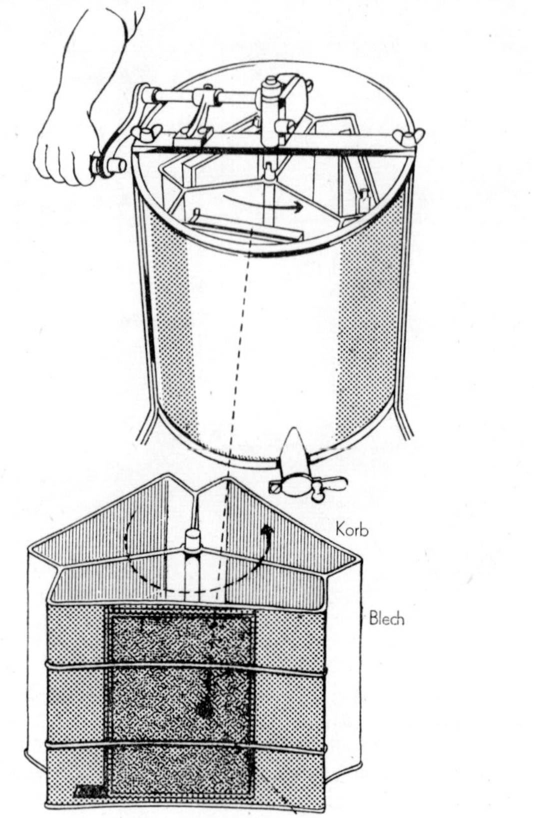

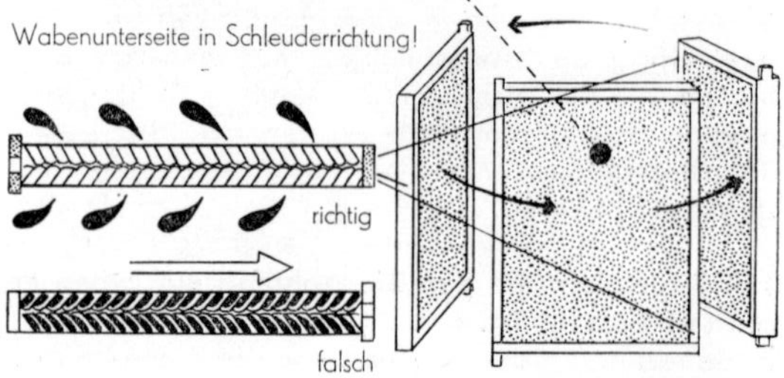

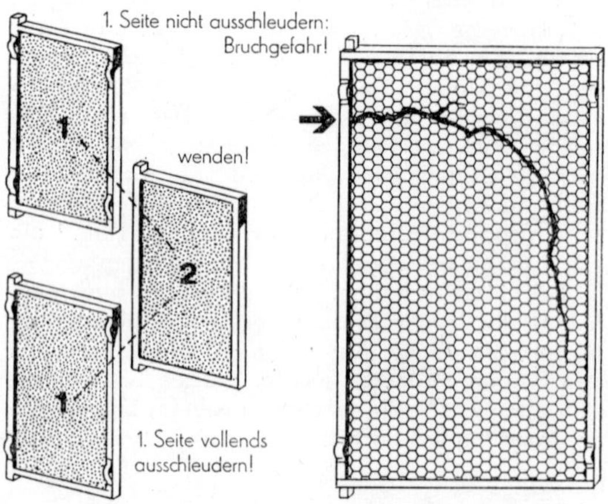

140 Mit einem Doppelsieb können Sie auch kleinste Verunreinigungen aus dem Bienenhonig aussondern.

Die Honigsiebe bestehen aus einem grobmaschigen und einem feinmaschigen Teil, in denen sich auch kleinste Wachsteilchen oder andere Verunreinigungen verfangen. Sie können den Bienenhonig sofort sieben, wenn er aus dem Quetschhahn der Schleuder austritt, aber auch nur auffangen und später durch ein Doppelsieb geben. Letzteres ist ratsam, wenn große Mengen Honig anfallen und das Sieben aufhält. Die engen Siebmaschen verstopfen oft recht schnell, so daß es lange dauert, bis der Honig durchgelaufen ist. Versuchen Sie aber keinesfalls, das Sieb wieder durchlaßfähig zu machen, indem Sie den Honig darin rühren. Damit würden Sie den bereits gesiebten Honig erneut verunreinigen! Benutzen Sie lieber ein zweites Sieb zum Wechseln und reinigen Sie zwischenzeitlich das verstopfte Sieb gründlich. Auf das nächste Auffanggefäß können Sie dann wieder ein durchlaßfähiges Sieb aufsetzen.

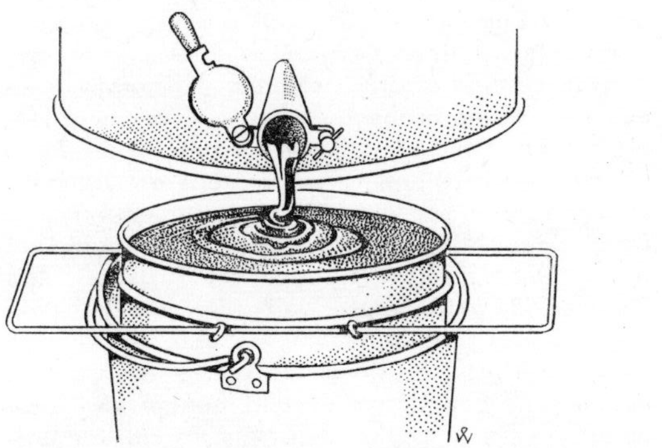

141 Besprühen Sie die ausgeschleuderten Waben mit Wasser, denn Sie beugen damit einer starken Beunruhigung der Bienen vor.

Wenn Sie die honigfeuchten Waben in die Bienenvölker zurückgeben, stürzen sich die Bienen sofort auf die Honigreste. Die Unruhe, die in der Folge entsteht, und der Honigduft können andere Völker aufmerksam werden lassen und zur Räuberei reizen. Das Wasser, das die Bienen ohnehin brauchen, um die Honigreste aufzusaugen und umzutragen, beugt einer solchen Gefahr weitgehend vor. Mit dem Sprühgerät lassen sich die Waben sehr gut fein und gleichmäßig mit Wasser benetzen. Natürlich können Sie diese Arbeit auch unter dem Wasserhahn ausführen, unterlassen werden sollte sie aber auf keinen Fall. Achten Sie schließlich darauf, daß jedes Volk wieder die eigenen Waben erhält, weil Sie mit dem Austausch von Waben auch Krankheiten übertragen können. Die Kreidekennzeichnung (Ratschlag 137) hat also eine wichtige Aufgabe.

142 Ehe Sie den Bienenhonig abfüllen oder verkaufen, muß er erst einmal klären.

Stellen Sie die Auffanggefäße (Kübel, Eimer o. ä.) mit dem Bienenhonig an einen warmen Ort, damit er dort klären kann. Bei diesem Prozeß setzen sich alle noch im Honig befindlichen Fremdstoffe – vor allem Wachs- und Pollenteilchen – ab und bilden an der Oberfläche eine Schaumschicht. Die Schicht müssen Sie mehrmals entfernen, bis die Honigoberfläche nach einigen Tagen sauber bleibt. Während der Honig klärt, dürfen die Auffanggefäße – solche aus Eisen oder Zink sind übrigens ungeeignet! – nicht verschlossen, sondern nur abgedeckt sein. Erst wenn keine Schaumschicht mehr auftritt, haben Sie den Qualitätshonig, den Sie mit ruhigem Gewissen für den Eigenbedarf abfüllen oder verkaufen können.

143 Der Bienenhonig wird geschmeidiger, wenn Sie ihn täglich einige Minuten rühren.

Damit beeinflussen Sie den Kristallisationsprozeß, weil die Kristallisationskerne zerkleinert und gleichmäßig im Honig verteilt werden. Der Honig wird dadurch feinkörniger und erhält eine schmalzartige Beschaffenheit. Verwenden Sie möglichst einen kantigen Stab, um den Bienenhonig zu rühren. Sicher ist Ihnen bekannt, daß jeder Honig früher oder später kandiert. Die Unterschiede liegen in den Anteilen an Frucht- und Traubenzucker begründet. Bienenhonig mit einem hohen Anteil an Traubenzucker (Glukose) kandiert schnell, mit einem hohen Fruchtzuckeranteil (Fruktose) vollzieht sich der Prozeß langsamer. Sie werden bemerken, daß sich der Honig immer schwerer rühren läßt. Zeigen sich die ersten hellen Streifen, ist es höchste Zeit, ihn in die Gläser abzufüllen. Der Honigkübel mit Quetschhahn (Ratschlag 98) erleichtert Ihnen diese Arbeit. Daß die Gläser sauber und trocken sein müssen, soll nur der Vollständigkeit halber erwähnt werden.

Wollen Sie später den kandierten Honig in den Gläsern wieder flüssig machen, so dürfen Sie das

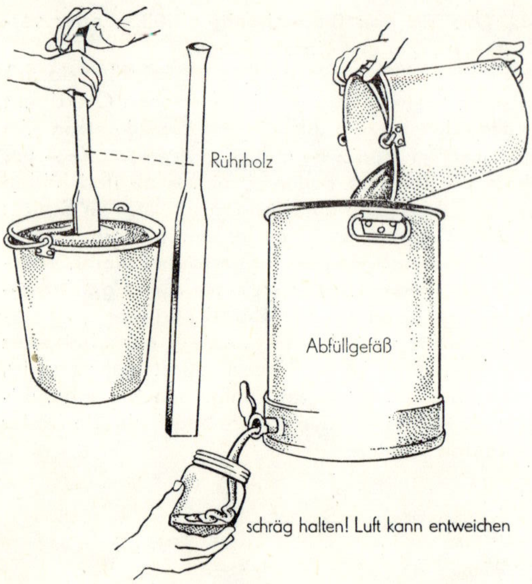

nur im Wasserbad tun und dabei die Temperatur von 40° C nicht überschreiten. Das sollten Sie sich gut merken, weil durch höhere Temperaturen viele wertvolle Inhaltsstoffe zerstört werden. Und wer will schon ein einfaches Süßmittel aus dem kostbaren Bienenhonig machen!

144 Bienenhonig wird in Blüten- und Honigtauhonig unterteilt und nach Farbe, Geruch, Geschmack und Festigkeit unterschieden.
Die Trachtpflanzen und die Honigtauerzeuger, bei denen die Bienen die Rohstoffe für den Honig sammeln, beeinflussen letztlich auch, wie der Bienenhonig beschaffen ist. Die Palette reicht vom gelblichen und dünnflüssigen Obstblütenhonig, über den scharf schmeckenden Löwenzahnhonig, den im kandierten Zustand weißlichen Rapshonig bis zum gelbbräunlichen, herb riechenden und gallertartigen Heidehonig. Der bräunliche bis grünliche Honigtauhonig hat im Vergleich zum Blütenhonig einen geringeren Pollen- und Säure-, aber einen höheren Mineralstoffgehalt und eine stärkere antibiotische Wirkung. Nur selten werden Sie den Honig aber artenrein gewinnen können, meist entspringt er unterschiedlichen Trachtquellen.

145 Bei richtiger Lagerung können Sie den Bienenhonig lange aufbewahren.
Bienenhonig ist sehr lange haltbar, wenn Sie ihn in trockenen und kühlen Räumen, die aber frostfrei sein müssen, aufbewahren. Die Raumtemperatur sollte möglichst unter 18° C liegen. Weiterhin müssen Sie den Honig vor Licht – besonders vor direkter Sonnenbestrahlung – und vor starken fremden Gerüchen schützen. Sichern Sie durch einen guten Verschluß der Gefäße auch ab, daß der stark hygroskopische Bienenhonig keine Luftfeuchtigkeit aufnehmen kann. Ansonsten geht er in Gärung über und verdirbt.

Die Wachsgewinnung

146 Das Bienenwachs ist ein Drüsensekret, das die Arbeitsbienen aus ihren Wachsdrüsen ausscheiden.
Die Wachsdrüsen befinden sich unter den vier letzten Bauchschuppen der Arbeitsbienen. Aus ihnen tritt ein flüssiges fettartiges Sekret aus und erstarrt auf den Wachsspiegeln, die sich unterhalb der Drüsen befinden, zu Wachsplättchen. In der Bautraube, zu der sich die Bienen zusammenschließen, herrscht Bruttemperatur. Hier „schwitzen" die Bienen die Wachsplättchen aus, heben sie mit den Beinen ab, bearbeiten sie mit den Mandibeln und bauen die Waben. Für ein Kilogramm Wachs sind etwa vier Millionen Wachsplättchen notwendig!
In den Hinterbehandlungsbeuten können Sie durch das Fenster die emsige Bautätigkeit im Baurahmen gut beobachten. Die Zellen sind leicht nach oben geneigt, ihre sechseckige Form macht den Bau stabil und enorm belastbar. Immerhin kann eine Normalmaßwabe bis zu zwei Kilogramm Honig fassen! Die normalgroßen Arbeiterinnenzellen überwiegen im Bienenvolk, die größeren Drohnenzellen werden vor allem im Baurahmen errichtet (Ratschlag 275). Zellen, mit denen die Wabe am Rähmchen befestigt ist oder die Arbeiter- und Drohnenbau miteinander verbinden, weichen von der sechseckigen Grundform ab und werden von der Weisel nicht bestiftet. Die Weiselzellen haben eine andere Form. Sie sind rund, hängen senkrecht nach unten und werden meist am Rande der Waben gebaut.

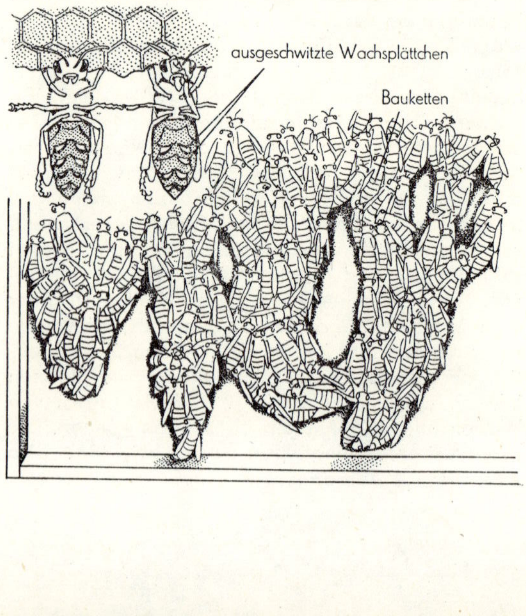

Blühende Weiden an einem Teich

Die kätzchentragenden Weiden bilden im Frühjahr die erste und wichtigste Nahrung für die Bienen. Alle männlichen Pflanzen liefern hochwertigen Pollen und sind deshalb besonders vermehrungswürdig.

Haselnuß

Schnee-Heide

weibliche Weide

männliche Weide

Krokus

Blaustern

Ein reiches Angebot an Frühjahrsblühern für die Bienen trägt entscheidend zum zügigen Aufbau gesunder und leistungsfähiger Bienenvölker bei.

Wiese mit Löwenzahn

Stachelbeere

Löwenzahn

Während die Blüten der Beerensträucher den Bienen nur eine frühe Reiztracht bieten, gehört der auf Wiesen und an Wegrändern vorkommende Löwenzahn vielerorts zu den Massentrachtpflanzen.

Birne

Apfel

Blütenmeer des Kirschbaumes

Im Obstbau sind die Bienen für die Bestäubung der Blüten unentbehrliche Helfer. Eine intensive Blütenbestäubung stabilisiert und erhöht die Obsterträge.

Rapsfeld

Wanderwagen im Raps

Tränke im Rapsfeld

Der Raps ist eine der vielen landwirtschaftlichen Nutzpflanzen, bei denen Bienenvölker zur Sicherung einer intensiven Blütenbestäubung eingesetzt werden.

Faulbaum

Robinie

Blütenfülle einer Linde

Winterlinde

Wanderwagen in der Waldtracht

Im Wald finden die Bienen mit Faulbaum und Himbeere, besonders aber mit den Honigtauerzeugern, viele gute Trachtquellen. Auch Robinie und Linde bilden oft ergiebige Trachten.

Bienenweide im Garten

Kugeldistel

Fettblatt

Boretsch

Steinklee

Viele Stauden und Sommerblumen sind wertvolle Bienenweidepflanzen. Sie sollten bei der Gestaltung von Parkanlagen, Haus- und Kleingärten noch mehr Berücksichtigung finden.

Herbstpollenspender im Garten

Flockenblume

Einfachblühende Dahlien

Im Spätsommer und Herbst ist ein gutes Pollenangebot für die Bienen besonders wichtig. Es trägt maßgeblich dazu bei, daß die Bienenvölker gesund überwintern.

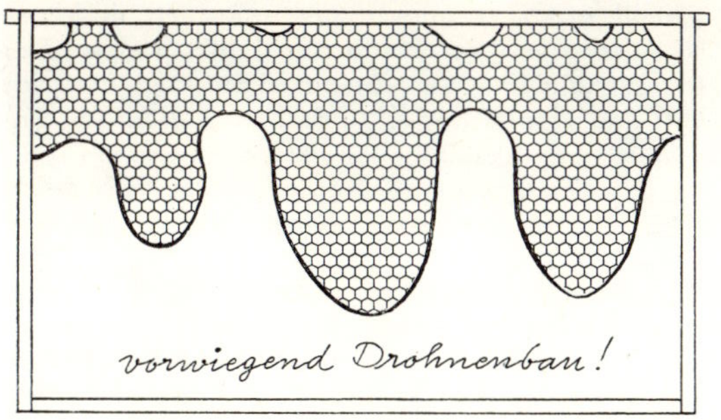

147 Der Baurahmen ist für Sie ein wichtiges Mittel, um Wachs zu gewinnen.
Mit dem Baurahmen bieten Sie den Bienen die Möglichkeit, freien Wabenbau zu errichten. Vorwiegend entsteht hier Drohnenbau, den Sie regelmäßig ausschneiden, sammeln und einschmelzen müssen. Zusammen mit anderem anfallenden Wachs (ausgeschnittener Wirrbau, Entdecklungswachs u. a.) kommt er in kochendes Wasser. Gießen Sie das Wachs danach im flüssigen Zustand durch ein Sieb, das Sie vorher mit einem alten Perlonstrumpf überzogen haben. Dadurch werden die meisten Verunreinigungen aus dem Wachs ausgesondert. Als Auffanggefäße sollten Sie möglichst solche aus Steingut verwenden, denn in ihnen kühlt das Wachs langsam ab. Das ist insofern wichtig, weil alle Schmutzstoffe noch absinken müssen und der Wachsblock am Ende auch nicht rissig wird. Wenn Sie das Auffanggefäß zusätzlich noch durch Decken oder anderes warmhaltendes Material isolieren, unterstützen Sie den Klärungsprozeß. Ist das Wachs erstarrt, müssen Sie mit einem Messer die Schmutzstoffe vom Boden des Wachsblockes entfernen. Erst dann können Sie ihn gegen Mittelwände umtauschen oder verkaufen. Während des gesamten Verfahrens darf das Wachs nicht mit Eisen, Zink oder Kupfer in Berührung kommen.
Wenn Sie den Baurahmen mit einer Querleiste teilen, so daß die Bienen zwei Bautrauben bilden können, oder mehrere Baurahmen einsetzen, dann erhöht das Ihren Wachsertrag. Die Arbeit mit mehreren Baurahmen dient auch der Bekämpfung der Varroatose (s. Ratschlag 282).

148 Die Wachsgewinnung bereitet Ihnen wenig Mühe, wenn Sie einen Sonnenwachsschmelzer verwenden.
Während Sie beim Verfahren, wie es im vorhergehenden Ratschlag beschrieben wurde, immer erst eine lohnende Menge Wachs sammeln müssen, können Sie im Sonnenwachsschmelzer das anfallende Wachs sofort einschmelzen. Da er die Sonnenwärme nutzt, sind Sie zwar von der Sonne abhängig, doch Baurahmenwachs und andere unbebrütete Wabenteile schmelzen auch bei nur kurzer Sonneneinwirkung schnell. Ratsam ist es, den Sonnenwachsschmelzer drehbar zu lagern, um ihn ständig der unmittelbaren Sonnenbestrahlung aussetzen zu können. Bewährt hat sich ebenfalls, den einzuschmelzenden Wabenbau in Streifen zu schneiden und hochkant in den Sonnenwachsschmelzer zu legen. Versuchen Sie es – und Sie werden erfreut feststellen, wie wenig Aufwand es bedarf, um Ihr Bienenwachs einzuschmelzen.

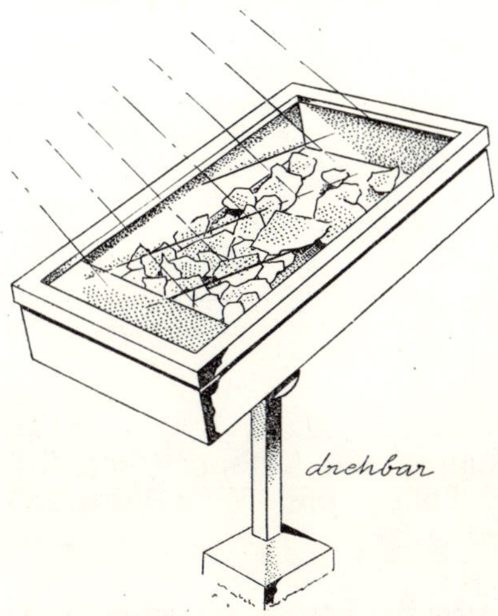

149 Altwaben sollten Sie nicht einschmelzen, sondern der industriemäßigen Verwertung zuführen.
Auch die Altwaben, die Sie regelmäßig ausschneiden müssen (Ratschlag 221), sind ein wichtiger Grundstoff für die Gewinnung von Bienenwachs. Die Imker entwickelten dafür die verschiedensten Methoden, doch stehen Aufwand und Nutzen letztlich meist in einem ungünstigen Verhältnis. Bevor Sie Stunden damit zubringen, die Altwaben einzuweichen, auszuschmelzen und mit den Resten

alles noch einmal wiederholen, sollten Sie die aussortierten Waben in Papiersäcken mottensicher aufbewahren. Später können Sie die Waben ganz unkompliziert gegen Mittelwände umtauschen oder direkt einem Betrieb zuführen, der Bienenwachs gewinnt. Die modernen Industrieanlagen garantieren gegenüber den imkerlichen Methoden eine höhere Wachsausbeute – und Sie sparen viel Zeit und Kraft.

150 Lassen Sie keinen Wachsrest unbeachtet liegen.
Baurahmenwachs und Altwaben bilden zwar die Schwerpunkte bei der Wachsgewinnung, doch fallen bei der Bearbeitung der Bienenvölker auch viele kleine Wabenstücke und Wachsreste an. Deshalb sollten Sie stets ein verschließbares Gefäß bereit haben, um hier jeden auch noch so kleinen Wachsrest zu sammeln. Sie werden sehen, wie schnell sich das Gefäß füllt! Schmelzen Sie gelegentlich das Wachs mit ein und erhöhen Sie so Ihren Wachsertrag.

Die Gewinnung von Kittharz (Propolis), Bienengift, Pollen und Weiselfuttersaft (Gelee Royale)

151 Sammeln Sie die Propolis, die bei der Bearbeitung der Bienenvölker anfällt.
Mit Propolis werden Sie bei der Arbeit an den Bienenvölkern sehr oft in Berührung kommen – im wahrsten Sinne des Wortes –, denn nicht selten klebt sie an Handschuhen oder Händen. An den Beutenfenstern, in den Beutennuten und an den Rähmchentrageohren ist sie meist hinderlich, so daß Sie gut daran tun, diese Teile regelmäßig mit einem Messer von Propolis zu befreien. Ebenso sollten Sie vorübergehend leere Beuten und die Rähmchen der ausgeschnittenen Altwaben (Ratschlag 222) gründlich davon reinigen. Das sind nur einige Beispiele, wie Sie die Propolis gewinnen können. Denken Sie nicht, daß sich das bei solch kleinen Mengen nicht lohnt!

152 Um das Bienengift gewinnen zu können, erhalten die Bienen schwache Elektroschocks.
Für die pharmazeutische Industrie (Ratschlag 17) wird Bienengift in größeren Mengen benötigt. Durch eine Vorrichtung, die den Fluglöchern der Beuten vorgesetzt wird, kann das Gift gewonnen werden, ohne die Bienen zu töten. Die wichtigsten Bestandteile dieser Vorrichtung sind feine Drähte, durch die elektrischer Strom fließt. Die Bienen kommen mit den Drähten in Berührung, wenn sie das Flugloch passieren, erhalten einen schwachen Elektroschock und spritzen dabei das Gift ab. Es wird auf einer Glasplatte aufgefangen und trocknet hier schnell an. Das angetrocknete Rohgift muß anschließend von der Platte abgekratzt werden. Der pharmazeutische Verarbeitungsbetrieb reinigt das Gift und verarbeitet es zu Salben und Trockenampullen. Etwa 10 000 Bienen liefern ein Gramm Trockengift! Die Giftmenge der Bienen hängt von deren Alter und auch von der Pollenversorgung ab, denn immerhin besteht die Trockensubstanz des Giftes zu etwa 57 Prozent aus Eiweißen.

153 Die Pollenfalle ist ein Gerät, daß den Pollensammlerinnen die „Höschen" von den Hinterbeinen abstreift.
Um den Pollen zu gewinnen, wird dieses Gerät ebenfalls an den Fluglöchern der Bienenwohnungen angebracht. Die Bienen, die von den Trachtflügen heimkehren, müssen hier durch spezielle Öffnungen kriechen. Dabei werden ihnen die „Pollenhöschen" abgestreift und in einem Behältnis aufgefangen. Nachdem der Pollen gut getrocknet und gründlich gereinigt wurde, kann er von der pharmazeutischen Industrie verarbeitet werden (Ratschlag 18). Manche Imker verwenden ihn auch zum persönlichen Gebrauch und mischen ihn dem Bienenhonig bei. Interessant ist, daß etwa 50 000 bis 100 000 Höschenpaare ein Kilogramm Pollen ergeben. Wenn Sie die recht unterschiedliche Größe der „Höschen" der Pollensammlerinnen berücksichtigen, werden Sie diese große Spanne verstehen.

154 Der Weiselfuttersaft (Gelee royale) kann nur unter komplizierten Bedingungen gewonnen werden.
Die Bienenvölker, aus denen man Weiselfuttersaft gewinnen will, müssen durch entsprechende Maßnahmen veranlaßt werden, eine große Anzahl von Weiselzellen zu pflegen. Das wertvolle Sekret der Ammenbienen (Ratschlag 20), in dem die jüngsten Königinnenlarven im Alter von drei bis vier Tagen schwimmen, wird dann unter besonderen Hygiene- und Wärmebedingungen abgesaugt und anschließend stabilisiert, da es in seinem ursprünglichen Zustand nur bedingt haltbar ist. Der Futtersaft sieht weißlich aus, ist pastenförmig beschaffen und schmeckt säuerlich. Wenn Sie auch keinen Weiselfuttersaft gewinnen, kosten können Sie ihn bei Gelegenheit unbedenklich. Aus drei bis fünf Weiselzellen läßt sich etwa ein Gramm dieses Rohstoffes für die pharmazeutische und kosmetische Industrie gewinnen.

Der Schwarm und seine Verhinderung

155 Der Schwarm ist die natürliche Vermehrungsform eines Bienenvolkes.
Wenn sich das Bienenvolk auf dem Höhepunkt seiner Entwicklung befindet, bereitet es das Schwär-

men vor. Das Volk teilt sich. Dadurch, daß es in der Bienenwohnung immer enger wird und viele Bienen kein Betätigungsfeld mehr haben, wird die Harmonie im Bienenvolk gestört und der Zusammenhalt des Volkes zerfällt. Ausgangspunkt dafür ist die Weisel (Ratschlag 10), die immer weniger leere Zellen zum Bestiften findet und mit der nachlassenden Legetätigkeit auch weniger Pheromone abgibt. Diese Erscheinung kann ebenfalls eintreten, wenn eine Tracht nachläßt (Ratschlag 288) oder wenn das Bienenvolk eine alte bzw. minderwertige Weisel hat (Ratschlag 295).

Im schwarmwilligen Bienenvolk, in dem Weiselzellen gebaut und bestiftet wurden, wird die Weisel kaum noch gepflegt. Ihre Eierstöcke bilden sich zurück – sie wird wieder schlank und somit flugfähig. Sobald die erste Weiselzelle verdeckelt ist, zieht sie mit einem Teil des Bienenvolkes aus. Der Schwarm, als Vorschwarm bezeichnet, setzt sich vorerst an einer geeigneten Stelle in der Nähe des Standes ab, um dann eine neue Behausung zu beziehen, die die Suchbienen des Schwarmes gefunden haben. Ein Vorschwarm setzt sich meist nicht sehr hoch an und hängt auch länger als ein Nachschwarm, bevor er weiterzieht, weil die legetüchtige Weisel schwerer ist als eine unbegattete Jungweisel und dadurch schlechter fliegen kann.

Diese Zeitspanne müssen Sie nutzen, um ihn wieder einzufangen. Zu einem Schwarm von einem Kilogramm gehören rund 10000 Bienen aller Altersklassen. Die schwärmenden Bienen nehmen für etwa drei Tage Nahrung mit, um davon auf dem oft langen „Schwarmweg" zu zehren und in der neuen Wohnung sofort einen Vorrat zu haben.

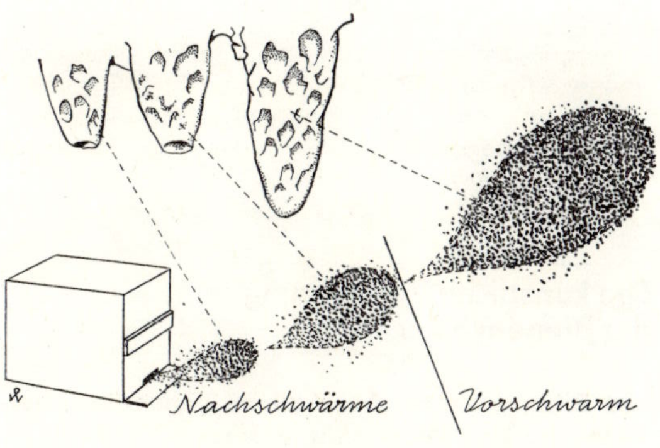

Wenn Sie als Imker nach dem Vorschwarm nicht in das Bienenvolk eingreifen, folgen weitere Schwärme – die sogenannten Nachschwärme –, jeweils mit einer frisch geschlüpften Weisel. Gelegentlich haben Nachschwärme auch mehrere junge Weiseln, oder es vereinigen sich mehrere Nachschwärme.

156 Ihre Ertragsaussichten schwinden bereits, wenn ein Bienenvolk in Schwarmstimmung ist.

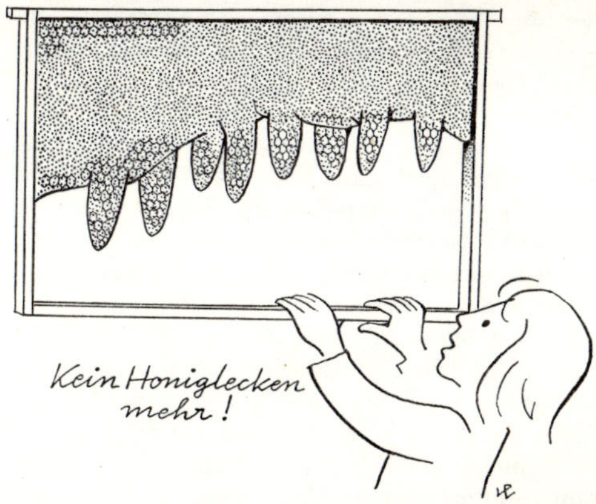

Ein Bienenvolk, das sich durch das Schwärmen teilt, hat nicht mehr die Leistungsstärke, um hohe Honigerträge zu bringen. Die Leistungen Ihrer Bienenvölker lassen aber bereits lange vor dem Schwarmvorgang nach. Mit der zerfallenden Harmonie im Bienenvolk erlöschen auch viele Triebe, die auf den Wirkungen der Pheromone beruhen. Die Schwarmstimmung können Sie also gut am Verhalten der Bienen feststellen: Sie bauen nicht mehr zügig, der Pflege- und Putztrieb läßt nach und am Flugloch ist weniger Betrieb, denn die allgemeine „Trägheit" wirkt sich auch auf den Sammeleifer aus. Dafür sind die Bienen gereizter und stechlustiger. Sie bemerken sofort: Hier stimmt etwas nicht! Haben die Bienen erst einmal Weiselzellen gezogen und die Weisel gezwungen, diese zu bestiften, dann ist für Sie schon vieles verspielt. Sehr schwer lassen sich die Bienen dann vom Schwarmwillen abbringen. Meist hilft nur ein radikaler Eingriff: Sie müssen einen Teil des Volkes mit der Weisel umsiedeln, den Schwarm also praktisch vorweg nehmen (Ratschlag 165). Es hilft gar nicht, nur die Weiselzellen auszuschneiden. Die Bienen setzen sofort neue Weiselzellen an – und die Schwarmstimmung wird noch länger hingezogen.

157 Wenn Sie einen Schwarm einfangen, brauchen Sie Geduld und Einfallsreichtum.

Die lustigsten Episoden erzählt man sich unter den Imkern wohl im Zusammenhang damit, wie ein Schwarm eingefangen wurde. Dabei tritt meist zurück, wie beschwerlich und auch wie gefährlich diese Arbeit sein kann. Gehen Sie immer ruhig und überlegt ans Werk und planen Sie auftretende Schwierigkeiten ein, damit Sie sich nicht mitsamt dem Schwarm auf dem „Boden der Realität" wiederfinden.

Bevor Sie überhaupt daran gehen, den Schwarm einzufangen, müssen Sie die Bienen erst einmal mit Wasser besprühen. Der vorgetäuschte Regen sorgt dafür, daß sich die Schwarmtraube schneller bildet und sich alle Bienen ansetzen. Dann können Sie den Schwarm in ein geeignetes Behältnis – eine Kiste, einen Eimer o. ä. – einschlagen. Bemühen Sie sich, bereits mit einem ersten kräftigen Schlag oder Ruck den Hauptteil des Schwarmes einzufangen. Wenn sich der größte Teil der Bienen im Behältnis befindet, bleibt dieses anschließend einige Zeit mit einer spaltgroßen Öffnung am Ort des Geschehens stehen. Günstig ist, dafür ein schattiges Plätzchen auszuwählen. Während dieser Zeit ziehen sich auch die Bienen zum Schwarm, die Sie nicht mit einfangen konnten. Löst sich die Schwarmtraube jedoch wieder auf und alle Bienen ziehen aus dem Behältnis aus, dann blieb mit Sicherheit die Weisel draußen – und Sie müssen noch einmal alles von vorn beginnen. Haben Sie den Bienenschwarm endlich eingefangen und das Behältnis so verschlossen, daß es bienendicht ist, aber die Luftzufuhr für die Bienen gewährleistet, kommt der Schwarm für einige Zeit an einen kühlen Ort. Herrenlose Schwärme werden sofort abgeschwefelt (Ratschlag 106).

158 Einen Bienenschwarm dürfen Sie erst gegen Abend in die neue Wohnung einschlagen.

Dadurch mindern Sie die Gefahr, daß der Schwarm wieder auszieht. Das kommt gar nicht selten vor, wenn den Bienen die Beute aus irgendwelchen Gründen nicht zusagt. Bereits der Geruch nach frischer Farbe oder der Stockgeruch des ehemaligen Volkes können Ursachen sein. Reiben Sie die Innenwände der Beute einfach mit einigen Blättern von schwarzen Johannisbeeren oder Melisse ein – und der Geruch wird überdeckt. Dann geht es an die konkrete Vorbereitung der Beute, in die der Schwarm eingeschlagen werden soll. Als Faustregel können Sie nehmen, daß Sie für jedes Kilogramm Bienen etwa drei Waben benötigen. Ein Vorschwarm muß neben Mittelwänden auch eine oder zwei ausgebaute Waben bekommen, damit die Weisel sofort mit der Eiablage beginnen kann. Hüten Sie sich davor, honigfeuchte Waben zu verwenden. Ihre ganz gewiß gute Absicht ist hier völlig fehl am Platze und schlägt ins Gegenteil um. Sie finden den Schwarm mit großer Sicherheit an einem Baum wieder! Sie sollten sich gut merken, daß ein Schwarm einige Tage vor allem Ruhe und vor drei Tagen auch kein zusätzliches Futter braucht. Erst dann können Sie bei fehlender Tracht füttern, um die Bautätigkeit zu fördern.

Ist es zu einem Nachschwarm gekommen, dann brauchen Sie die Beute nur mit Mittelwänden auszustatten. Die Weisel muß ohnehin erst begattet werden, bevor sie beginnen kann, die Waben zu bestiften. Bis dahin vergehen mindestens zehn Tage, in denen die Bienen die Mittelwände längst ausgebaut haben. Nach dieser Zeit müssen Sie – auch beim Vorschwarm – eine kurze Kontrolle durchführen, bei der Sie sich davon überzeugen, ob das Volk weiselrichtig ist.

159 Durch rechtzeitige Maßnahmen können Sie einen Schwarm verhindern und die volle Leistungsstärke Ihrer Bienenvölker erhalten.

Von Anfang an sollten Sie danach streben, bei Ihren Bienenvölkern eine Schwarmstimmung nicht aufkommen zu lassen. Das ist viel leichter gesagt, als getan! Durch die vorhergehenden Ratschläge haben Sie aber erkannt, daß mit einem Schwarm die Erträge gemindert werden. Deshalb hat die moderne Bienenhaltung ein Ziel: Das Schwärmen verhindern und die Bienenvölker über die gesamte Haupttrachtzeit hinweg zu hohen Leistungen führen! Das ganze Problem meistern Sie dann am besten, wenn Sie dafür sorgen, daß die Bienen immer zu tun haben und wenn Sie die Völker auf der Höhe ihrer Entwicklung von sich aus teilen, also Ableger bilden. Nachfolgend eine Zusammenstellung der wichtigsten Maßnahmen, durch die Sie Schwärme verhüten können:

– Arbeiten Sie mit mehreren Baurahmen und schneiden Sie diese immer rechtzeitig aus (Ratschlag 282).
– Hängen Sie ständig verdeckelte Brutwaben in den Honigraum um und geben Sie Mittelwände zu, damit Raum geschaffen wird, in dem sich die Völker ungehindert entwickeln können (Ratschläge 283 und 284).
– Schröpfen Sie besonders starke Völker, indem Sie ihnen Bienen oder Brutwaben entnehmen. Sie können damit schwächere Völker oder Ableger unterstützen.
– Bilden Sie rechtzeitig Ableger (Ratschläge 164 bis 169).
– Sorgen Sie dafür, daß die Bienenvölker junge und legefreudige Weiseln haben (Ratschlag 295).
– Überbrücken Sie vorhandene Trachtlücken oder Schlechtwetterperioden durch eine Reizfütterung (Ratschlag 288).

Die künstliche Vermehrung der Bienenvölker

160 Bringen Sie die Anzahl Ihrer Bienenvölker beizeiten auf eine wirtschaftliche Größe.

Auch wenn es „nur“ um Ihr Hobby geht, sollten Sie versuchen, die Bienenhaltung rentabel zu machen. Der materielle und zeitliche Aufwand, den Sie bei wenigen Bienenvölkern betreiben, läßt sich mit einem weit höheren Nutzen verbinden, wenn Sie die Anzahl der Bienenvölker nach und nach erhöhen. Bis zu einer Standgröße von etwa zehn Völkern wird der Aufwand nicht wesentlich ansteigen. Mehr Bienenvölker bringen aber mehr Ho-

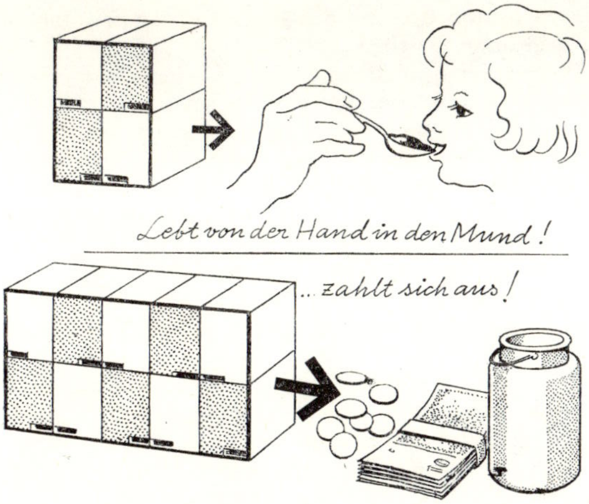

nig! Ihre Freizeittätigkeit wird erfolgreicher und bringt mehr Freude. Sie werden niemals in den Erträgen von allen Bienenvölkern enttäuscht, was bei einer geringen Völkerzahl durchaus möglich ist. Den Bienenhonig, den Sie über den Eigenbedarf hinaus gewinnen, können Sie verkaufen und vom erzielten Erlös zumindest die laufenden Unkosten für die Bienenhaltung decken. Natürlich sind Ihrer Standgröße mit dem Trachtbereich auch bestimmte Grenzen gesetzt. Bei mehr als zwanzig Bienenvölkern ist es deshalb ratsam, die Bienenhaltung auf die Wanderung umzustellen.

161 Auch als Anfänger müssen Sie sich mit den Problemen der Bienenzucht befassen.
Die Weisel beeinflußt ganz entscheidend Verhalten und Leistung eines Bienenvolkes (Ratschlag 6). Allein diese Erkenntnis schließt aus, daß Sie die Weiselerneuerung nur dem Zufall überlassen können. Also müssen Sie sich mit den grundlegenden Problemen der Bienenzucht befassen, weil Sie letztlich nur dadurch den Erfolg haben werden, den Sie sich wünschen. Die angestrebten Ziele der Bienenzüchtung finden Sie im nächsten Ratschlag. Daran sollten Sie das äußere Erscheinungsbild, Verhalten und Leistungen Ihrer Bienenvölker stets messen und daraus die notwendigen Schlußfolgerungen ziehen. Das kann sowohl die Umweiselung von Bienenvölkern (Ratschlag 295) als auch die Vermehrung von nachzuchtwürdigem Bienenmaterial betreffen. Da aber für eine zielgerichtete Zuchtarbeit viele Voraussetzungen vorhanden sein müssen (gekörtes Bienenmaterial, Vergleichsvölker u. a.), kann nicht jeder Imker ein Züchter sein. Wenn Sie an einer züchterischen Tätigkeit Interesse haben, die über die einfache Vermehrung hinausgeht, sollten Sie sich einer Zuchtgemeinschaft anschließen oder vorerst mit einem erfahrenen Züchter eng zusammenarbeiten.

162 Die Reinrassigkeit der Bienen erkennt man an deren Leistungen, Eigenschaften und an bestimmten Körpermerkmalen.
Wer züchterisch tätig sein will, braucht vor allem reinrassige Bienen. Das exakt festzustellen, obliegt ausgebildeten Zuchtrichtern. Zur Körung werden bei der Carnica-Biene folgende Parameter herangezogen:
– Die allgemeinen Eigenschaften der Bienen (Ratschlag 4).
– Die Leistungen der Bienen, bei denen eine ausgeprägte Fähigkeit zur Bestäubung von Nutzpflanzen, insbesondere Leguminosen, und mindestens 15 kg Bienenhonig und 50 g Wachs über den Eigenbedarf je Volk und Nutzungsjahr hinaus angestrebt werden.

Cubitalindex

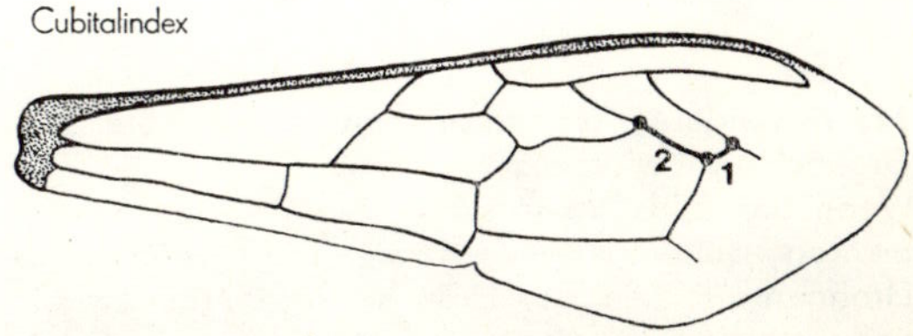

Panzerzeichnung

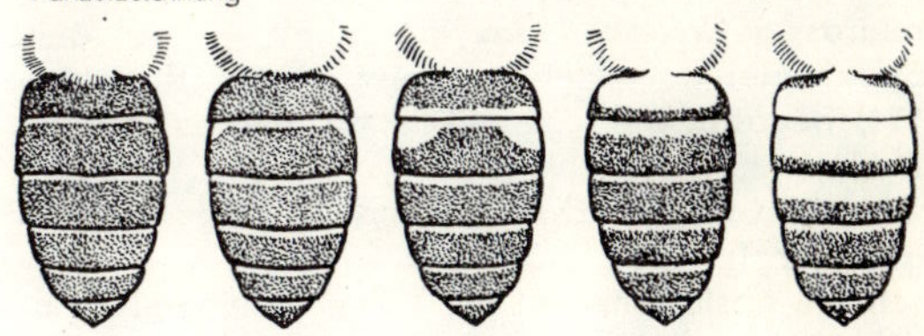

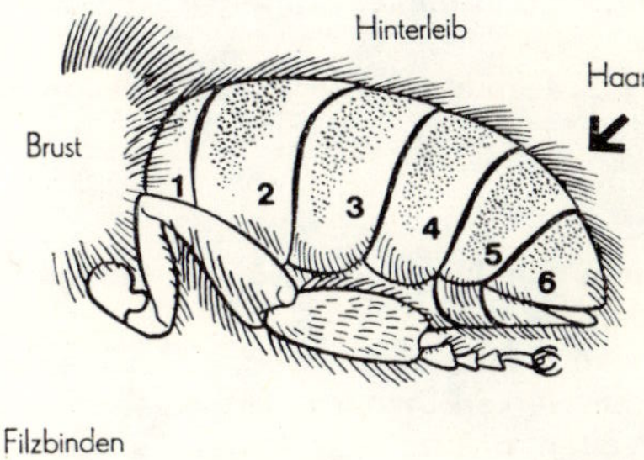

Filzbinden

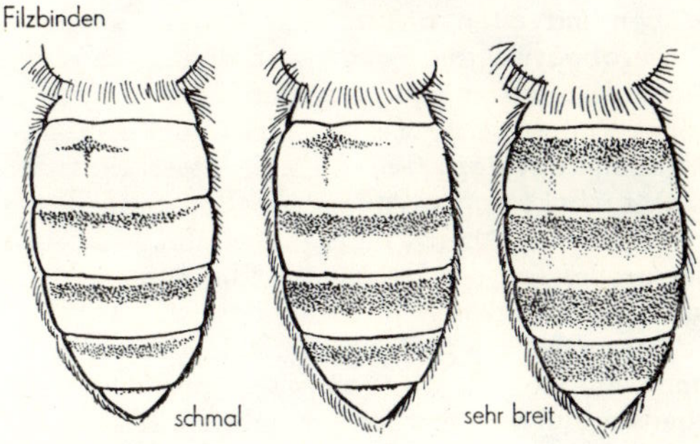

– Die Körpermerkmale einer größeren Anzahl von Arbeitsbienen und Drohnen eines Bienenvolkes. Zur Merkmalsbeurteilung gehören das Längenverhältnis bestimmter Flügeladern (Cubitalindex) und die Aufhellungen des Chitinpanzers (Panzerzeichen) bei Arbeitsbienen und Drohnen, die Haarlänge und der Filzbindenindex bei Arbeitsbienen und die Haarfarbe bei den Drohnen.
Die ersten Anhaltspunkte für Sie sollten die allgemeinen Eigenschaften und Leistungen Ihrer Bienenvölker, die breiten, grauen Filzbinden der Bienen, durch die sie insgesamt einen grauen Eindruck machen, und die ebenfalls grauen Brusthaare der Drohnen sein.
Um die züchterischen Anstrengungen nicht zu gefährden und unkontrollierte Kreuzungen auszuschließen, ist die illegale Einfuhr von Bienenköniginnen streng untersagt und strafbar.

163 Besondere Aufmerksamkeit sollten Sie der Drohnenzucht widmen.
Wenn Sie selbst reinrassiges Bienenmaterial vermehren wollen, brauchen Sie viele reinrassige Drohnen auf dem Stand. Da sich die Drohnen aus unbesamten Eiern entwickeln, vererben sie auch nur die Anlagen der Weisel. Somit liefert jede reinrassige Weisel, ganz gleich, ob sie auf dem Stand oder auf einer Belegeinrichtung (Ratschlag 174) begattet wurde, zumindest wieder reinrassige Drohnen.
Obwohl von den Drohnen eines Volkes nur ein geringer Teil zur Begattung kommen wird, müssen Sie absichern, daß die Völker eine große Anzahl davon pflegen. Bei Bienenvölkern mit reinrassigen Weiseln sollten Sie aus diesem Grunde mit einem geteilten Baurahmen arbeiten (Ratschlag 282).
Im Ratschlag 276 finden Sie weitere Hinweise zur Drohnenzucht.

164 Vermehren Sie Ihre Bienenvölker, indem Sie Ableger bilden.
Ableger können Sie dadurch bilden, daß Sie einem oder mehreren starken Bienenvölkern Bienen oder Waben mit allen ansitzenden Bienen entziehen. Diese abgezweigten Teile von Bienenvölkern müssen Sie so zusammensetzen, daß sich daraus ein neues Volk entwickeln kann. Die Bildung brutloser Ableger trägt dazu bei, die Varroatose (Ratschlag 186) zu bekämpfen. Ableger sollten Sie am Vormittag eines guten Flugtages bilden, weil dann der größte Teil der Flugbienen, die ohnehin zu ihrem Volk zurückfliegen, unterwegs ist.
Schließen Sie die Bildung von Ablegern bis spätestens Anfang Juli ab, damit sich aus ihnen noch überwinterungsfähige Völker entwickeln können.

165 Brutableger mit der alten Weisel helfen Ihnen, Schwärme zu verhüten.
Wenn Sie aus einem schwarmwilligen Bienenvolk einen Brutableger mit der Weisel bilden, beseitigen Sie mit der Weisel auch sofort die Spannung im Volk. Sie können diesen Ableger, der etwa drei Brutwaben, zwei Futterwaben (Honig und Pollen), eine mit Wasser benetzte Wabe und zusätzlich noch Jungbienen von weiteren Brutwaben erhalten muß, als Zwischenableger in eine leere Beute oder in einen Ablegerkasten setzen und dem Bienenvolk nach einer Woche wieder zurückgeben. Bevor Sie den Ableger zurückhängen, müssen Sie dem Volk alle Weiselzellen ausbrechen. Übersehen Sie eine Zelle, dann war Ihre Mühe umsonst – der Schwarm hängt doch am Baum! Ist das Ausgangsvolk nachzuchtwürdig, belassen Sie ihm eine Weiselzelle und entwickeln den Ableger zu einem eigenständigen Volk. In diesem Falle sollten Sie auch die übrigen Weiselzellen noch verwerten (Ratschlag 170).
Ein guter Vorrat an Honig und Pollen, das Wasser und die Jungbienen, die Sie von Brutwaben zukehren, sind sehr wichtig, weil ein Ableger die erste Zeit meist ohne Flugbienen ist.

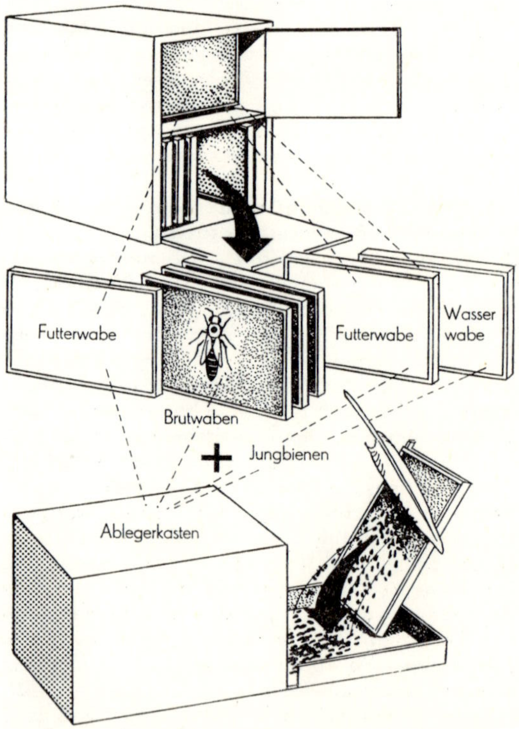

166 In Brutablegern ohne Weisel können Sie leicht junge Königinnen zusetzen.
Ein Ableger läßt sich immer besser beweiseln als das Ausgangsvolk, weil nur die Jungbienen zurück-

bleiben und kaum offene Brut vorhanden ist. Setzen Sie die junge Weisel in einem Käfig unter Zuckerteigverschluß zu. Die Gaze des Käfigs muß nach innen zeigen (Ratschlag 295). Von den Jungbienen wird die junge Weisel meist willig angenommen. Eine wichtige Voraussetzung dafür ist allerdings, daß die Bienen nicht in Schwarmstimmung sind. Andernfalls mißlingt Ihnen das Vorhaben garantiert! Um Ihr Bienenmaterial zielstrebig zu verbessern, empfiehlt es sich, in solche Ableger Königinnen einzuweiseln, die auf einer Belegeinrichtung begattet wurden. Bestellen Sie die Weiseln rechtzeitig bei einem Züchter. Sie können auch unbegattete Weiseln verwenden, müssen dabei aber einkalkulieren, daß sich die Entwicklung verzögert. Ehe die Weiseln nach ihren Begattungsflügen mit der Eiablage beginnen, vergehen mindestens noch zehn Tage. Vorher brauchen Sie den Ableger nicht zu kontrollieren!

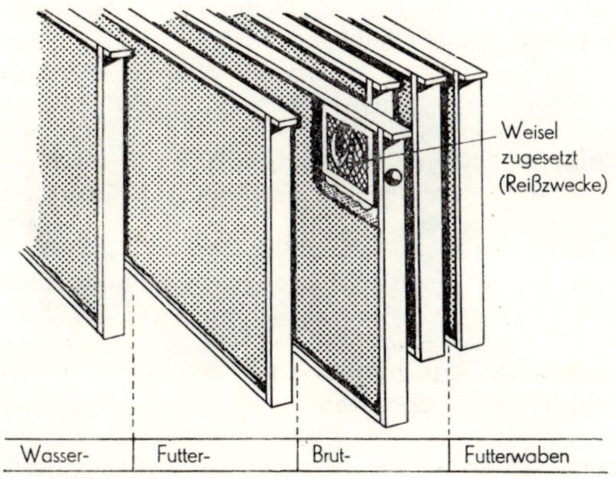

167 An der Entwicklung von Sammelbrutablegern, die aus den Brutwaben mehrerer Bienenvölker entstehen, werden Sie viel Freude haben.

Sammelbrutableger können Sie stärker als andere Ableger bilden, denn Sie schwächen dazu nicht nur ein Volk, sondern entnehmen die Brutwaben verschiedenen Bienenvölkern. Im Prinzip werden diese Ableger wie alle Brutableger ausgestattet, also mit Brut- und Futterwaben, einer Wabe mit Wasser und zahlreichen Jungbienen als Ausgleich für die Bienen, die in ihre Völker zurückfliegen. Achten Sie besonders darauf, daß aus keinem der Bienenvölker versehentlich die Weisel mit in den Ableger gerät.

Ratsam ist es, die Sammelbrutableger auf dem Wabenbock zusammenzustellen und die Bienen mit einer Duftlösung zu übersprühen, um einen Geruchsausgleich zu schaffen und die Vereinigung zu fördern. Nachdem Sie die Waben in die Beute eingehängt haben und die Altbienen abgeflogen sind, können Sie die junge Weisel zusetzen.

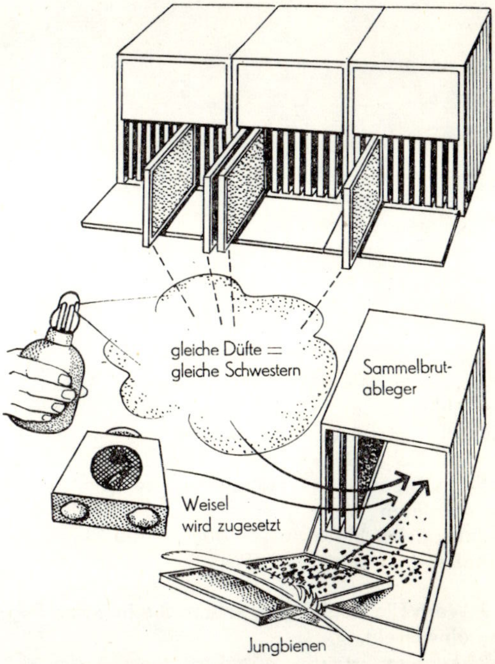

168 Alle Ableger benötigen solange Ihre besondere Fürsorge, bis sie sich zu vollwertigen Bienenvölkern entwickelt haben.

Außer an Flugbienen fehlt es den Ablegern in der ersten Zeit auch an Wachbienen. Da es einige Tage dauert, ehe sich Jungbienen auf den neuen Standort einfliegen, können Sie die Fluglöcher bei den Ablegern ein bis zwei Tage geschlossen halten und die Luftzufuhr für die Bienen auf andere Weise – z. B. durch ein Gazefenster von hinten – absichern. Ableger, die Sie für einige Zeit außerhalb des bisherigen Flugkreises aufstellen oder von anderen Imkern erwerben, haben sofort Flug- und Wachbienen. Dann kann eine solche Maßnahme unterbleiben, die die vorerst wehrlosen Völkchen gegen mögliche Räuber schützen soll. Diese Ableger haben außerdem einen viel besseren „Start", weil neben der Bewachung des Flugloches das Sammeln von Nektar, Pollen und Wasser ebenfalls vom ersten Tage an garantiert sind. Beachten Sie in diesem Zusammenhang auch den Ratschlag 104. Die Fluglöcher müssen Sie bei den Ablegern immer so groß einstellen, daß den Bienen die Bewachung leicht fällt. Das Flugloch, anfangs ein kleiner Schlitz, durch den gerade eine Biene hindurchschlüpfen kann, wird später in dem Maße vergrößert, wie der Ableger erstarkt.

Die Ableger sollten Sie in der ersten Zeit regelmäßig „reizen", damit sie sich schnell entwickeln. Eine flüssige Reizfütterung kommt nur für die Abendstunden in Betracht, weil Sie sonst eine Räuberei geradezu heraufbeschwören würden. Besser

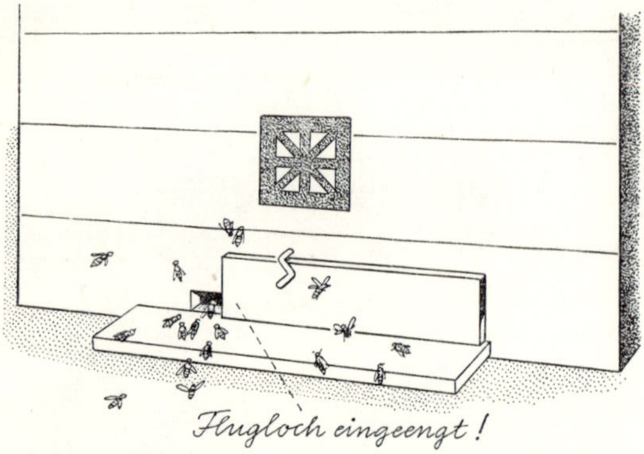

ist es, Sie reizen mit Futterteig. Später können Sie die Ableger durch Waben mit schlupfreifer Brut zusätzlich verstärken. Die Waben, die Sie nur gesunden Bienenvölkern entnehmen dürfen, müssen frei von Bienen sein. Haben Sie die Ableger mit unbegatteten Weiseln oder mit Weiselzellen gebildet, dürfen Sie nicht versäumen, die Fluglöcher auffallend zu markieren (Ratschlag 293).

169 Wertvolle Königinnen sollten Sie in einen Fegling einweiseln.
Der Fegling ist die gebräuchlichste Form des Kunstschwarmes und wird meist in Verbindung mit einer Schleuderung oder nach Trachtschluß gebildet. Fegen Sie dazu am Vormittag eines guten Flugtages etwa zwei Kilogramm Jungbienen von Brut- oder Honigwaben in einen Kasten, an dessen Deckel Sie den Käfig mit der Weisel unter Zuckerteigverschluß befestigt haben. Die Waben, von denen Sie die Bienen abfegen, müssen nicht nur einem Volk entstammen, sondern können verschiedenen Bienenvölkern entnommen werden. Das hat den Vorteil, daß Sie die Völker weniger schwächen und deren Leistungsstärke erhalten. Bienenvölker, die sich in Schwarmstimmung befinden, sind dafür allerdings ungeeignet. Ratsam ist es, die Waben vorher eine Zeit auf dem Wabenbock abzustellen, damit sich die Bienen voll Honig saugen können und die Altbienen abfliegen. Haben Sie genügend Bienen zusammen, wird der Kasten bienendicht verschlossen und kommt an einen kühlen Ort (Keller o. ä.). Dort schließen sich die Bienen zur künstlichen Schwarmtraube zusammen und befreien die Weisel. Bereits während dieser Zeit sollten Sie die Bienen mit Futterteig oder mit Zucker- bzw. Honiglösung füttern. Die Weisel wird im Fegling sicher angenommen, weil er vorwiegend aus Jungbienen besteht. Deshalb ist es empfehlenswert, die beschriebene Methode anzuwenden, wenn Sie wertvolle reinrassige Weiseln erworben haben. Den Fegling können Sie schließlich wie einen natürlichen Schwarm in die vorbereitete Beute einschlagen (Ratschlag 158). Er benötigt jedoch vom ersten Tag an Reizfutter, damit er sich schnell entwickelt.

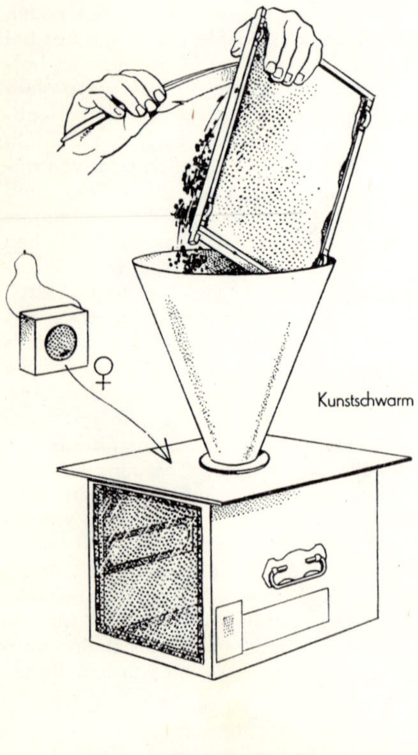

Eine selten angewendete Form des Kunstschwarmes ist der Flugling, bei dem einem Bienenvolk alle Brutwaben – bis auf die Wabe mit der Weisel – entzogen werden. An ihre Stelle kommen Leerwaben und Mittelwände. Die Weisel bleibt also mit den Flugbienen und wenigen Jungbienen in der Beute zurück, während mit den entnommenen Brutwaben ein Ableger gebildet wird (Ratschlag 166).
Für die Entwicklung der Kunstschwärme ist es günstig, sie später mit einigen schlupfreifen Brutwaben zu verstärken. Beim Auftreten der Varroatose (Ratschlag 186) verbietet sich eine solche Maßnahme. Dann müssen Sie beim Fegling und beim Flugling die Zeitspanne bis zum Verdeckeln der ersten Brutzellen nutzen, um die Varroamilben zu bekämpfen.

170 Sie können auch Schwarm- oder Nachschaffungszellen aus nachzuchtwürdigen Völkern nutzen, um Bienenvölker und Ableger zu beweiseln.
Schwarmweiselzellen errichten die Bienen vor allem an den Wabenrändern, Nachschaffungszellen meist mitten auf der Wabenfläche. Letztere werden über jüngsten Arbeiterinnenlarven gezogen, wenn die Weisel verlorengegangen ist. Die Zellen können Sie für Völker verwenden, deren fehlerhafte oder überalterte Weisel Sie vorher entfernt haben, oder Ablegern zugeben. Dabei ist es gleichgültig, ob Sie die ganze Wabe mit der Weiselzelle oder die Zelle allein nutzen. Beweiseln Sie damit

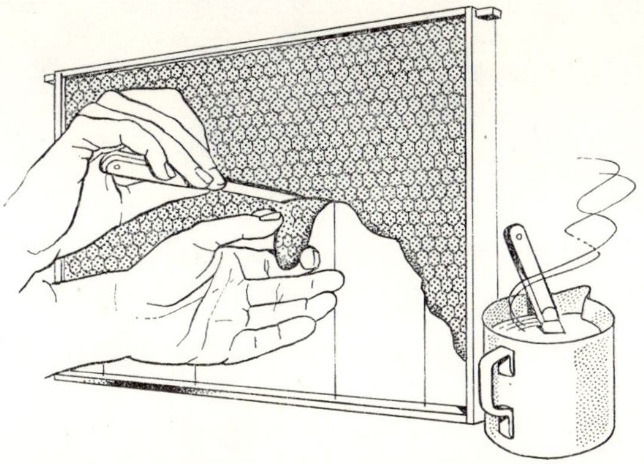

Völker, darf es immer nur eine einzige Zelle sein, weil sonst die Gefahr besteht, daß die zuerst schlüpfende Weisel mit einem Teil des Volkes auszieht. Wollen Sie einzelne Weiselzellen ausschneiden oder umklemmen, müssen Sie vorsichtig und zügig arbeiten. Grundsätzlich dürfen Sie nur bereits verdeckelte Zellen dazu nehmen, denn die Königinnenlarve rutscht leicht vom Futtersaft und stirbt ab. Die aus den Zellen geschlüpften Weiseln werden aus dem Volk oder Ableger heraus begattet. Sie finden dort sofort nach dem Schlupf optimale Bedingungen vor (Wärme, Futtervorrat, Pflegebienen u. a.), was sich auf die schnelle Begattung und die anschließende Legetätigkeit positiv auswirkt. Gegenüber anderen Aufzuchtmethoden (Ratschlag 174) ist das von Vorteil. Übrigens können Sie auch Weiselzellen, die Sie durch das Bogenschnittverfahren oder durch das Umlarven erhielten, auf gleiche Weise verwerten.

171 Versuchen Sie die Weiselaufzucht mit dem Bogenschnittverfahren, einer sehr einfachen Zuchtmethode.

Dazu brauchen Sie ein reinrassiges Bienenvolk, dem Sie bei guter Tracht mitten in das Brutnest eine Mittelwand geben. Die Mittelwand wird dort schnell ausgebaut und bestiftet, so daß Sie nach drei Tagen schon nachsehen können, ob aus den

Eiern die Larven geschlüpft sind. Sobald das geschehen ist, führen Sie mit einem erwärmten Messer durch die Zone mit jüngsten Bienenlarven (wasserheller Futtersaft!) den Bogenschnitt aus. Nun müssen Sie das Volk entweiseln oder die Bogenschnittwabe einem entweiselten Volk in Pflege geben, damit die Bienen an der Schnittstelle Weiselzellen anziehen. Es ist aber ratsam, daß Sie nur etwa jede dritte Bienenlarve belassen und die übrigen mit einem Streichholz zerdrücken. Dadurch vermeiden Sie, daß die Bienen die Weiselzellen zusammenbauen und Probleme entstehen, wenn Sie die Zellen verwerten wollen. In gleicher Weise können Sie auch den anderen Teil der Bogenschnittwabe nutzen, um zu einer noch größeren Anzahl von Weiseln zu kommen. Sobald die Bienen die Weiselzellen verdeckelt haben, können Sie diese verwerten oder die Weiseln schlüpfen lassen, wie es bei der Umlarvmethode beschrieben wird.

172 Wenn Sie sich zum Umlarven entschließen, unternehmen Sie einen konkreten Schritt vom Bienenhalter zum Bienenzüchter.

Umlarven heißt, jüngste Arbeiterinnenlarven in künstliche Weiselbecher umzubetten, damit die Bienen daraus Weiseln ziehen. Das setzt voraus, daß Sie spezielle Geräte besitzen, sich gründlich dar-

Herstellen des Weiselnäpfchens

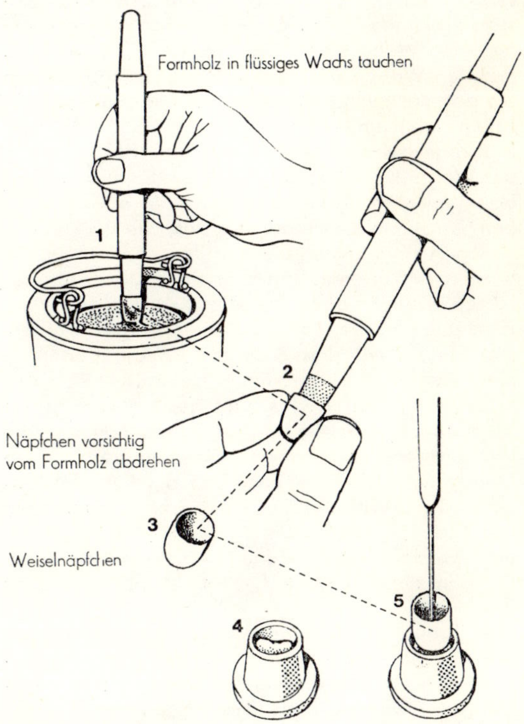

auf vorbereiten und nach einer genauen Zeitplanung arbeiten. Sie stellen sich dabei einer interessanten Aufgabe und dringen noch tiefer in die „Geheimnisse" der Bienenzucht ein. Ihr Vorteil ist, nicht unbedingt reinrassige Weiseln erwerben zu müssen, sondern über Zuchtstoff von gekörten Bienenvölkern anderer Zuchtfreunde Ihr Bienenmaterial selbst zielstrebig verbessern zu können.
Die künstlichen Weiselbecher stellen Sie mit einem Formholz her, indem Sie es einmal bis zur Markierung und ein zweites und drittes Mal einige Millimeter weniger tief in flüssiges Bienenwachs tauchen. Damit Sie den Weiselbecher leicht abdrehen können und er nicht am Holz klebenbleibt, muß das Formholz vorher einige Zeit gewässert werden. Auch während der Arbeit müssen Sie das Holz immer wieder mit Wasser benetzen. Die Wassertropfen schlagen Sie ab, bevor Sie das Holz in das Wachs eintauchen. Das flüssige Wachs darf nicht zu heiß sein, sondern muß kurz vor dem Erstarren sein. Haben Sie die Weiselbecher fertiggestellt, werden diese mit Wachs an den Zuchtstopfen befestigt. In einigen Ländern sind Weiselbecher aus Plast im Gebrauch, die sich immer wieder verwenden lassen.
Nun gehen Sie an die Vorbereitung des Anbrütekastens, in dem die Bienen die Weiselzellen anziehen sollen. Zuerst setzen Sie in die Lochleisten des Kasteneinsatzes die benötigte Anzahl Zuchtstopfen mit Weiselbechern ein. Dann wird der Kasten mit Honig-Pollen Waben ausgestattet, von denen eine Wabe auch etwas Wasser erhalten muß. Auf den Waben darf keine Brut sein! Jetzt öffnen Sie das Volk, welches die Weiselzellen pflegen soll (Pflegevolk) und hängen alle Waben aus dem Brutraum auf dem Wabenbock ab. Die Wabe mit der Weisel kommt sofort in die Beute zurück, denn eine Weisel im Anbrütekasten würde alles verderben. Nachdem die Flugbienen von den Waben abgeflogen sind, kehren Sie vom Baurahmen und von Waben mit offener Brut Bienen in den Anbrütekasten. Damit haben Sie die Gewähr, daß viele Pflegebienen die Larven gut versorgen werden. Der Einsatz mit den Zuchtstopfen, auf den noch eine wärmende Matte kommt, verschließt den Anbrütekasten wieder. Das alles geschieht an einem Vormittag, denn ehe Sie beginnen können, die Weiselbecher zu belarven, vergehen noch einige Stunden. Die Bienen müssen sich erst weisellos fühlen und die Weiselbecher einspeicheln. Nach etwa vier Stunden sollten Sie noch einmal die Probe aufs Exempel machen und den Kasten anheben. Brausen die Bienen auf, sind sie mit Sicherheit weisellos.
Jetzt brauchen Sie einen hellen Arbeitsplatz, an dem Sie alles zum Umlarven vorbereiten. Vergessen Sie nicht, sich eine Sitzgelegenheit und einen Helfer zu organisieren! Die Wabe mit jüngsten Larven, die Sie dem Zuchtvolk entnehmen und ab-

Umlarven

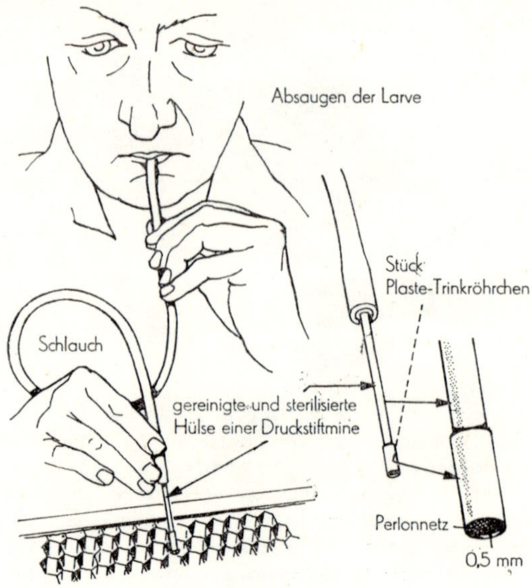

Umlarven mit Gänsefederkiel

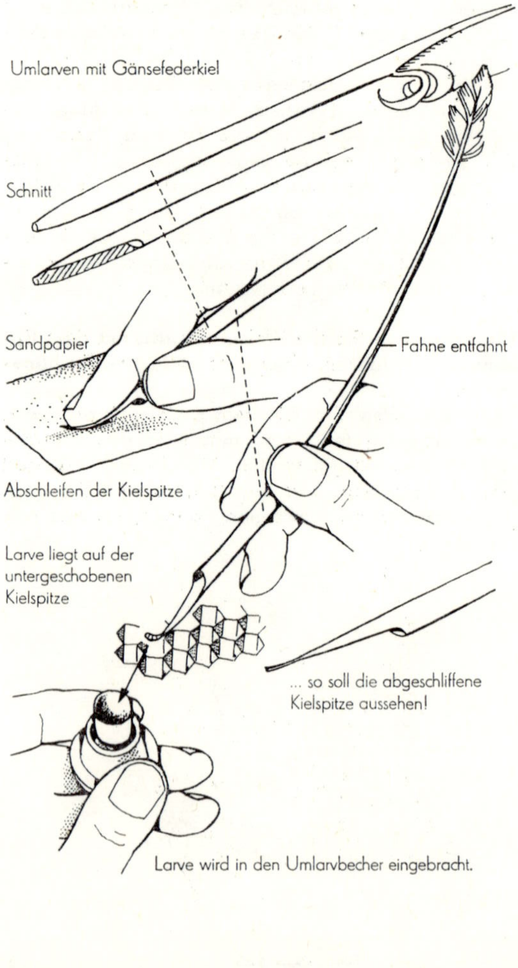

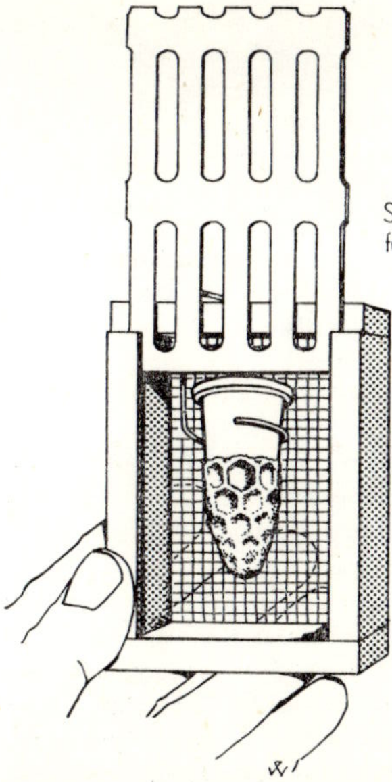

fegen, müssen Sie so abstellen, daß die Larven für Sie gut sichtbar sind. Nun wird dem Anbrütekasten der erste Zuchtstopfen entnommen und an seine Stelle ein besonders markierter Stopfen, der „Wanderstopfen", gesetzt. Mit der Feder oder mit dem Sauggerät (nach Predmersky) betten Sie eine Larve mitsamt einem Futtersafttröpfchen vorsichtig um und tauschen den belarvten Stopfen sofort wieder mit dem „Wanderstopfen" aus. So geht es der Reihe nach, bis alle Weiselbecher belarvt sind. Der „Wanderstopfen" sichert ab, daß Sie immer genau wissen, wieweit bereits belarvt ist. Bevor Sie den Kasten warm verpacken, sollten Sie die zuerst belarvten Weiselbecher noch einmal kontrollieren. Meist schwimmen die Larven schon im Futtersaft – und Sie können mit Ihrer Arbeit zufrieden sein. Der Erfolg stellt ich vor allem dann ein, wenn das Pflegevolk schwarmwillig ist.

Am nächsten Tag können Sie die Leisten mit den Weiselzellen vorsichtig aus dem Anbrütekasten in einen oder mehrere Honigräume weiselrichtiger Pflegevölker geben. Die Leisten hängen Sie in ein breites Rähmchen, den Zuchtrahmen. Den Zuchtrahmen sollte je eine Brutwabe flankieren, die Sie bereits einige Tage vorher in den Honigraum hängen müssen. Sie ziehen Pflegebienen nach oben, die dafür sorgen, daß die Larven in den Weiselzellen optimal versorgt werden. Die restlichen Bienen aus dem Anbrütekasten schlagen Sie ebenfalls in den Honigraum des Pflegevolkes zurück. Wenn keine Tracht herrscht, müssen Sie von nun an das Pflegevolk täglich füttern, bis die Weiselzellen verdeckelt sind. Spätestens zehn Tage nach dem Umlarven werden die Weiselzellen in Durchgangsschlüpfkäfige umgesiedelt („verschult"). Verpassen Sie den Zeitpunkt, bringen sich die geschlüpften Weiseln gegenseitig um. Aus den Käfigen können sie nicht heraus, haben dafür aber sofort nach dem Schlupf Kontakt zu den Pflegebienen. Sehr kleine und auch übernormal lange Weiselzellen, bei denen die Larve vom Futtersaft abgerutscht ist, werden nicht verschult, sondern gleich entfernt.

173 An Drohnen können Sie gut üben, wie die Weiseln gezeichnet werden.

Alle Weiseln sollten gezeichnet sein, weil sie sich dann bei der Arbeit an den Bienenvölkern viel leichter finden lassen, ihr Alter sofort erkennbar ist und auch jede „stille" Umweiselung schnell auffällt. Viele Anfänger scheuen sich vor dieser wichtigen Arbeit, weil sie einfach Angst davor haben, die Weisel beim Zeichnen zu sehr zu drücken oder gar zu verletzen. Wenig problematisch ist das bei den jungen Weiseln, die gleich gezeichnet werden, nachdem sie geschlüpft sind. Nach dem Zeichnen können Sie die Weisel gegen das Fenster fliegen lassen, um sicher zu gehen, daß sie für die Begattungsflüge auch wirklich flugfähig ist. Üben Sie an Drohnen, wie man den Weiselfänger und das Zeichengerät handhabt, den Lack mit einem kleinen Pinsel oder einem Streichholz auf das Bruststück

Fangen der Weisel

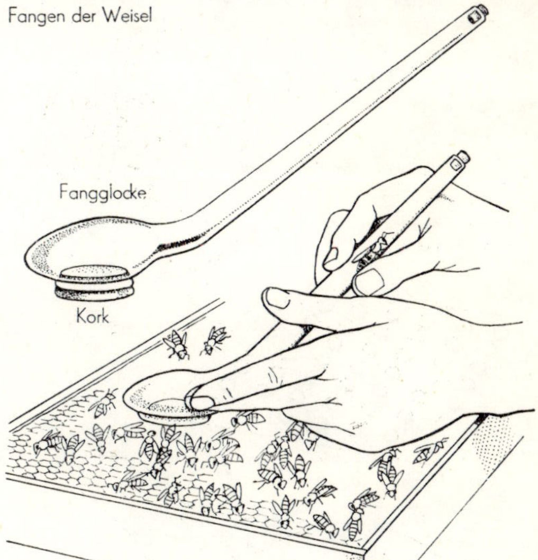

Königin-Zeichengerät

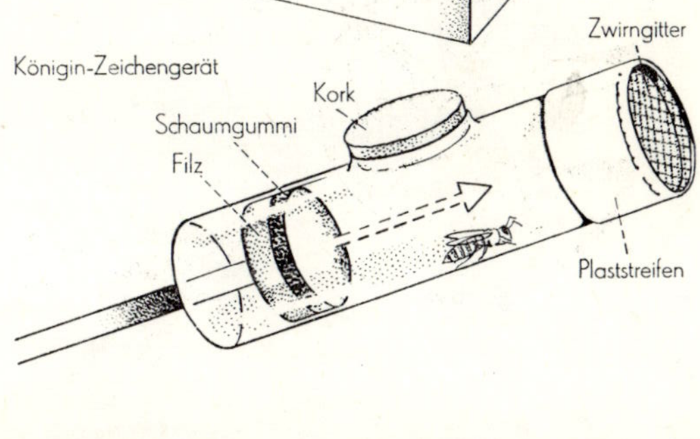

aufträgt und schließlich das Zeichenplättchen andrückt. Die Zeichenfarben, die das Geburtsjahr der Weisel angeben und international festgelegt sind,

Zeichnen einer Jungweisel

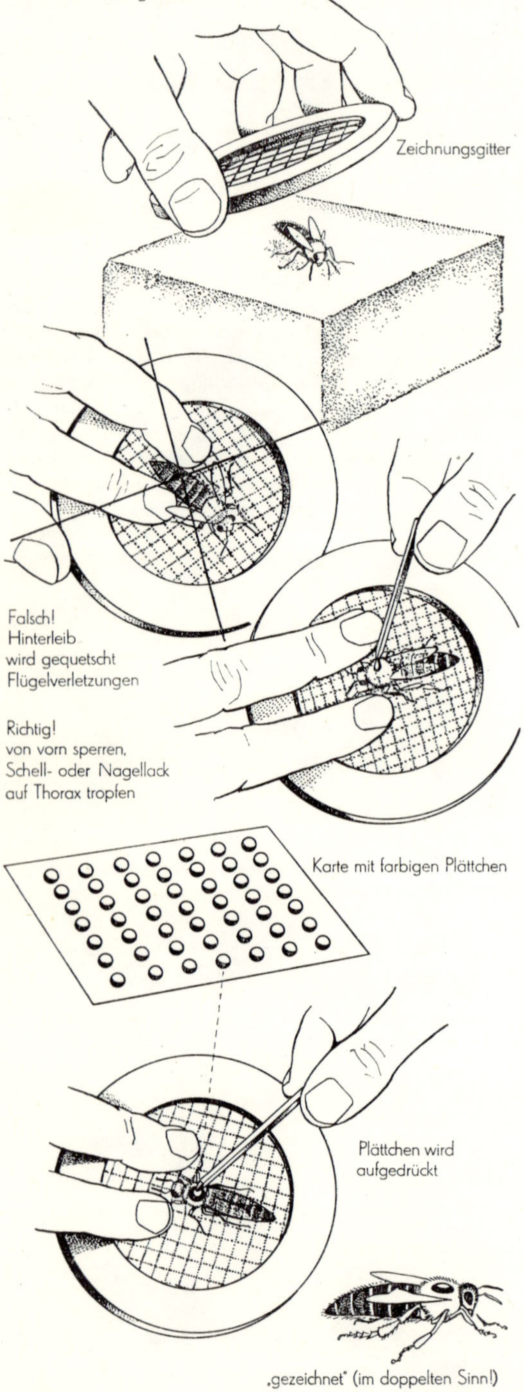

„gezeichnet" (im doppelten Sinn!)

können Sie sich durch folgende Regel einprägen:
Jahresendzahlen: 1 und 6 – weiß
2 und 7 – gelb
3 und 8 – rot
4 und 9 – grün
5 und 0 – blau

174 Bringen Sie einige der nachgezogenen Weiseln zu einer Belegeinrichtung, um sie dort von reinrassigen Drohnen begatten zu lassen.
Mit den jungen Weiseln, die Sie nachgezogen und gezeichnet haben, können Sie keine Bienenvölker umweiseln. Das ist biologisch falsch und schlägt mit Sicherheit fehl. Unbegattete Weiseln geben noch sehr wenig Pheromone ab und werden von den Bienen, die eine legetüchtige Weisel hatten und Brut in allen Stadien pflegen als fremde Biene betrachtet – und abgestochen. Bei einem Ableger oder besser noch einem Kunstschwarm sieht das schon anders aus. Auch wenn Sie den entweiselten Völkern eine schlupfreife Weiselzelle zuhängen, ist die junge Weisel sofort dem Volk zugehörig.
Sie sollten sich der Mühe der Weiselaufzucht nicht nur unterziehen, um die reinrassigen Weiseln auf dem Stand begatten zu lassen. Dadurch erhalten Sie zwar leistungsstarke Wirtschaftsvölker, doch zur weiteren Zucht dürfen Sie diese Völker nicht einsetzen, weil die Nachkommen nicht reinerbig sind. Da Sie sich aber nun bereits auf dem Wege zum Züchter befinden, brauchen Sie weiterhin reinerbiges Bienenmaterial. Die Belegeinrichtungen, auf denen gekörte Bienenvölker (Vatervölker) stehen, sichern die Paarung der jungen Weiseln mit reinrassigen Drohnen. Von den hier begatteten Weiseln wählen Sie dann wieder nach den Leistungen und Körpermerkmalen aus und setzen die besten von ihnen erneut zur Nachzucht ein. Wenn Sie die Beleg-

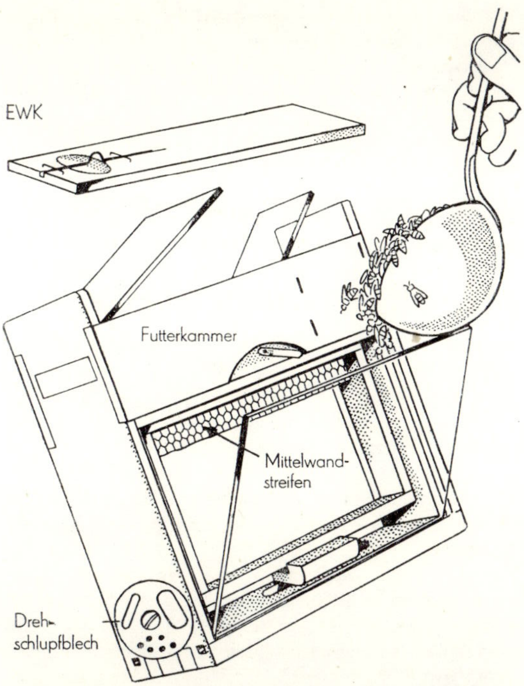

einrichtungen nutzen wollen, brauchen Sie eine Seuchenfreiheitsbescheinigung (Ratschlag 103). Gerade hier, wo Bienen aus einem großen Einzugsgebiet konzentriert aufgestellt werden, sind vorbeugende Maßnahmen gegen Bienenkrankheiten besonders wichtig. Die jungen Weiseln müssen Sie in Begattungskästchen mit einem kleinen Völkchen zur Belegeinrichtung bringen. Die Einwabenkästchen (EWK) oder Mehrwabenkästchen bereiten Sie vor, indem Sie die Futterkammer mit Futterteig füllen und in den Rähmchen einen Mittelwandstreifen von 2 bis 3 cm Breite befestigen. Nun geht es an die Besiedlung. Hierfür eignen sich die Bienen am besten, die im Pflegevolk oder durch einen Fegling bereits auf eine neue Weisel eingestimmt sind. Dem Fegling geben Sie gleich eine der unbegatteten Weiseln im fest verschlossenen Käfig zu. Beachten Sie aber: Bienen in Schwarmstimmung verderben auch hier alles! Da Ihre Drohnen auf der Belegeinrichtung nichts zu suchen haben, müssen Sie die Bienen sieben oder die Kästchen mit einem Gerät besiedeln, bei dem durch ein Absperrgitter die Drohnen aus dem Begattungsvölkchen ausgesondert werden. Als Maß für die Besiedlung sollten Sie beim EWK eine Schöpfkelle nehmen, die etwa 150 bis 200 Gramm Bienen faßt. Zu wenige Bienen können später nicht die notwendige Temperatur erzeugen, sind es zu viel und es wird zu eng, ziehen die Bienen aus. Die jungen Weiseln lassen Sie abschließend einfach durch die Fluglöcher zulaufen, doch können Sie diese ebenso unter Zuckerteigverschluß zusetzen. Dunkel und kühl aufgestellt, ziehen sich die Bienen in den Begattungskästchen bald zur Bautraube zusammen und beginnen, den Anfangsstreifen auszubauen. Damit ist die Zeit gekommen, die Begattungsvölkchen zur Belegeinrichtung zu bringen. Nach 14 Tagen werden Sie – zur Begattung geeignetes Wetter vorausgesetzt – die Weiseln in Eiablage vorfinden und können sie in Ablegern oder Völkern verwerten.

Die Wanderung mit Bienen

175 Wenn Sie mit Ihren Bienenvölkern in bestimmte Trachten wandern, wird die Bienenhaltung noch erfolgreicher.
In unmittelbarer Nähe der Blütenpflanzen oder der Honigtauerzeuger haben die Bienen bei ihren Trachtflügen nur kurze Wege zurückzulegen. Damit können sie öfter zum Sammeln ausfliegen und behalten außerdem mehr vom Nektar oder Honigtau übrig. Die reichlichere Nahrung fördert zum einen die Entwicklung der Bienenvölker, zum anderen bleiben für Sie als Imker höhere Honigerträge.
Die Bienen in die Nähe der Blütenpflanzen zu verlegen, hat noch einen anderen wichtigen Zweck: Durch die geringere Entfernung zu den Blüten erhöht sich der Bestäubungseffekt. In großen Anbaugebieten von Obst, Ölfrüchten und Vermehrungskulturen können überhaupt nur dadurch hohe und stabile Erträge erreicht werden (Ratschlag 12). Für die intensive Bestäubung der Blüten spielt natürlich auch die Anzahl der eingesetzten Bienenvölker, also die Anzahl der Flugbienen, eine große Rolle. Deshalb wird angestrebt, bei Obst, Ölfrüchten, nichtkleeartigen Futterpflanzen, Gemüsevermehrungs- und anderen Spezialkulturen mindestens vier Bienenvölker, bei Leguminosen mindestens acht Bienenvölker je Hektar zur Bestäubung einzusetzen. Die Völker sollten nicht mehr als 150 m von den Kulturen entfernt stehen.

176 Die Mühen, die eine Verlegung der Bienenvölker oft mit sich bringen, lohnen sich immer.
Mit den Bienen zu wandern, die Beuten aufzuladen, zu transportieren und am Wanderplatz aufzubauen, ist oft mühevoll genug, aber nicht unromantisch. Auch für Sie wird das Hauptmotiv dafür der höhere Ertrag an Bienenhonig sein. Doch Sie wissen bereits, daß sich ein gutes Angebot an Nektar und Pollen vor allem im Gesundheitszustand und damit in der Vitalität und Leistungsstärke der Bienenvölker widerspiegelt (Ratschlag 47). So gesehen, sollten Sie nicht gleich aufgeben, wenn der Honigertrag einmal witterungsbedingt ausbleibt. Bereits während der nächsten Tracht können es Ihnen die Bienen doppelt lohnen! Einen wirklichen Erfolg versprechen Ihnen aber nur Bie-

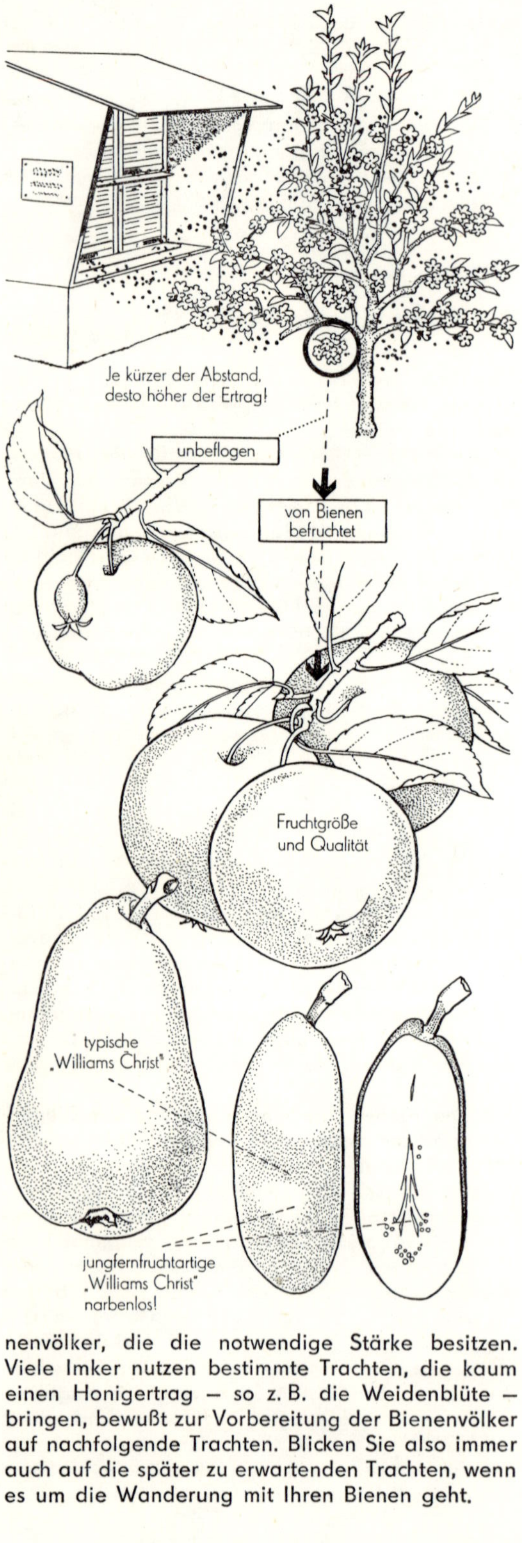

nenvölker, die die notwendige Stärke besitzen. Viele Imker nutzen bestimmte Trachten, die kaum einen Honigertrag – so z. B. die Weidenblüte – bringen, bewußt zur Vorbereitung der Bienenvölker auf nachfolgende Trachten. Blicken Sie also immer auch auf die später zu erwartenden Trachten, wenn es um die Wanderung mit Ihren Bienen geht.

177 Sie müssen die gesetzlichen Bestimmungen einhalten, die die Wanderung mit Bienen regeln.
Ihre Bienenvölker können Sie nicht willkürlich verlegen, denn das gäbe im großen Rahmen ein heilloses Durcheinander. Die gesetzlichen Bestimmungen sichern, daß die Wanderung mit Bienen unter Kontrolle bleibt. Sie müssen eine geplante Verlegung von Bienenvölkern beantragen und deren Seuchenfreiheit nachweisen. Dadurch, daß an den Trachtflächen viele Bienenvölker konzentriert sind, entsteht eine große Ansteckungsgefahr für Bienenkrankheiten. Dem vorzubeugen, bedarf es strenger Regelungen und in Sonderfällen auch einschränkender Maßnahmen. Der doppelte ökonomische Nutzen der Wanderung – mehr Honig und höhere landwirtschaftliche Erträge – ist zwar sehr gewichtig, hebt aber die grundlegende Bedeutung gesunder Bienenvölker nicht auf.

178 Vermeiden Sie unliebsame Überraschungen, indem Sie sich gründlich auf eine Wanderung vorbereiten.
Der Transport der Völker vom Heimatstand zum Wanderplatz stellt ganz besondere Anforderungen an Ihre Beuten. Diese müssen den Belastungen gewachsen sein und sich möglichst schnell und unkompliziert bienendicht verschließen lassen. Eine ausreichende Luftzufuhr für die Bienen ist dabei unbedingt abzusichern! Die Erschütterungen durch den Transport bringen die Völker in Unruhe und Aufregung. Dadurch steigt die Temperatur im Innern der Bienenwohnung an; es droht eine Überhitzung. Viele Bienen verlassen die Waben und ketten sich zur „Wandertraube" zusammen. Der Raum, in den sich die Bienen zurückziehen können, ist bei den Beuten durch einen Wandervorsatz (Hinterbehandlung) oder einen Unterboden (Magazine) bereits vorgesehen – oder Sie müssen den Platz schaffen, indem Sie die Beutenfenster vor der Wanderung weit nach hinten nehmen. Wird es den Bienen auf dem Transport zu eng, kann das gesamte Wabenwerk infolge Überhitzung zusammenbrechen. Ähnlich schlimm sieht es aus, wenn die Waben durch den Transport verrutschen. Deshalb ist es ratsam, daß Sie die Bienenvölker einige Tage vor der Wanderung nicht mehr bearbeiten, um so die Verkittung des Wabenbaus zu erhalten. Zusätzliche Sperrvorrichtungen (Nägel, Feststeller u. ä.) können die Festigkeit weiter erhöhen.
Sie sehen: Kleine Versäumnisse und Fehler haben oft verheerende Folgen und beeinträchtigen die Freude, die eine Wanderung zweifellos bereitet.

179 Den Wanderplatz sollten Sie sich zweckmäßig herrichten.
Messen Sie Ihren Wanderplatz in freier Natur an den Anforderungen, die an jeden Bienenstandort gestellt werden. Besonderen Wert sollten Sie dar-

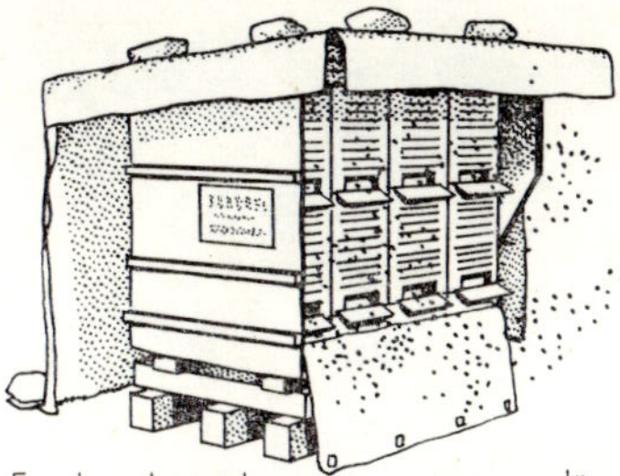
Einzelwanderstand

er läppert in die Walderdbeeren

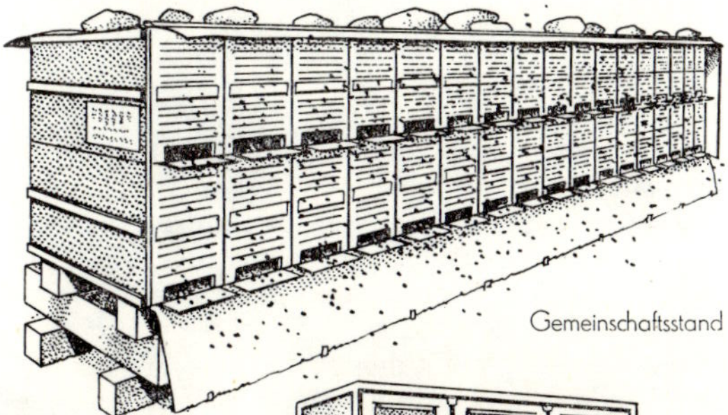
Gemeinschaftsstand

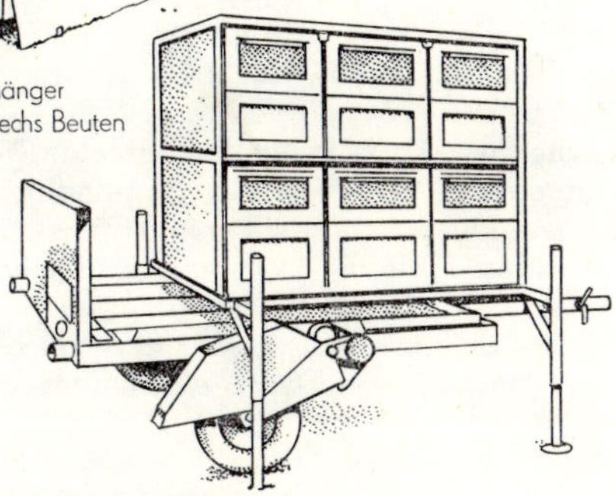
PKW-Wanderhänger mit Palette für sechs Beuten

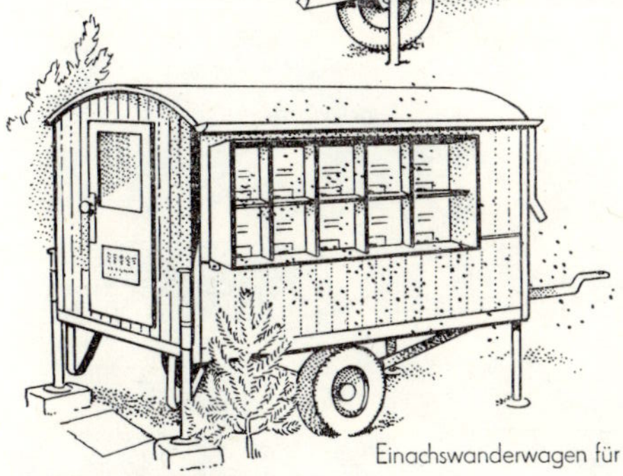
Einachswanderwagen für 20 Völker

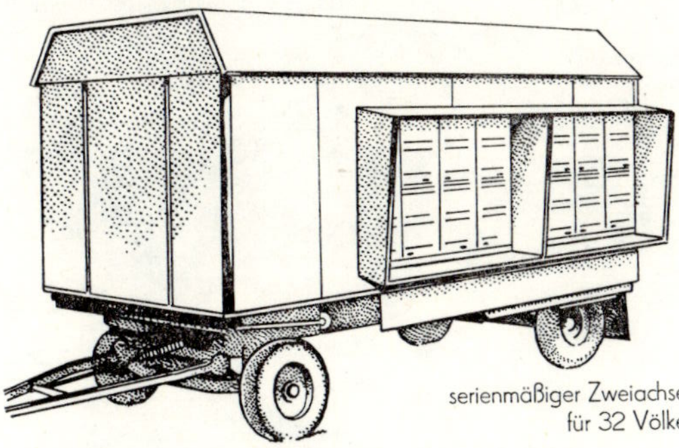
serienmäßiger Zweiachser für 32 Völker

auf legen, daß die Bienenvölker windgeschützt stehen und Belästigungen der Menschen vermieden werden (Wege, Straßen!). Unbedingt notwendig ist es, den Stand mit dem Warnschild „Vorsicht Stechgefahr! Bienen" zu kennzeichnen und gut sichtbar eine Standkarte anzubringen, auf der Ihre Anschrift und die Wandergenehmigung vermerkt sind. Stellen Sie auch am Wanderplatz eine Tränke für die Bienen auf und beseitigen Sie das hohe Gras oder anderen hinderlichen Bewuchs unmittelbar vor dem Stand. Obwohl es sich für wenige Wochen nicht lohnt, einen grasfreien Streifen anzulegen, ist es für Sie gerade hier sehr wichtig, den Bienentotenfall genau zu kontrollieren.

180 Sie können auch mit wenigen Bienenvölkern wandern.
Die Wanderung mit Bienen wird erst ab etwa 20 Bienenvölkern und mit einem Wanderwagen rentabel. Dennoch sollten Sie auch mit geringerer Völkerzahl nicht auf dieses Erlebnis verzichten und sobald als möglich erste Erfahrungen sammeln. Die höheren Honigerträge werden Ihre Freude an den Bienen steigern und Ihnen Mut machen, die Bienenhaltung später völlig auf die Wanderung umzustellen. Nutzen Sie vorerst Ihren zerlegbaren Freistand (Ratschlag 65) oder schließen Sie sich einer Wandergemeinschaft an, um die Bienenvölker am Wanderplatz in einem gemeinsamen provisorischen Stand unterzubringen. Mit vereinten Kräften läßt sich ohnehin manches Problem leichter lösen! Eines müssen Sie sich bei jeder Wanderung gut merken: Die Bienen brauchen auf dem Wanderplatz und nach der Rückkehr an den Heimatstandort einige Tage Zeit, um die für sie neue Umgebung kennenzulernen. Lassen Sie die Bienenvölker sich also erst einfliegen, ehe Sie sie wieder bearbeiten.

181 Nutzen Sie die Vorteile eines Wanderwagens.
In einem Wanderwagen lassen sich die Bienenvölker leichter und rationeller zu den Trachtflächen transportieren.
Die Bienenhaltung auf die Wanderung umzustellen, will gründlich überlegt sein. Wenn Sie sich einen ein- oder zweiachsigen Wanderwagen anschaffen, bedeutet das für Sie eine erhebliche Investition, die sich nur durch maximale Trachtnutzung amortisieren wird. Gute Bedingungen dafür besitzen Sie nun, denn mit einem Wanderwagen sind Sie beweglich und verringern Ihren Aufwand an Kraft und Zeit. Folgende Kriterien sollten Ihren Wanderwagen auszeichnen:
– Bringen Sie die größtmögliche Anzahl von Bienenvölkern im Wanderwagen unter.
– Schaffen Sie sich durch einen kombinierten Arbeits- und Schleuderraum gute Arbeitsbedingungen.
– Nutzen Sie den zur Verfügung stehenden Raum

effektiv, um die notwendigen Geräte und Waben unterzubringen.

– Sorgen Sie durch Oberlicht für gute Lichtverhältnisse und für einen schnellen Abflug der Bienen.

– Bringen Sie am Wanderwagen große Windschutzblenden und ein weit überstehendes Dach an. Beide sollten klappbar sein und müssen sich während des Transportes verriegeln lassen.

In die Baumblut !

Zur Verbesserung der Trachtverhältnisse

182 Sorgen Sie dafür, daß in der Nähe Ihres Bienenstandes viele Weiden stehen.

Im zeitigen Frühjahr bilden die blütentragenden Zweige vieler Weidenarten die erste und wichtigste Nahrung für die Bienen. Deshalb stehen die Weiden auch unter Naturschutz! Für jedes Ihrer Bienenvölker sollte im unmittelbaren Flugbereich mindestens eine Weide vorhanden sein. Das ist eine Minimalforderung. Vermehrungswürdig sind vor allem die männlichen Weidenarten, weil nur sie den Pollen liefern, den die Bienenvölker im Frühjahr dringend benötigen (Ratschlag 263). Die meisten Weidenarten lieben feuchte Standorte und lassen sich leicht durch Steckhölzer vermehren.

Die Steckhölzer sollten Sie im Februar/März von gut ausgereiftem, einjährigem Holz schneiden, einschlagen, feucht halten und Ende April/Anfang Mai in einem lockeren Beet auslegen. Von den etwa bleistiftlangen Steckhölzern braucht nur noch die letzte Blattknospe herauszuragen. Aus ihr entwickelt sich die neue Sproßachse, während die Knospen in der Erde Wurzeln treiben. Die gut bewurzelten Hölzer können Sie im Herbst an geeigneter Stelle auspflanzen. Sie bringen oft schon im nächsten Jahr die ersten Blüten.

183 Im Garten und bei der Landschaftsgestaltung finden Sie ein großes Betätigungsfeld, um die Bienenweide zu verbessern.

Im eigenen Haus- oder Siedlergarten und in den Kleingartenanlagen können Sie viel tun, den Bienen eine noch größere Anzahl von Trachtpflanzen zu bieten. Die Obstbäume, Beerensträucher und andere Gehölze sowie Gartenstauden, die Sie anpflanzen, bilden zwar keine Massentracht, helfen aber, vorhandene Trachtlücken zu überbrücken und

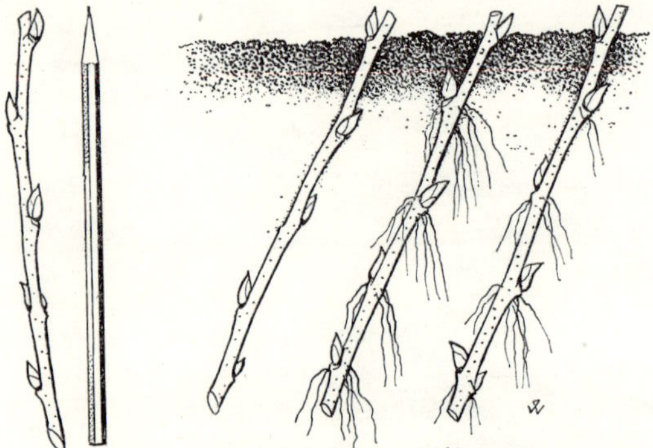

Weidenstecklinge

die Bienenvölker vor allem im Frühjahr und Herbst gut mit Pollen zu versorgen. Wenn Sie für den Garten geeignete Bienenweidepflanzen vermehren, sollten Sie nicht versäumen, diese auch an Ihre Nachbarn, Freunde und Bekannte weiterzugeben.

Die vielfältigen Maßnahmen, die vielerorts zur weiteren Landschaftsgestaltung und -pflege durchgeführt werden, können die Trachtverhältnisse für die Bienen entscheidend verbessern helfen. Ob Grünflächen und Parks in Neubaugebieten, Schutzpflanzungen aller Art, Begrünungsmaßnahmen, die Rekultivierung von Kippen und Halden und andere Vorhaben – überall sollten Sie als Imker versuchen, auf die Pflanzenauswahl Einfluß zu nehmen. Das gelingt dort am besten, wo die Imker eng mit den dafür Verantwortlichen zusammenarbeiten und selbst mit zupacken, wenn Bäume und Sträucher gepflanzt werden.

Ödland: Schandfleck

Landschafts-Oase

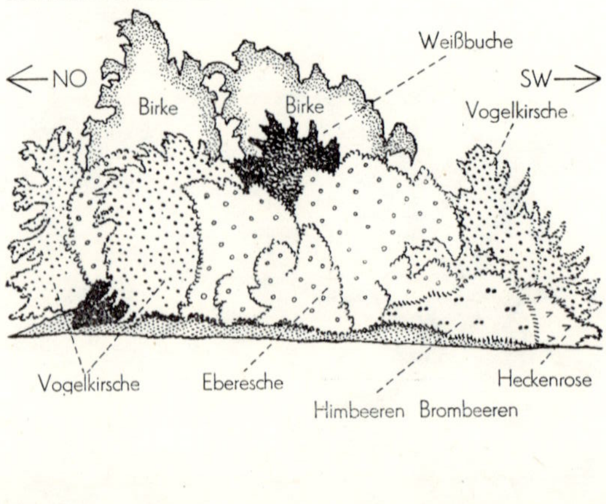

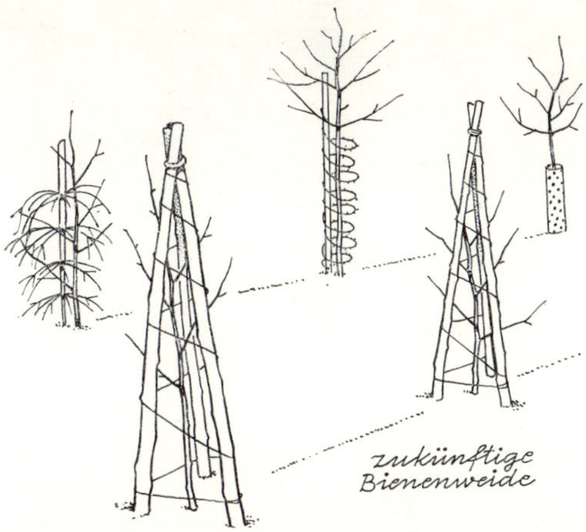

184 Ungenutzte Flächen eignen sich ebenfalls zur Trachtverbesserung.

Ungenutzte und brachliegende Flächen gibt es in vielen Orten. Auch diese sollten mit Bienenweide bepflanzt werden. Ergreifen Sie in Zusammenarbeit mit Ihren Imkerkollegen die Initiative und bemühen Sie sich um eine vertragliche Regelung mit dem Besitzer. Auf den Flächen können Pflanzen ihren Platz finden, die für die Bienen besonders wichtig sind oder die in Ihrer Gegend fehlen. Sie schaffen zwar damit ebenfalls keine Massentracht, verbessern aber das Angebot an Pollen und Nektar weiter. Nicht zuletzt leisten Sie durch solche Aktionen einen persönlichen Beitrag zur Verschönerung der Umwelt und machen für jedermann sichtbar, daß es Ihnen um die Erhaltung und Pflege unserer Natur ernst ist.

185 Setzen Sie sich für den Schutz und für die Vermehrung der Waldameisen ein.

Auch damit tragen Sie indirekt zur Verbesserung der Trachtverhältnisse für die Bienen bei, weil die Waldameisen für die Honigtauerzeugung eine wichtige Rolle spielen. Sie besuchen wie die Bienen (Ratschlag 46) viele Lachnidenarten, um an

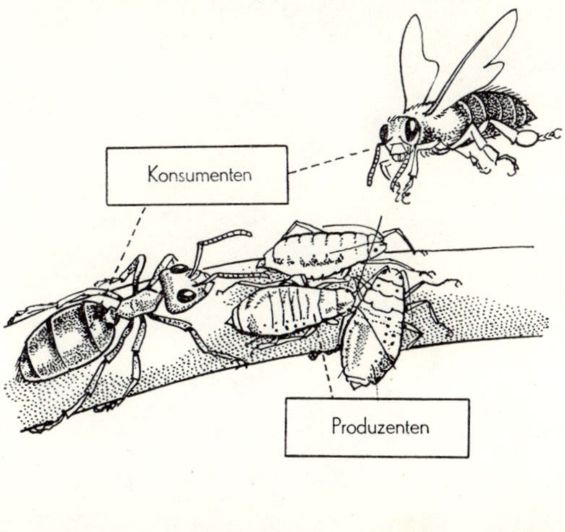

deren süßen Ausscheidungen ihren Bedarf an Kohlenhydraten zu decken. Dabei betrillern und streicheln die Ameisen die Pflanzenläuse mit den Fühlern und regen sie so zur verstärkten Abgabe des süßen Stoffes an. Der Honigtau kann für die Bienen eine sehr ergiebige Trachtquelle sein und zu einer wahren Massentracht werden. Als Imker haben Sie also allen Grund, sich dafür einzusetzen, daß sich die Waldameisen ungestört entwickeln und vermehren können. Wirken Sie vor allem dahingehend, daß noch mehr Menschen die Nützlichkeit und die Bedeutung dieser Ameisen erkennen und mutwillige Störungen unterlassen.

Bienenkrankheiten und -schädlinge

186 Die Varroatose erfordert, daß Sie die Bienenvölker regelmäßig vorbeugend untersuchen.

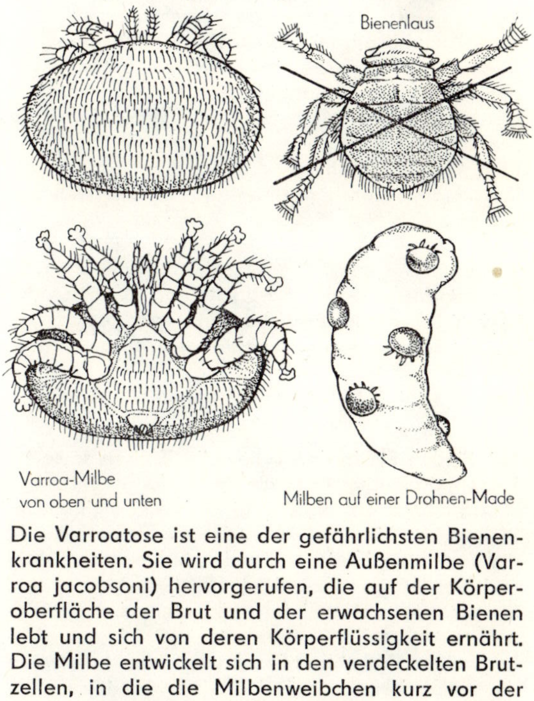

Varroa-Milbe von oben und unten

Milben auf einer Drohnen-Made

Die Varroatose ist eine der gefährlichsten Bienenkrankheiten. Sie wird durch eine Außenmilbe (Varroa jacobsoni) hervorgerufen, die auf der Körperoberfläche der Brut und der erwachsenen Bienen lebt und sich von deren Körperflüssigkeit ernährt. Die Milbe entwickelt sich in den verdeckelten Brutzellen, in die die Milbenweibchen kurz vor der Verdecklung die Eier ablegen. Bevorzugt wird dabei die Drohnenbrut. Die Milbe hat eine Lebensdauer bis zu acht Monaten und ist sehr fruchtbar. Das Weibchen legt bis zu 40 Eier auf eine Bienenlarve. Da sowohl die Brut als auch die Bienen befallen werden, schwächt die Krankheit die Bienenvölker sehr schnell und sie gehen zugrunde. Bei schwachem Befall kann die Varroatose einige Jahre in den Völkern unbemerkt bleiben. Deshalb müssen Sie jede Gelegenheit nutzen, um Drohnenbrut zu untersuchen (Ratschlag 282) und außerdem mit Beginn der Winterruhe Bodeneinlagen in die

Bienenwohnungen einschieben und kontrollieren (Ratschlag 225). Die Milben können Sie gut mit bloßem Auge erkennen. Die ovalen Weibchen (etwa 1 mm lang und fast 2 mm breit) und die rundlichen Männchen (etwa 0,8 mm Durchmesser) sind hellbraun gefärbt. Verwechseln Sie die Varroamilben aber nicht mit der Bienenlaus! Jeden Verdacht auf Varroatose müssen Sie sofort dem Bienenseuchensachverständigen oder Tierarzt melden. Die Bekämpfungs- und Sperrmaßnahmen bei Ausbruch der Krankheit werden vom Veterinärwesen angewiesen. Wichtige imkerliche Maßnahmen zur Eindämmung des Milbenbefalls finden Sie in den Ratschlägen 164, 220 und 282.

187 Die Milbenseuche (Akarapidose) können Sie vor allem während und nach der Winterruhe erkennen.

Der Erreger dieser Krankheit ist eine Innenmilbe (Acarapis woodi), die in den Tracheen der Biene, ihren Atmungsorganen, lebt. Die schwerwiegenden Schädigungen, die sie hier hervorruft, führen dazu, daß die Bienen flugunfähig werden und sterben.

Der Verdacht auf Milbenseuche liegt vor, wenn Sie zur Zeit des Reinigungsfluges im Frühjahr große Mengen flugunfähiger Bienen beobachten, die ihre Flügel verdrehen und spreizen, zu Boden fallen und sich hier krabbelnd und hüpfend fortbewegen. Ein Krankheitsbefall wird auch durch große Winterunruhe und hohen Totenfall der Bienenvölker angezeigt. Jeder Verdacht auf Milbenseuche ist von Ihnen ebenfalls sofort zu melden!

Die Milbenseuche läßt sich nur durch eine mikroskopische Untersuchung der Bienen nachweisen und wird durch Räuchermittel bekämpft.

188 Finden Sie in den Zellen der Waben zersetzte Larven, dann liegt Faulbrut vor.

Die Faulbrut ist eine gefährliche Krankheit der Bienenbrut. Man unterscheidet die Bösartige und die Gutartige Faulbrut. Beide sind meldepflichtig und werden von Bakterien (Bacillus larvae bzw. Streptococcus pluton) hervorgerufen, die die Bienenlarven befallen und zersetzen. Die Larven sterben bei der Bösartigen Faulbrut meist erst ab, wenn die Zellen bereits verdeckelt sind. An den veränderten Zelldeckeln, die sich verfärben, rissig werden und schließlich einfallen, können Sie die Krankheit erkennen. Öffnen Sie solche Zellen, dann finden Sie nur noch eine leimartige, fadenziehende Masse vor. Mit einem Streichholz läßt sich das gut nachweisen!

Bei der Gutartigen Faulbrut können Sie bereits in den offenen Zellen beobachten, wie sich die Larven verfärben und zu einer übel riechenden Masse zersetzt werden. Ein wichtiges Erkennungsmerkmal bildet für Sie auch der sogenannte „Faulbrutschorf". Er befindet sich auf der unteren Längsseite

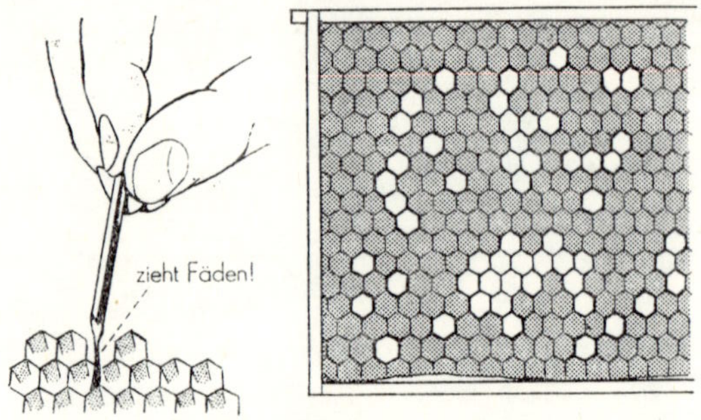

Streichholzprobe bei Bösartiger Faulbrut

der Zellen und rührt von den Resten der befallenen Maden her. Diese Reste haften hier fest an den Zellwänden. Alle Hilfsmittel, die Sie zur Untersuchung benutzten, müssen Sie umgehend verbrennen. Vorbeugende Untersuchungen sollten Sie bei Brutzellen durchführen, die stehengeblieben und nicht geschlüpft sind. Das ist bei jeder Kontrolle der Bienenvölker, vor allem aber im Spätsommer dringend geboten (s. auch Ratschlag 211).

Das Veterinärwesen legt bei Ausbruch der Krankheit die Bekämpfungs- und Sperrmaßnahmen fest. Die Bösartige Faulbrut kann mit Sulfathiazol, einem speziellen Heilmittel, bekämpft werden.

189 Vermeiden Sie im Frühjahr unzeitgemäße Eingriffe in die Bienenvölker, weil Sie damit die Nosematose begünstigen.

Die Nosematose tritt häufig im Frühjahr auf und kann viele Bienenvölker vernichten oder stark schädigen. Der Erreger, ein einzelliger Parasit (Nosema apis), sitzt im Mitteldarm der erwachsenen Bienen. Hier zerstört und schädigt er die Darmwandzellen, so daß bei den Bienen Verdauungsstörungen auftreten. Beobachten Sie flugunfähige Bienen mit einem stark aufgetriebenen Hinterleib oder Kotspritzer auf den Flugbrettern und Beuten (Ratschlag 249), dann liegt der Verdacht auf Nosematose nahe. Eine plötzliche Schwächung der Bienenvölker, die sich vor allem durch starke Flugbienenverluste anzeigt, sollte Sie ebenfalls stutzig machen. Die Nosematose kann nur durch eine mikroskopische Untersuchung der Bienen eindeutig festgestellt werden.

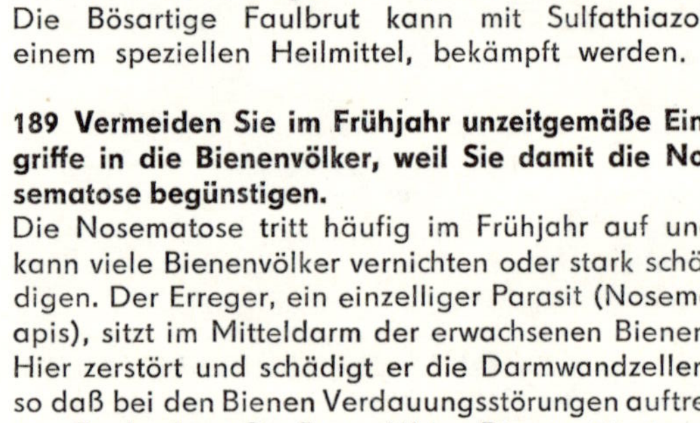

Sie erhalten aber bereits Anhaltspunkte, wenn Sie bei den krankheitsverdächtigen Bienen die sogenannte „Darmprobe" durchführen. Dazu müssen Sie die Biene zuerst töten, indem Sie mit der linken Hand Kopf und Brust zusammendrücken, und anschließend mit den Fingerspitzen von Daumen und Zeigefinger der rechten Hand den Darm aus dem Hinterleib herausziehen. Der Darm einer nosemakranken Biene hat nicht die normale bräunliche Farbe, sondern sieht milchigweiß aus und riecht unangenehm. Im Ratschlag 262 erfahren Sie, wie man die Krankheit bekämpfen kann.

190 Die Maikrankheit können Sie bekämpfen, indem Sie die Bienenvölker mit einer dünnen Honig- oder Zuckerlösung füttern.

Damit beseitigen Sie die Ursache dieser Krankheit, den Wassermangel in den Bienenvölkern. Das kommt besonders häufig im Frühjahr vor, wenn die Bienen nach einer guten Pollentracht durch Kälterückschläge kein Wasser eintragen können. Der von den Bienen aufgenommene Pollen kann dadurch nicht verdaut werden, quillt und verstopft den Darm. Vor Ihrem Stand finden Sie dann wie bei der Nosematose viele flugunfähige Bienen mit einem aufgetriebenen Hinterleib, die mit zitternden Bewegungen sterben. Die Kotblase dieser Bienen ist aber mit einer festen Masse, bestehend aus halb- und unverdautem Pollen, gefüllt. Wenn Sie die bei der Nosematose beschriebene „Darmprobe" durchführen, können Sie das feststellen. Eine dünne Honig- oder Zuckerlösung, die Sie den Bienenvölkern reichen, schafft hier schnell Abhilfe.

191 Beugen Sie der Bienen-Ruhr vor

Bei der Bienen-Ruhr, die meist während der Winterruhe auftritt, koten die Bienen auch im Stock ab. Wenn die Bienenvölker ungeeignetes Winterfutter (z. B. Heide- oder Waldhonig, Rohrzucker) haben, in der Winterruhe öfter gestört werden oder weisellos sind, dann führt das bei den Bienen zu erhöhter Nahrungsaufnahme und damit zu einer unnormalen Belastung des Darmes. Die Verdauung wird gestört und zieht Durchfall nach sich, die Ruhr. Wenn die Außentemperaturen den Bienen das Ausfliegen nicht ermöglichen, koten sie entgegen ihrer normalen Verhaltensweise auch im Stock ab. Bei der Bienen-Ruhr finden Sie überall innerhalb und außerhalb der Beuten, selbst auf den Waben, die braunen Kotflecken. Die erkrankten Völker sind sehr unruhig und ihren Wohnungen entströmt ein unangenehmer Geruch.
Da die Bienen-Ruhr keinen Krankheitserreger hat, also auch nicht ansteckend ist, können Sie während der Winterruhe nichts tun, da Sie die Bienen um diese Zeit nicht in eine saubere Beute umsetzen und nicht durch flüssige Fütterung anregen können, den Kot im Freien abzusetzen. Am besten ist es, Sie beugen der Krankheit vor, indem Sie durch eine rechtzeitige Einfütterung und durch eine ungestörte Winterruhe ihre Ursachen weitgehend ausschalten.

192 Wenn Sie unter den Waben und vor dem Flugloch die Reste ausgehärteter Larven vorfinden, sind die Völker an Kalkbrut erkrankt.

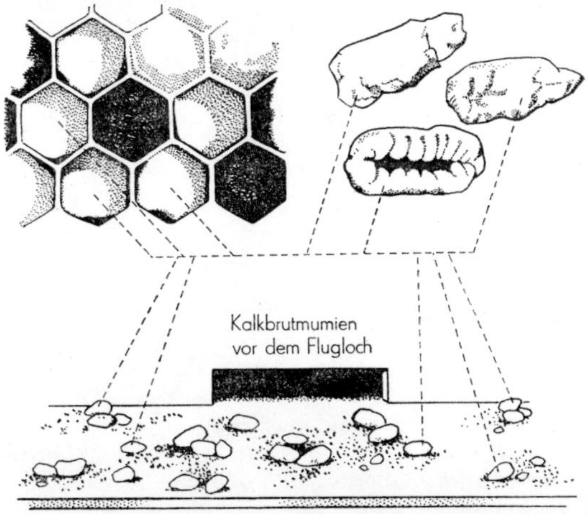

Die Kalkbrut wird durch einen Schimmelpilz (Ascophaera apis) hervorgerufen, der die Bienenlarven befällt und sie mit einem Pilzgeflecht umspinnt. Später härten die Larven aus und werden zu sogenannten Mumien, die sich gelblich oder grünlich färben und die äußere Gestalt der Larven behalten. Feuchtwarmes Wetter oder feuchte Standorte fördern die Entwicklung des Erregers der Kalkbrut. Die Krankheit können Sie bei der Bearbeitung der Völker oder bei Ihren Fluglochbeobachtungen leicht erkennen, weil die Bienen die Mumien aus den Zellen entfernen. Unterstützen Sie diese Völker bei der Krankheitsbekämpfung, indem Sie durch eine flüssige Reizung den Putztrieb fördern, die befallenen Waben auswechseln oder die Völker notfalls auch umweiseln. Zusätzlich sollten Sie die Beuten und Geräte mit einem Desinfektionsmittel säubern und so die ansteckungsfähigen Krankheitskeime vernichten.

193 Außer Krankheiten bedrohen auch verschiedene Schädlinge Ihre Bienenvölker.

Im allgemeinen werden die Bienenschädlinge in drei Gruppen unterteilt:
– Die Wachszerstörer, die das Wabenwerk der Bienen zerstören oder beschädigen.
– Die Innenschädlinge, die in die Bienenbeuten eindringen und hier ständig oder zeitweise leben.
– Die Außenschädlinge, die die Bienen abfangen und töten.
Die Bienenschädlinge können den Bienen unmittelbar gefährlich werden oder Krankheiten übertragen. Damit der Erfolg Ihrer Bienenhaltung nicht be-

einträchtigt wird, müssen Sie vor allem vorbeugende Maßnahmen einleiten. Wie bei den Krankheiten, so gilt auch hier: Starke und leistungsfähige Völker sind weniger gefährdet als Schwächlinge!

194 Ihre Wabenvorräte müssen Sie in regelmäßigen Abständen schwefeln, um die Wachsmotten von ihnen fernzuhalten.

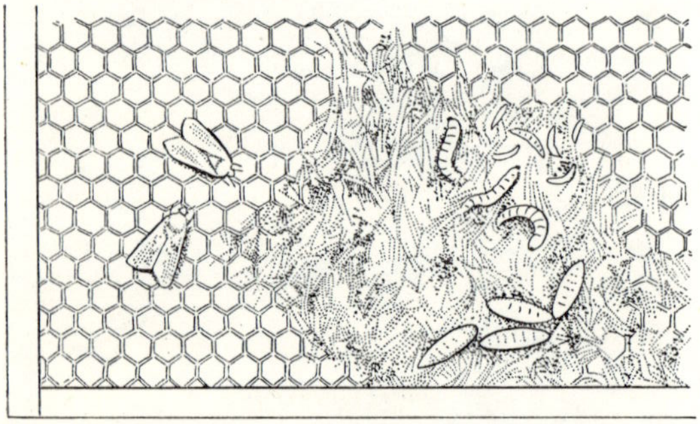

Die Wabenvorräte und auch schwache Bienenvölker sind ständig von der Großen und der Kleinen Wachsmotte (Galleria mellonela und Achorea grisella) bedroht. Diese Schmetterlinge wählen für die Eiablage geschützte Stellen im Wabenschrank oder in den Bienenwohnungen. Aus den Eiern schlüpfen die Larven, als Rankmaden bezeichnet. Die Maden unterminieren die Brutzellen, schädigen die Brut und können die Waben völlig unbrauchbar machen. Den Wachsmottenbefall erkennen Sie deutlich am feinen grauen Gespinst, mit dem die Fraßgänge der Rankmaden ausgekleidet sind. In schwachen Bienenvölkern stören die Maden auch die Entwicklung der Brut. Soweit sollten Sie es aber nicht erst kommen lassen, denn schwache Bienenvölker darf es auf dem Bienenstand nicht geben. Und bei starken Völkern haben die Wachsmotten ohnehin keine Chancen! Beugen Sie den gefräßigen Motten auch dadurch vor, daß Sie die Wabenvorräte regelmäßig schwefeln (Ratschlag 268).

195 Bienenläuse beunruhigen Ihre Bienenvölker.
Die Bienenläuse, flügellose Fliegen von etwa einem Millimeter Größe, richten in den Völkern zwar keine unmittelbaren Schäden an, beunruhigen die Bienen aber durch die Art der Nahrungsaufnahme. Die Läuse saugen kein Bienenblut, sondern holen sich die Nahrung vom Rüssel der Bienen. Dazu wandern sie jeweils vom eigentlichen Aufenthaltsort, dem Brustkorb der Bienen, zur Mundgegend, um die Bienen dort zur Abgabe der Nahrung zu veranlassen. Die Weiseln sind meist besonders stark mit Läusen befallen und lassen durch deren Belästigungen in der Eiablage nach. Bei der Bearbeitung der Bienenvölker sollten Sie deshalb die Weiseln öfter „unter die Lupe" nehmen. Stellen Sie dabei fest, daß sie von diesen Schädlingen befallen sind, müssen Sie zu reinem Naphtalin greifen. Auf einen Papierbogen gestreut, den Sie über Nacht unter die Waben des Bienenvolkes schieben, bewirkt das Naphtalin, daß die Läuse betäubt werden und von den Bienen abfallen. Am Morgen ziehen Sie den Papierbogen wieder heraus und verbrennen ihn mitsamt der Läuse.

196 Wenn der Bienenwolf gehäuft auftritt, kann er den Bienenvölkern recht gefährlich werden.
Der Bienenwolf, eine in Europa weit verbreitete Grabwespe, fängt die Bienen im Flug oder beim Blütenbesuch, betäubt sie durch einen Stich und schleppt sie in die Brutkammern seines Nestes. Hier dienen die Bienen der Ernährung der Brut oder werden für die eigene Ernährung ausgepreßt und abgeleckt. Als Bienenräuber betätigen sich aber nur die Weibchen des Bienenwolfes. Bei starkem Auftreten des Bienenwolfes muß der Bienenstand aus dem befallenen Gebiet verlegt werden.

197 Schützen Sie Ihre Bienenvölker vor Ameisen, Spinnen, Vögeln und Mäusen.
Die Ameisen können auf einem Bienenstand sehr lästig werden. Obwohl auch sie nur in Bienenvölker einzudringen vermögen, die schwach sind und sich nicht genügend wehren können, empfiehlt es sich doch, Ihren Bienenstand generell gegen Ameisen zu schützen. Blechdosen mit Dieselöl, Petroleum o. ä. Flüssigkeiten, in die Sie die Pfosten des Freistandes stellen, oder ameisensichere Sockel für das Bienenhaus erfüllen diese Aufgabe. Um die Bienen vor Spinnen zu schützen, müssen Sie ihre Netze an der Flugfront und im Bienenhaus regelmäßig beseitigen. Dadurch können Sie die Bienenverluste durch Spinnen äußerst gering halten. Besonders zur Zeit der Winterruhe ist es notwendig, die Bienenvölker auch vor Vögeln und Mäusen zu schützen. Näheres dazu wird in den Ratschlägen 228 und 229 erläutert.

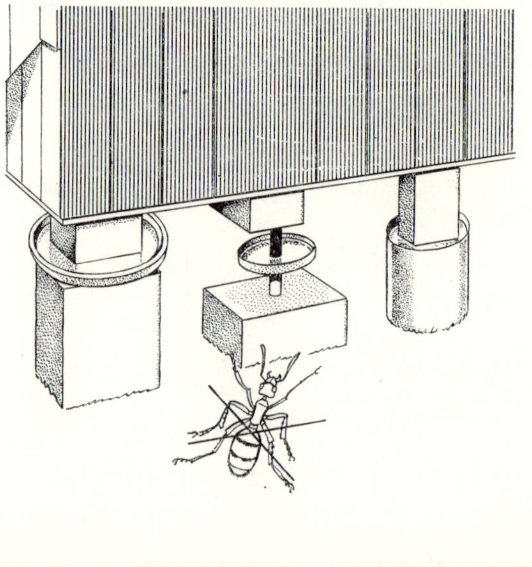

198 Wespen können nicht nur für Sie selbst, sondern auch für Ihre Bienenvölker zur Plage werden.
Manche Jahre treten diese Insekten in großen Scharen auf, belästigen die Bienenvölker dann nicht nur, sondern richten zuweilen auch Schaden an. Gegen starke Bienenvölker können Wespen nichts ausrichten, obwohl sie besonders zur Zeit der Wintereinfütterung immer wieder versuchen, in die Beuten einzudringen und vom Futter zu naschen. Im Ratschlag 219 können Sie nachlesen, wie Sie im Herbst diese Bienenschädlinge bekämpfen sollten. Darüber hinaus ist zu empfehlen, daß Sie sich darauf konzentrieren, die Wespenköniginnen bereits im Frühjahr abzufangen. Nachdem diese ihr Winterquartier verlassen haben, beginnen sie, ein neues Volk aufzubauen. Im Frühjahr vernichten Sie also mit jeder Königin ein ganzes Volk!

Das Bienenjahr

199 Bienenjahr ist nicht gleich Kalenderjahr.
Wenn im Juli die Winterlinden abblühen, lassen in den meisten Gegenden die Trachtgelegenheiten für die Bienen rapide nach. Die aufsteigende Entwicklung der Bienenvölker hat um diese Zeit ihren Höhepunkt erreicht und klingt nun allmählich wieder ab. Damit endet das Bienenjahr und ein neues beginnt mit der Vorbereitung der Bienenvölker auf die Überwinterung. Bereits jetzt bereiten Sie den Erfolg, den Sie mit Ihren Bienenvölkern in der kommenden Saison haben werden, vor. Starke und jungbienenreiche Völker überstehen auch den strengsten Winter gut, zeichnen sich durch eine zügige Frühjahrsentwicklung aus und bringen entsprechend den Gegebenheiten die besten Bestäubungsleistungen und Honigerträge. Doch solche Bienenvölker bauen sich nicht im Selbstlauf auf, sondern bedürfen Ihrer fürsorglichen Pflege.

200 Jedes Bienenjahr stellt Sie vor neue Probleme.
Jedes Jahr hat seinen eigenen Witterungs- und Trachtverlauf. Für Sie bedeutet das, sich mit Ihren imkerlichen Maßnahmen stets den Verhältnissen der Natur anzupassen. Die Bienen sind nun mal keine Treibhauspflanzen, denen Sie immer die erforderlichen Bedingungen bieten können. Selbst die spezifischen Wetter- und Trachtverhältnisse, die bestimmten Gegenden eigen sind, erfordern vom Imker, bei der Betreuung seiner Bienenvölker sehr beweglich zu sein. Niemals können Sie die Betriebsweise, die Sie auf der Grundlage Ihrer Bedingungen für die Bienenhaltung entwickelten, als starres Schema durchsetzen, sondern müssen sie immer wieder neu durchdenken, ergänzen oder verändern. Gerade auch diese Tatsache macht die Bienenhaltung so interessant und reizvoll!

201 Mit dem Ende der Tracht dürfen Sie die Bienenvölker nicht sich selbst überlassen, sondern müssen unverzüglich mit einer Reizfütterung beginnen.

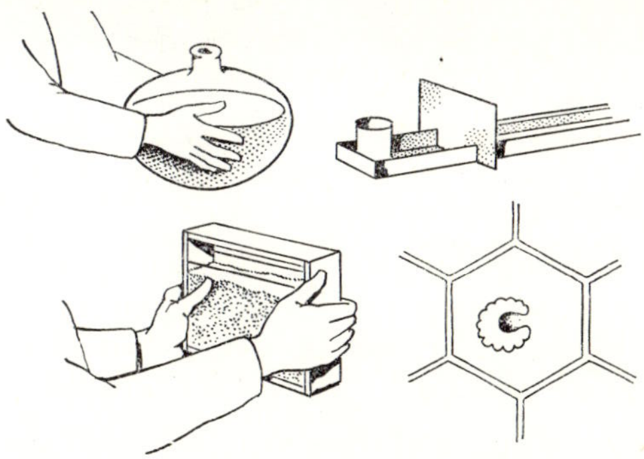

"Künstliche" Ernährung!

Diese Reizfütterung, als Nachtrachtpflege bezeichnet, sollte mit dem letzten Trachttag einsetzen und ohne Unterbrechung bis zur Wintereinfütterung Ende August anhalten. Als Reizfutter eignen sich am besten Maische, ein Gemisch von Kristallzucker und Honig im Verhältnis von fünf bis zehn Kilogramm Zucker auf ein Kilogramm Honig, oder Futterteig. Beides können Sie den Bienenvölkern in Futtertaschen (Ratschlag 83) oder anderen Behältnissen reichen. Um Maische und Futterteig herzustellen, sollten Sie auch Invertzucker verwenden (Ratschlag 238). Bieten Sie den Bienen das Reizfutter so, daß es eine möglichst große Anzahl von ihnen aufnehmen kann und dadurch im Bienenvolk ein spürbarer Futterstrom entsteht. Das ist die Voraussetzung dafür, daß Sie die beabsichtigte Wirkung, einen großen Brutansatz der Bienenvölker, erreichen.
Vernachlässigen Sie die Bienen nach Trachtschluß, erweisen Sie sich als ein schlechter Freund der Bienen und legen damit den Grundstein für spätere Mißerfolge.

202 Richten Sie bereits vor der Nachtrachtpflege den Wintersitz der Bienenvölker ein.
Bei der letzten großen Kontrolle der Bienenvölker müssen Sie alle Waben gründlich begutachten

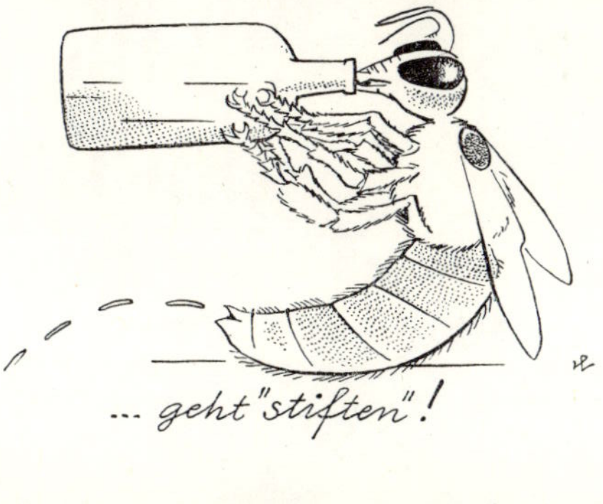

... geht "stiften"!

und den Beuten die schlecht ausgebauten, wenig oder gar nicht bebrüteten Waben entnehmen. Diese stören im Wintersitz, weil sie von den Bienen gemieden werden, also als „Trennschied" wirken, und außerdem den Wärmehaushalt beeinträchtigen. Jetzt ist es nicht mehr vertretbar, den Bienenvölkern Brutwaben zur Ablegerbildung zu entnehmen oder gar noch Mittelwände zuzuhängen.
Ihr ganzes Augenmerk muß sich darauf richten, einen Brutstop zu unterbinden und die bestmöglichen Bedingungen zu schaffen, damit die Weiseln noch einmal verstärkt in Eiablage gehen und in der Periode der Wintervorbereitung viele Jungbienen schlüpfen. Da ein umfangreicher Futtervorrat ausschlaggebend für einen großen Brutansatz ist, sollten Sie den Bienenvölkern unbedingt bereits einige Liter Zuckerlösung geben. Die Bienen lagern das von Ihnen gereichte Futter zusammen mit dem Pollen, den sie in der Natur finden, über der Brut ab und erweitern das Brutnest kontinuierlich, wenn die Reizfütterung einsetzt. Beachten Sie, daß den Völkern dafür auch genügend Raum zur Verfügung steht. Es wäre schade, wenn Ihre Bemühungen nur deshalb erfolglos blieben, weil die Weiseln im beengten Raum zu wenig leere Zellen für die Eiablage vorfinden.
Günstig ist, wenn Sie an den Rand des Wintersitzes eine Drohnenwabe oder eine Wabe mit eingeschnittenem Drohnenbau geben. Damit fördern Sie eine frühzeitige Erweiterung des Brutnestes im Frühjahr, denn die Weiseln sind in der aufsteigenden Entwicklung bestrebt, sobald als möglich Drohnenbau zu bestiften. Für Sie hat das außerdem den Vorteil, daß sehr zeitig begattungsfähige Drohnen auf Ihrem Stand fliegen und die Bienenvölker zu einem frühen Zeitpunkt auf Varroamilben untersucht werden können (Ratschlag 186).

203 Überwintern Sie Ihre Bienenvölker nach Möglichkeit im Doppelraum.

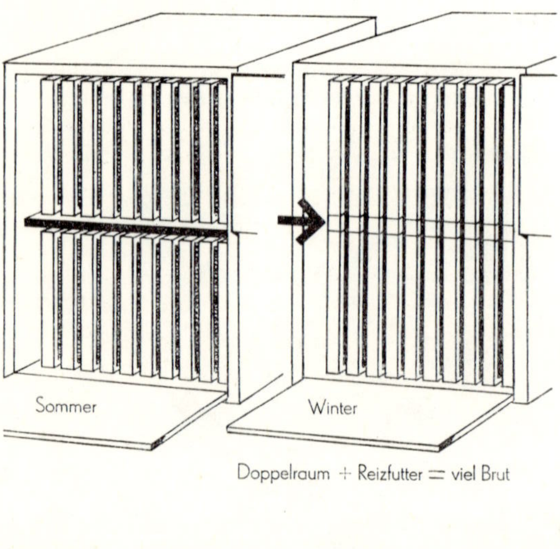

Doppelraum + Reizfutter = viel Brut

Wie in den Oberbehandlungsbeuten (Magazinen) allgemein üblich, so setzt sich auch in den Hinterbehandlungsbeuten mehr und mehr durch, die Bienenvölker in zwei Räumen zu überwintern. Das ist aber nur dann ratsam, wenn die Bienenvölker eine ausreichende Stärke besitzen und beide Räume gut belagern.
Richten Sie den Wintersitz in Hinterbehandlungsbeuten im Doppelraum her, dann müssen Sie die Abdeckbrettchen und Absperrgitter, die beide Räume trennen, vollständig entfernen und die Waben des Honig- und Brutraumes durch entsprechende Vorrichtungen oder zwischengelegte Wabenstreifen zu einer einheitlichen Wabenfläche verbinden. Diese Verbindung ist sehr wichtig, weil sonst die Gefahr besteht, daß Völker ihren Wintersitz unten einrichten und später nicht zu den Futterwaben über ihnen gelangen können. Die Großwaben bieten den Weiseln während der Nachtrachtpflege ein weites Betätigungsfeld, um starke Völker mit vielen Jungbienen aufzubauen.

204 Schenken Sie auch in der Zeit der Wintervorbereitung den Ablegern Ihr spezielles Augenmerk.
Ganz gleich, ob Sie die Ableger als Reserve für das Frühjahr mit in den Winter nehmen oder ob Sie daraus Wirtschaftsvölker aufbauen wollen: Nur ausreichend stark werden sie den Winter gut überstehen! Pflegen Sie die Ableger deshalb besonders fürsorglich, richten Sie den Wintersitz ebenso gründlich her und reizen Sie bis zur Einfütterung. Jetzt gilt es, ganz besonders auf die richtige Flugloch größe zu achten (Ratschlag 168), denn gerade in trachtlosen Zeiten ist die Gefahr der Räuberei am größten.

205 Vermeiden Sie, daß sich die Gefahr einer Räuberei durch unbedachte Maßnahmen erhöht.
Wenn die Bienen in der Natur vergeblich nach Nahrungsquellen suchen, lockt sie der süße Duft, der anderen Bienenwohnungen entströmt, ganz besonders an. Dann versuchen sie, die Fluglochwachen zu überlisten und die Nahrungsvorräte anderer Völker zu rauben. Kann ein Volk das Flugloch nur ungenügend bewachen, dringen die Bienen in die fremde Beute ein, saugen sich voll Nahrung und melden ihren Erfolg bald in der heimischen Wohnung. Durch die Informationen (Ratschlag 41) vergrößert sich die Zahl der Räuber schlagartig, so daß das beraubte Volk hoffnungslos verloren ist, wenn Sie als Imker nicht sofort eingreifen (Ratschlag 210). Vorbeugen ist auch hier viel besser als heilen, zumal eine Räuberei unter den Bienenvölkern sehr oft vom Imker selbst verschuldet wird. Nicht umsonst sagt man: „Vor jeder Räuberei ist passiert 'ne Eselei!" Herumliegende Waben, Honigreste, verschüttetes Futter oder schlecht verschlossene Wabenschränke sind einige solcher „Eseleien". Die Bienen, die dadurch angelockt und

„auf den Geschmack" gebracht wurden, suchen sich unter den Bienenvölkern die schwächsten aus, wenn die von Ihnen unbedacht gebotene Nahrungsquelle versiegt ist. Bei Ihren Beobachtungen an den Fluglöchern werden Sie bald feststellen, wie beharrlich die „Räuber" nach einem Durchschlupf suchen und selbst die Wachsamkeit der starken Bienenvölker prüfen.

206 Schwache, weisellose und drohnenbrütige Bienenvölker müssen Sie unverzüglich auflösen.

Wenn Sie die Bienenvölker ein letztes Mal gründlich kontrollieren und dabei den Wintersitz einrichten, werden Sie auch manche Überraschung erleben. Die schwachen Völker haben Sie sich sicher längst vorgemerkt, doch Sie können ebenso entdecken, daß Völker weisellos oder drohnenbrütig sind. Bei Drohnenbrut in Arbeiterinnenzellen, die Ihnen sofort durch die überhöhten Zellen auffällt, müssen Sie erst einmal nach den Ursachen dieser Erscheinung forschen. Ausgangspunkt kann eine alte Weisel sein, die kein Sperma mehr hat, um die Eier zu befruchten. Genausogut kann aber die Drohnenbrütigkeit auch von einer jungen Weisel ausgehen, der das Sperma zur Eibefruchtung fehlt, weil sie nicht zur Begattung ausfliegen konnte. In allen Fällen sollten Sie die Völker auflösen und mit stärkeren Bienenvölkern vereinigen bzw. guten Ablegern zugeben (Ratschlag 212).

207 Versuchen Sie gar nicht erst, buckelbrütige Bienenvölker zu retten.

Haben die Bienen keine Möglichkeit mehr, sich aus Arbeiterinnenlarven eine neue Weisel nachzuziehen, dann entwickeln sich nach einer gewissen Zeit bei den Arbeitsbienen die Eierstöcke bis zur Legereife. Aus den Eiern können nur Drohnen entstehen, weil den Arbeitsbienen die Samenblase fehlt und somit die Befruchtung der Eier nicht möglich ist. Solche Arbeitsbienen – auch als Afterweiseln oder Drohnenmütterchen bezeichnet – legen sehr unregelmäßig und oft mehrere Eier in eine Zelle. Ihr kurzer Hinterleib reicht nicht immer bis auf den Grund der Zellen, so daß Sie die Eier auch an den Zellwänden finden. Buckelbrütige Bienenvölker sollten Sie nicht weiterverwenden, denn die eierlegenden Arbeitsbienen stellen eine große Gefahr für jede andere Weisel dar. Lösen Sie solche Völker auf, indem Sie das Flugloch schließen und alle Waben des Volkes vor dem Stand abfegen. Die Bienen betteln sich dann in den anderen Völkern ein.

208 Wenn Sie den Rotklee als Spättracht nutzen, sichern Sie Ihren Bienenvölkern eine gute Pollenversorgung.

Die Rotkleetracht kann die Honigerträge Ihrer Bienenvölker weiter erhöhen helfen, bringt aber in jedem Fall viel Pollen, der für die Spätsommerentwicklung der Bienenvölker sehr wichtig ist. Diese späte Tracht trägt auch dazu bei, daß sich die Altbienen abarbeiten und die Völker gesund und gut ernährt in den Winter gehen (Ratschlag 217). Beim Rotklee ist es mitunter notwendig, daß Sie die Bienen durch eine Duftlenkung anregen, die Pflanzen stärker zu befliegen. Das trifft vor allem zu, wenn sich noch andere lukrative Trachtquellen in unmittelbarer Nähe befinden. Unter Duftlenkung versteht man eine Reizfütterung der Bienenvölker, die aus einer dünnen Zuckerlösung (1 kg Zucker auf 1 l Wasser) besteht, in der die Blüten, die von den Bienen besucht werden sollen, einige Stunden ausgelaugt wurden. Diese Duftlösung muß den Völkern morgens in kleinen Dosierungen gereicht werden und lenkt die Bienen auf die Blüten.

209 Überschüssige Pollenwaben können Sie den Bienenvölkern entnehmen und als Reserve aufbewahren.

Der von den Bienen in großen Mengen gesammelte Pollen kann den Platz in den Völkern einengen. Das würde Ihren Bemühungen entgegenstehen, durch einen großen Brutansatz starke und jungbienenreiche Wintervölker zu erzielen. Je nach Trachtverlauf sollten Sie deshalb Pollenwaben gegen Leerwaben austauschen, um den Weiseln mehr Platz für die Eiablage zu schaffen. Die entnommenen Pollenwaben können Sie den Völkern nach der Tracht wieder zuhängen (Ratschlag 211) oder als Reserve für das Frühjahr aufbewahren (Ratschlag 260). Letzteres erfordert allerdings, daß Sie die Waben konservieren, damit sie den Winter unbeschadet überstehen und der Pollen in den Zellen nicht verdirbt. Überstreuen Sie die Waben leicht mit Puderzucker und bewahren Sie diese dann an einem trockenen und frostfreien Ort auf.

210 Nehmen Sie sich Zeit für regelmäßige Fluglochbeobachtungen, denn das erspart Ihnen manchen Eingriff in die Bienenvölker.

Die Bienen am Flugloch zu beobachten, gehört seit altersher zum Einmaleins des Imkers. Auch Sie kennen sicher das Bild des Bienenvaters, der pfeiferauchend vor seinem Bienenstand steht und die Bienen beobachtet. Man könnte das stundenlang tun, so wohltuend und so interessant ist das immer wieder. Doch weit wichtiger noch ist, daß Sie am Flugloch, dem „Puls" des Bienenvolkes, vieles über den Zustand des Volkes erfahren können, ohne es öffnen zu müssen. Beziehen Sie in Ihre Beobachtungen stets auch den grasfreien Streifen mit ein. Besonders aussagekräftig sind morgendliche Kontrollen der Fluglöcher und deren Umgebung, denn später können durch Vögel, Wind, Regen o. ä. Einwirkungen viele Merkmale bereits verwischt sein. Damit Sie lernen, das Verhalten der Bienen am Flugloch richtig zu deuten, finden Sie dazu in den Ratschlägen zum Bienenjahr (Ratschläge 199 bis 300) viele Hinweise. Fliegt jetzt im Spätsommer ein Bienenvolk auffallend stark und kämpfen auf dem Flugbrett Bienen miteinander, dann liegt eine Räuberei vor (Ratschlag 205). Dem Volk können Sie vielleicht schon dadurch helfen, wenn Sie das Flugloch rigoros einengen. Bewährt haben sich auch mit Karbol getränkte Läppchen oder Knoblauch, die an das Flugloch des beraubten Volkes gelegt werden und die Räuber abwehren helfen. In Ausnahmefällen kann es sogar notwendig sein, den Standort der Völker zu verlegen. Kämpfen die Bienen mit den Drohnen und drängen sie vom Futter ab (Ratschlag 9), so beweist das Ihnen, daß die Völker weiselrichtig sind. Ebenso verhält es sich, wenn die Pollensammlerinnen mit dicken „Höschen" heimkehren. Duldet jetzt ein Bienenvolk noch Drohnen, dann ist es entweder weisellos oder es weiselt zu später Zeit noch „still" um. Hier müssen Sie sich Gewißheit verschaffen und dem Volk helfen (Beweiselung, Vereinigung mit Ableger o. ä.).

211 Vor der Wintereinfütterung müssen Sie alle Bienenvölker ein letztes Mal kontrollieren.

Diese Kontrolle sollten Sie etwa Mitte August vornehmen. Da der Wintersitz der Bienenvölker bereits mit Beginn der Nachtrachtpflege eingerichtet wurde, können Sie sich darauf beschränken, den Brut- und Futterstand zu überprüfen. Arbeiten Sie dabei besonders zügig, damit keine Räuber angelockt werden, und achten Sie auf stehengebliebene Brutzellen. Diese müssen Sie öffnen und auf Faulbrut untersuchen (Ratschlag 188). Pollenwaben, die Sie reserviert haben, sollten jetzt wieder zugehängt werden. Notieren Sie alle Ergebnisse Ihrer Kontrolle auf der Stockkarte. Die Stärke der Völker und ihr Brutstand entscheiden darüber, welche Bienenvölker Sie mit in den Winter nehmen. Der Futtervorrat, von Ihnen während der Kontrolle geschätzt (ein Quadratdezimeter beidseitig verdekkelte Wabe etwa 300 g), bildet für Sie die Grundlage, um berechnen zu können, wieviel Winterfutter den Bienenvölkern noch gereicht werden muß.

212 Vereinigen Sie schwache, nicht überwinterungsfähige Bienenvölker mit starken Völkern oder guten Ablegern.

Die Bienenvölker, die um diese Zeit noch weisellos oder schwach entwickelt sind und bei denen sich die Überwinterung wahrlich nicht lohnt, müssen Sie unverzüglich auflösen und mit anderen Völkern vereinigen. Begehen Sie aber nicht den Fehler, Schwächlinge miteinander zu vereinigen, in der Hoffnung, daraus ein starkes Bienenvolk zu machen. Das wäre ein Trugschluß und bringt für Sie letztlich wieder nur einen Schwächling hervor. Geben Sie ein weiselloses Volk oder das entweiselte schwache, aber gesunde Volk immer einem weiselrichtigen Bienenvolk zu, das in seiner Entwicklung nicht enttäuschte. Im Herbst sind einige Vorsichtsmaßahmen angebracht, wenn Sie Bienenvölker vereinigen wollen. Sie müssen vermeiden, daß sich die untereinander fremden Bienen gegenseitig abstechen. Deshalb ist es ratsam, den Stockgeruch beider Völker anzugleichen, indem Sie die Bienen mit einer Duftlösung übersprühen. Zusätzlich empfiehlt es sich, die Bienenvölker durch Zeitungspapier zu trennen, damit sich die Bienen langsam und friedlich vereinigen können. Das Papier sollten Sie anfeuchten und mit kleinen Löchern versehen, um den Bienen so Gelegenheit zu geben, untereinander ersten Kontakt aufzunehmen. Das Papier wird an den durchlöcherten Stellen von den Bienen schnell abgenagt – und die Vereinigung ist vollzogen.

Bienenstand mit Hinterbehandlungsbeuten

Ein ruhiger und geschützter Ort, der auch unzumutbare Belästigungen durch die Bienen ausschließt, ist für die Aufstellung von Bienenvölkern besonders geeignet.

Strohkörbe – Zeugen aus der Vergangenheit der Bienenhaltung

Bienenhaltung in Magazinbeuten

Mit der ständigen Weiterentwicklung der Bienenwohnungen, die den natürlichen Lebensbedingungen der Bienen entsprechen müssen, kann der Mensch den Bienenfleiß immer besser für sich nutzen.

Industriemäßig gefertigter Wanderwagen

Individuell aufgebauter Wanderwagen

In Wanderwagen lassen sich die Bienenvölker ohne großen Aufwand in unmittelbare Nähe der Trachtflächen verlegen. Dadurch erhöhen sich der Bestäubungseffekt und die Honigerträge.

Sonnenwachsschmelzer

Bienentränke

Pollenfalle am Flugloch

Während die Gewinnung von Bienenwachs mit dem Sonnenwachsschmelzer wenig Mühe bereitet, erfordert die Pollengewinnung einen weit größeren Aufwand. Eine Tränke gehört an jeden Bienenstand.

Beim Entdeckeln der Honigwaben

Radschleuder

Bei der Bienenhoniggewinnung sind eine Reihe hygienischer Forderungen einzuhalten. In Großimkereien wird Bienenhonig mit Hilfe industriemäßiger Verfahren gewonnen.

Bei der Zuchtarbeit

Verschulen der Weiselzellen

Zuchtrahmen

Weiselzelle im Schlupfkäfig

Schutzkasten für EWK

Kontrolle eines Begattungskästchens

Die Weisel beeinflußt entscheidend das Verhalten und die Leistung eines Bienenvolkes. Deshalb muß sich der Imker um eine zielgerichtete Weiselerneuerung bemühen.

Bei der Arbeit am Bienenvolk

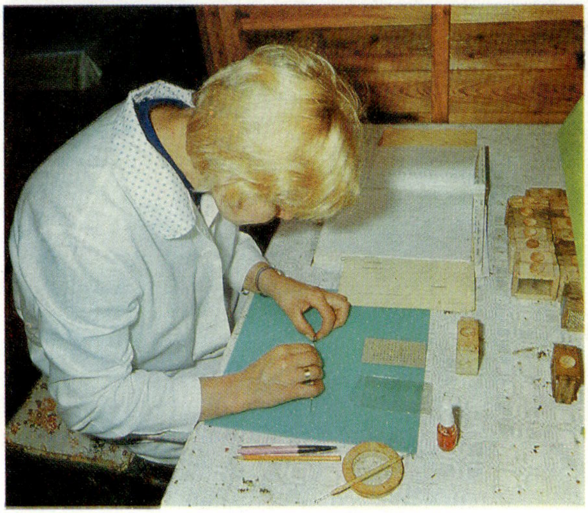

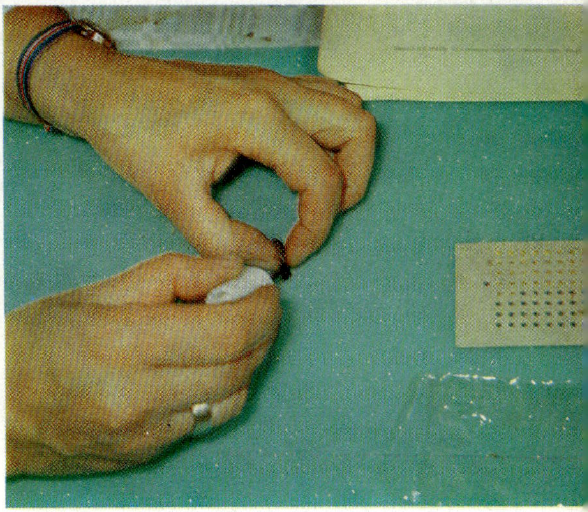

Zeichnen junger Weiseln in der Hand

Ordnung und Sauberkeit auf dem Stand gehören zu den wichtigsten Bedingungen der Bienenhaltung. Eine gründliche Vorbereitung aller Arbeiten an den Völkern unterstützt dieses Anliegen.

Winterlicher Bienenstand

Fluglochblenden

Im Winter sind Vorsicht und Ruhe am Bienenstand oberstes Gebot. Fluglochblenden halten Schnee und Eis sowie störende Windeinflüsse von den Bienen fern.

213 Durch eine zeitige Wintereinfütterung der Bienenvölker schonen Sie die Jungbienen.
Die Wintereinfütterung der Bienenvölker sollte sich unmittelbar an die letzte Kontrolle anschließen. Ausnahmen sind nur dann vertretbar, wenn Sie Spättrachten nutzen. Bedenken Sie, daß die Bienen die gereichte Zuckerlösung noch invertieren und verdeckeln müssen. Diese Arbeiten sollen vor allem die Altbienen verrichten, damit sie sich abarbeiten, noch vor der Winterruhe sterben und das Wintervolk nicht belasten. Wenn Sie die Einfütterung zu spät durchführen, birgt das auch die Gefahr in sich, daß das Futter von den Bienen nicht mehr ausreichend verarbeitet werden kann und Darmkrankheiten hervorruft (Ratschlag 191). Schließen Sie die Wintereinfütterung Ihrer Bienenvölker deshalb Ende August, spätestens aber Mitte September, ab. Der frühe Termin sichert, daß die Jungbienen weitgehend von der Verarbeitung des Winterfutters verschont bleiben. Ihr geringer Abnutzungsgrad ist für Sie die beste Gewähr, daß die Bienenvölker gut überwintern. Immerhin sollen etwa 10 000 bis 20 000 Bienen eines Volkes den Winter überstehen und im Frühjahr das neue Volk aufbauen helfen! Wenn die Bienen, die etwa ab August geboren werden, unverbraucht, d. h. biologisch jung, in den Winter gehen, können sie bis zu neun Monate alt werden. Während Sie in der Hochsaison dafür sorgen müssen, daß sich die Bienen schnell abarbeiten (Ratschlag 131), geht es jetzt darum, die Lebenskräfte der Jungbienen recht lange zu schonen. Neben der zeitigen Wintereinfütterung spielt dabei auch die ungestörte Winterruhe eine wichtige Rolle.

214 Planen Sie die Wintereinfütterung nach den bestehenden Trachtverhältnissen.
Bietet sich Ihnen die Möglichkeit, die Heide oder andere Spättrachten zu nutzen, dann läßt sich eine möglichst zeitige Einfütterung der Bienenvölker nicht realisieren. Um diese Arbeit trotzdem schnell abzuschließen, sollten Sie den Völkern das Winterfutter sofort nach der Schleuderung in großen Portionen reichen. Beachten Sie, daß kein Heidehonig im Wintersitz der Bienenvölker verbleibt. Ebenso wie Bienenhonig aus Honigtau enthält er zu viele Ballaststoffe, die in Frage stellen, ob die

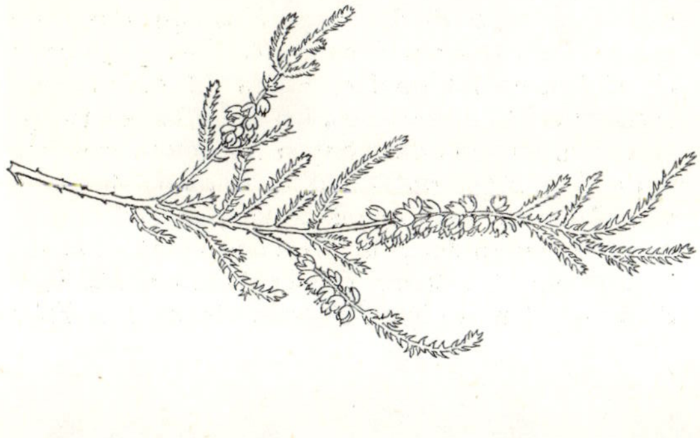

Bienen gefahrlos überwintern werden und die oft zur Bienen-Ruhr führen (Ratschlag 191). Sie können auch die Zeit zwischen Trachtschluß im Juli und der Heidetracht nutzen, um von den Bienen bereits Futterwaben produzieren zu lassen.

215 Mit der Einfütterung endet für Sie die unmittelbare Arbeit an den Bienenvölkern.
Die Einfütterung der Bienenvölker bildet für Sie die letzte große Arbeitsspitze. Danach sollten Sie die Völker nicht mehr stören.

Geben Sie Ihren Bienenvölkern einen Vorrat von 10 kg Futter mit in den Winter, wobei der geschätzte Vorrat (Ratschlag 211) mit berücksichtigt werden muß. Für starke Völker im Doppelraum und für Magazine in Einzelaufstellung müssen Sie einige Kilogramm mehr einplanen. Um die Zuckerlösung herzustellen, geben Sie den Kristallzucker in heißes Wasser und lösen ihn unter ständigem Rühren restlos auf. Die Lösung dürfen Sie den Völkern grundsätzlich erst in den Abendstunden reichen, nachdem der Flug eingestellt wurde (Räubereigefahr!). Dabei erhalten alle Bienenvölker die Zuckerlösung, die noch lauwarm sein sollte, zur gleichen Zeit. Wie groß die gereichten Portionen sind, richtet sich nach den Futtergeräten, die Ihnen zur Verfügung stehen, und nach der Futtermenge, die die Völker noch erhalten müssen.

216 Wählen Sie eine Konzentration der Zuckerlösung, die den Bienen die Verarbeitung erleichtert.
Während als Reizung eine Zuckerlösung im Verhältnis 1:1 (1 kg Zucker auf 1 l Wasser) am besten wirkt, sollten Sie für die Wintereinfütterung eine höhere Konzentration wählen. Als günstig hat sich das Verhältnis von 3:2 (3 kg Zucker auf 2 l Wasser) erwiesen. Der geringere Wasseranteil macht es den Bienen leichter, die Lösung schnell zu invertieren. Außerdem ergibt diese Konzentration am Ende mehr Futter. Das Verhältnis von 2:1 (2 kg Zucker auf 1 l Wasser) sollten Sie nur in Ausnahmefällen wählen, um Zeitverzug bei der Ein-

fütterung aufzuholen. Wenn Sie die Futtermenge berechnen, können Sie folgende Richtwerte heranziehen (nach Vanicek):
1 l Zuckerlösung ergibt
im Verhältnis 1:1 etwa 0,6 kg Futter
im Verhältnis 3:2 etwa 0,9 kg Futter
im Verhältnis 2:1 etwa 1,1 kg Futter.

217 Ihre Bienenvölker werden gut überwintern, wenn sie ausreichend mit Futter und Pollen versorgt sind.

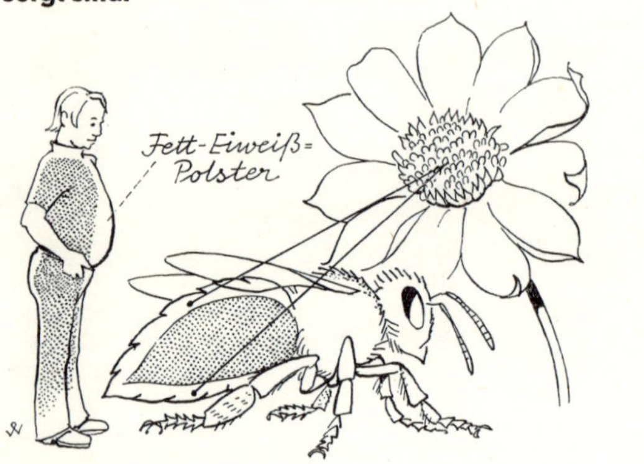

Die regelmäßigen Futterportionen während der Einfütterung haben auf die Bienenvölker auch eine Reizwirkung. Die Weisel legt noch einmal verstärkt Eier ab und die Flugbienen nutzen ausgiebig die letzten Pollenspender in der Natur. Ist das Angebot reichhaltig, kann auch die letzte Bienengeneration des Jahres unter besten Bedingungen aufgezogen werden und sich ein gutes Fett-Eiweiß-Polster anlegen. Dieses Polster kleidet den Hinterleib der Bienen aus und bildet die wichtigste Körperreserve bis in das Frühjahr hinein (Ratschlag 253). Eine gute Ernährung und ausreichender Pollenvorrat bewirken auch, daß die Bienen weniger anfällig gegenüber Krankheiten sind.

218 Sorgen Sie dafür, daß die Bienen im Spätsommer und Herbst genügend Pollen vorfinden.
Zwischen der Pollenversorgung und der Lebensdauer der Bienen besteht ein unmittelbarer Zusammenhang, denn unter Pollenmangel aufgezogene

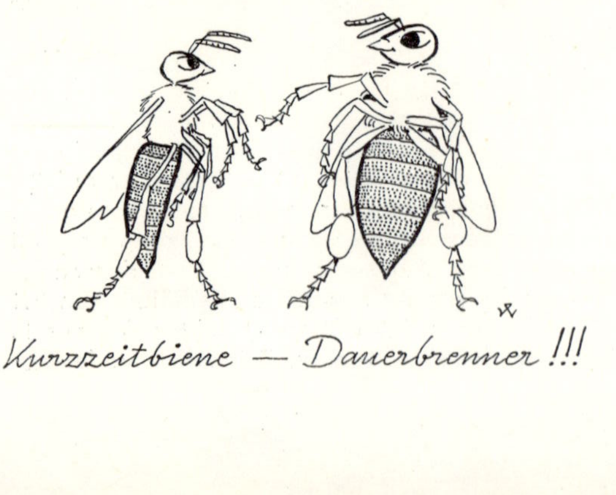

Bienen sind kurzlebiger. Eine Tatsache, die Sie nachdenklich machen sollte, weil gerade die Bienen, die das Wintervolk bilden, sehr lange leben müssen. Nutzen Sie also die Herbstmonate, die sich besonders gut für Neupflanzungen eignen, um die herbstliche Pollentracht zu vermehren. Neben Bäumen und Sträuchern, die Sie als künftige Trachtquellen pflanzen können, sollten Sie vor allem der Samengewinnung (generative Vermehrung) und Teilung von Gartenpflanzen (vegetative Vermehrung) Ihr Augenmerk schenken. Viele wertvolle Pollenspender (Ratschlag 45) lassen sich leicht vermehren, wenn Sie die Knollen und Wurzelballen teilen. Und vergessen Sie nicht: Auch Ihre Nachbarn wollen den Garten weiter verschönern!

219 Die Wespen, die sich als ungebetene Gäste am Bienenstand einfinden, können Sie durch Fangflaschen bekämpfen.

In der Zeit vor und nach der Wintereinfütterung lockt der süße Duft viele Wespen an den Bienenstand. Wie die räubernden Bienen versuchen sie, in die Beuten einzudringen und vom Futter zu naschen. Alle Maßnahmen, die einer Räuberei unter den Bienenvölkern vorbeugen (Ratschlag 205), helfen Ihnen auch, die Wespen abzuwehren. Das trifft auf die Größe des Flugloches ebenso zu wie auf die peinliche Sauberkeit auf Ihrem Bienenstand. Enghalsige und dickbauchige Flaschen, die etwa zur Hälfte mit einer süßen, möglichst gegorenen Flüssigkeit gefüllt werden, haben sich als ein sehr wirksames Mittel erwiesen, um die Wespen zu bekämpfen. Stellen oder hängen Sie solche Flaschen am und im Stand auf – und Sie werden sehen, wie schnell die Wespen angelockt werden und in großen Mengen in der Flüssigkeit umkommen. Zuckerwasser eignet sich als Flascheninhalt nicht, denn damit würden Sie Ihren eigenen Bienen eine Falle stellen.

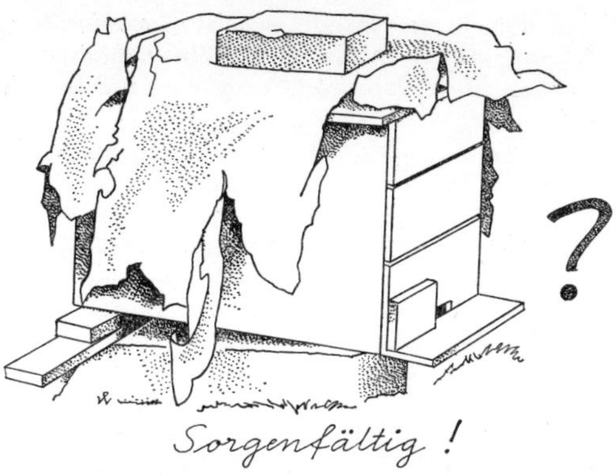

220 Übertreiben Sie die winterfeste Verpackung der Bienenvölker nicht.

Wenn die Wintereinfütterung der Bienenvölker beendet ist, sollten Sie sofort die Futtergeschirre säubern, den gesamten Stand gründlich aufräumen und alle Geräte desinfizieren. Die Bienenvölker selbst werden sorgfältig verpackt und winterfest gemacht. Unter einer sorgfältigen Verpackung dürfen Sie keine übermäßig warme Verpackung verstehen, weil Wärme den Bienen im Winter meist mehr schadet als nutzt. Der Imker sieht deshalb auch einen „richtigen" Winter viel lieber als einen zu milden. Die Begründung dafür ist einfach: Die Bienen sitzen kühl ruhiger, beginnen nicht schon vorzeitig zu brüten und so die Lebenskräfte zu verbrauchen, die zur raschen Entwicklung des Volkes im Frühjahr dringend benötigt werden. Die „kalte" Überwinterung der Bienenvölker ist gleichzeitig eine wichtige imkerliche Maßnahme gegen die Varroatose (Ratschlag 186). Solange die Völker nicht brüten, können sich die Varroamilben nicht vermehren. Manche Imker entfernen sogar jegliche Verpackung aus den Beuten, damit sich die Bienen wirklich zu einer festen Wintertraube zusammenziehen. Ratsam ist es aber, die Völker so zu verpacken, daß nirgendwo Zugluft entstehen kann, denn sie schadet der Überwinterung der Bienen auf alle Fälle. Wissen müssen Sie auch, daß die Bienen im Winter nicht den gesamten Raum, sondern nur ihre Wintertraube samt näherer Umgebung aufheizen (s. auch Ratschlag 225). Deshalb können Sie auf Ihre gut gemeinte Absicht verzichten, den Raum für die Bienenvölker sehr eng zu halten, damit die Bienen schön warm sitzen... Daß die Wärme im Frühjahr wieder eine ganz andere Rolle spielt, erfahren Sie im Ratschlag 254.

221 Die Altwaben müssen Sie regelmäßig aussortieren.

Jedes Jahr im Herbst sollten Sie Ihren Wabenvorrat einer eingehenden Kontrolle unterziehen und dabei alte, beschädigte, mit viel Drohnen- oder Wildbau versehene und von der Wachsmotte befallene Waben aussortieren. In der Regel können Sie die Waben drei Jahre nutzen und müssen sie dann gegen Mittelwände umtauschen (Ratschlag 149). Die Waben werden mit der Zeit immer dunkler und undurchsichtiger, weil in den Zellen stets die Puppenhäutchen zurückbleiben, wenn die Bienen schlüpfen. Mit jeder schlüpfenden Biene verkleinert sich also eine Zelle, zwar minimal, doch in einigen Jahren nicht unwesentlich. Die Bienen, die aus alten Waben schlüpfen, sind deshalb kleiner als die Bienen, die sich in neuem Wabenbau entwickeln. Hinzu kommt, daß die Waben mit zunehmendem Alter Krankheitskeime in sich tragen können und die Gesundheit Ihrer Bienenvölker gefährden. Das sind schwerwiegende Gründe, die Sie veranlassen sollten, den Wabenbau der Bienenvölker fortlaufend zu erneuern (Ratschlag 284). Wenn Sie eine Wabe gegen das Licht halten und sich die dahinter gehaltene Hand nicht mehr deutlich abzeichnet, müssen Sie die Wabe aussortieren.

222 Die Rähmchen der aussortierten Waben sollten Sie vor der Wiederverwendung gründlich reinigen.

Die gebrauchten Rähmchen erweisen sich nur selten als unbrauchbar und können von Ihnen wieder verwendet werden. Sie sollten die Rähmchen vorher aber eingehend kontrollieren, wenn nötig ausbessern und anschließend einer besonderen Behandlung unterziehen, um die Krankheitskeime abzutöten, die auch an ihnen haften. Dazu müssen Sie die Rähmchen gründlich von Kittharz- und Wachsresten befreien, dann in eine scharfe Lauge stecken, mit klarem Wasser abspülen und schließlich zum Trocknen aufstapeln. Erst dann können Sie die Rähmchen unbedenklich erneut drahten und mit einer Mittelwand versehen (Ratschlag 270).

223 Wenn die Jungbienen vorspielen, fliegen sie sich auf die nähere Umgebung ihrer Wohnung ein.

An warmen und sonnigen Herbsttagen herrscht an den Fluglöchern oftmals ein solch emsiges Treiben, wie Sie es im Sommer häufig beobachten können. Dann fliegen sich die Jungbienen ein und orientieren sich in der Umgebung. Jetzt, in Erwartung des Winters, sind diese Tage für Sie besondere Freudentage. Einmal können Sie erkennen, inwieweit Ihre Bemühungen um starke und jungbienenreiche Wintervölker Früchte trugen, zum anderen erhalten die Bienen damit auch Gelegenheit, ihre Kotblase nochmals zu entleeren – vielleicht das letzte Mal vor der Winterruhe.

Beobachten Sie die Jungbienen einmal genau beim Vorspiel: Sie kommen aus der Beute, drehen sich auf dem Flugbrett, wenden den Kopf der Beute zu und fliegen erst dann ab. Nun schweben sie in kleinen und immer größer werdenden Schleifen auf und ab, wobei sie sich besondere Merkmale der Beute (Farbe, Leitzeichen, Lage) und der

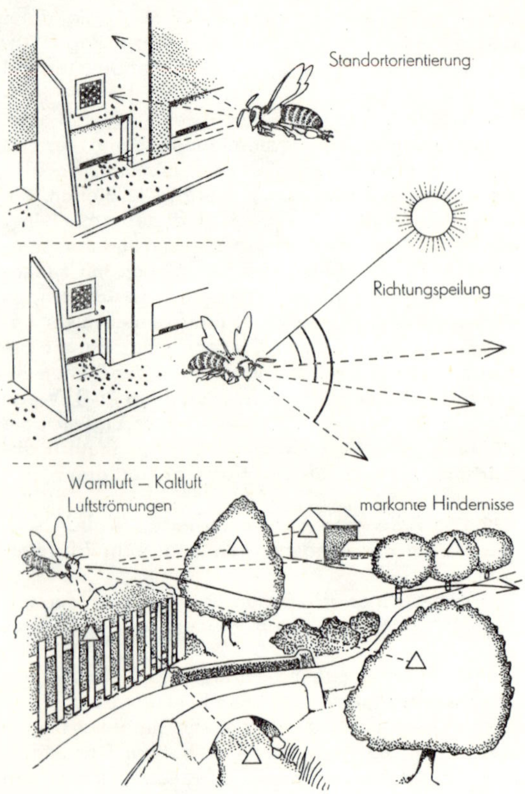

Umgebung einprägen. Ausgehend von den ersten Orientierungsflügen erschließen sich die Bienen einen immer größer werdenden Flugkreis und finden sich bald aus größeren Entfernungen (bis zu 5 km) sicher zu ihrem Standort zurück. Dabei nutzen sie den Stand der Sonne und auffällige Markierungen in der Landschaft (Waldränder, Flüsse, Teiche, einzeln stehende Bäume usw.), um sich zu orientieren. Die Bienen sind auch in der Lage, das von der Sonne ausgehende polarisierte Licht wahrzunehmen und als „Kompaß" zu verwenden. Dadurch können sie sich noch nach der Sonne orientieren, wenn diese nicht mehr zu sehen und der Himmel größtenteils durch Wolken verdeckt ist.

224 Nutzen Sie schöne Herbsttage, um Ihren Bienenstand winterfest zu machen.

Dabei sollten Sie sich darauf konzentrieren, Ihren Bienenvölkern eine ungestörte Winterruhe zu sichern. Bessern Sie vor allem Schäden am Bienenstand aus und befestigen Sie alle Teile, die locker geworden sind und bei stärkerem Wind Geräusche verursachen. Wichtig ist auch, das Dach des Standes zu kontrollieren und mit einem neuen Anstrich aus Teer oder Kaltstreichmasse zu versehen. Stand und Beuten neu zu streichen, heben wir uns bis zum Frühjahrsputz auf (Ratschlag 266).

225 Mit den ersten Nachtfrösten ist es an der Zeit, die Bodeneinlagen in die Beuten einzuschieben.

Wenn die ersten Nachtfröste auftreten, ziehen sich die Bienen zur Wintertraube zusammen – die Winterruhe beginnt. Innerhalb einer großen Kugel erfolgt nun der Wärmeaustausch von Biene zu Biene. Die Kugelform ist die beste wärmetechnische Lösung für die Bienen, weil die Kugel im Verhältnis zum Rauminhalt die kleinste Oberfläche aller mathematischen Körper hat. Die Bienen bewegen sich ständig innerhalb der Kugel und nehmen hin und wieder Nahrung zu sich, um die Lebensvorgänge aufrechtzuerhalten und die Wintertraube aufzuheizen. In der Traube halten die Bienen eine Temperatur von etwa 25 °C. Durch den ständigen Platzwechsel gelangen auch die Bienen immer wieder in den warmen Innenbereich, die sich zeitweise am wesentlich kälteren Rand der Wintertraube (um 10 °C) befinden.

Wenn Sie die Bodeneinlagen („Windeln") nicht schon früher in die Beuten eingeschoben haben, dann ist es jetzt höchste Zeit. Vorher müssen Sie jedoch den Beutenboden gründlich von Kittharzbauten und anderen Unebenheiten befreien, damit sich die Bodeneinlage leicht einschieben läßt und eben aufliegt. Im Ratschlag 100 finden Sie, wie die Bodeneinlage beschaffen sein sollte. Es ist ratsam, die Beutentüren während des Winters einen Spalt offen zu lassen, weil die Luft dann besser zirkulieren kann und sich nicht so schnell Stockfeuchtigkeit bildet.

226 Voll geöffnete Fluglöcher sichern Ihren Bienenvölkern über den Winter eine ausreichende Luftzufuhr.

Die Luftzirkulation in der Bienenwohnung, der Austausch der verbrauchten Stockluft gegen frische Luft, erfolgt durch das Flugloch. Im Sommer wird der Luftaustausch durch die ein- und ausfliegenden Bienen und durch Fächlerinnen unterstützt (Ratschlag 286). Über den Winter müssen Sie die Fluglöcher der Beuten voll öffnen, damit die Bienen genügend Sauerstoff erhalten. Außerdem vermeiden Sie so, daß tote Bienen, Schnee oder Eis die Fluglöcher schnell verstopfen. Oftmals behindert gerade der Wintertotenfall, der sich in Fluglochnähe häuft, die Luftzirkulation und führt zur Luft-

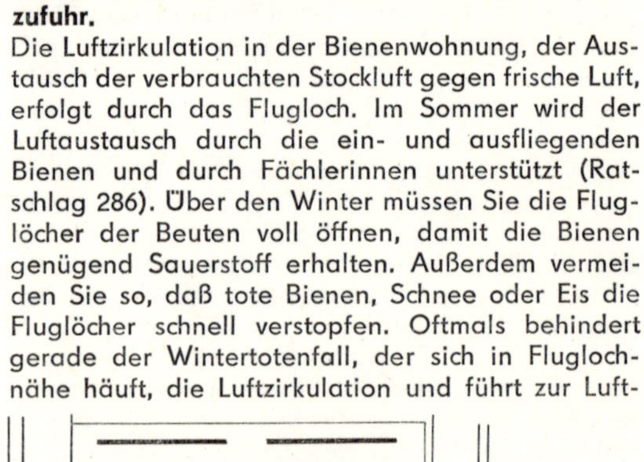

not bei den Bienenvölkern. Im ungünstigen Fall kann das Bienenvolk ersticken. Um Schnee und Eis von den Fluglöchern fernzuhalten, empfiehlt es sich, Fluglochblenden anzubringen. Sie können diese leicht aus Holz oder Plast herstellen. Arbeiten Sie ein möglichst seitlich versetztes Flugloch ein oder lassen Sie eine größere seitliche Öffnung, damit die Bienen bei plötzlichen Wärmeeinbrüchen trotzdem ihre Wohnung verlassen und die Kotblase entleeren können. Mit solchen Blenden sorgen Sie auch für einen „Luftkorridor" vor dem Flugloch und halten störende Windeinflüsse sowie Sonnenstrahlen von den Bienenvölkern fern.

227 Kontrollieren Sie in den Wintermonaten den Bienenstand regelmäßig, damit die Winterruhe der Bienen ungestört bleibt.

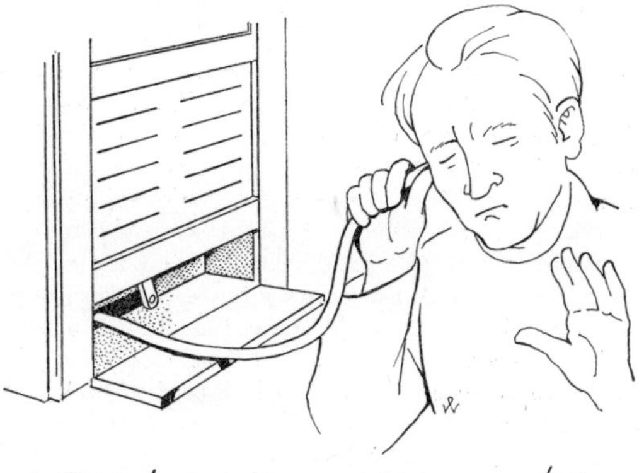

Psst! – Er hört nach innen!

Vorsicht und Ruhe sind im Winter oberstes Gebot am Bienenstand. Bei Ihren Kontrollgängen, die Sie wöchentlich durchführen sollten, müssen Störquellen sofort beseitigt werden. Gehen Sie dabei sehr behutsam vor, damit Sie nicht selbst zu einer Störquelle werden. Jede Erschütterung führt nicht nur zu verstärkter Nahrungsaufnahme durch die Bienen und somit zu einer stärkeren Belastung der Kotblase, sondern auch dazu, daß Bienen von der Wintertraube abfallen und erstarren, ehe sie die wärmende Kugel wieder erreicht haben. Ihre Kontrollen sollten Sie auch damit verbinden, die Völker von Zeit zu Zeit am Flugloch abzuhören. Ein Schlauch oder ein Stethoskop leisten Ihnen dabei gute Dienste. Vernehmen Sie ein gleichmäßiges Summen, dann ist alles in bester Ordnung. Aufgeregte und ungleichmäßige Geräusche deuten jedoch auf einen Notzustand hin. Diese Völker müssen Sie in nächster Zeit besonders im Auge behalten und für eine spätere Kontrolle vormerken.

228 Mit einem Futterhäuschen können Sie die Vögel vom Bienenstand ablenken.

Im Winter bilden oftmals Vögel Störquellen für die Bienenvölker und beeinträchtigen deren Winter-

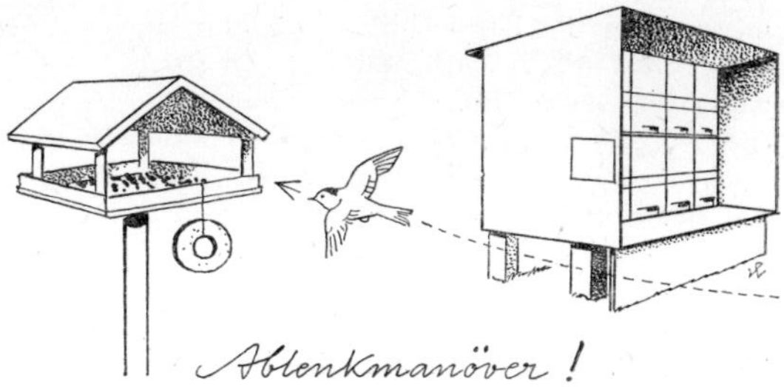

Ablenkmanöver!

ruhe. Für die hungrigen Vögel sind die Bienen eine wahre „Delikatesse". Sie lassen von ihnen nur die unverdaulichen Chitinteile übrig. Haben die Vögel die toten Bienen erst einmal als Nahrung entdeckt, halten sie sich bald ständig in der Nähe des Bienenstandes auf, suchen auch auf den Flugbrettern und in den Fluglochnischen – und klopfen mitunter sogar an die Beuten, um Bienen aus ihrer Wohnung zu locken. Besondere Spezialisten darin sind die Meisen. Um solche Störungen zu vermeiden, müssen Sie die Vögel rechtzeitig an ein Futterhäuschen gewöhnen, das Sie abseits vom Bienenstand aufstellen und über den Winter regelmäßig betreuen. Als zusätzliche Maßnahme empfiehlt es sich, vor der Flugfront engen Maschendraht aus Kunststoff aufzuspannen oder den Stand durch ähnliche Maßnahmen vor den Vögeln abzuschirmen.

229 Auch Mäuse stören die winterliche Ruhe Ihrer Bienenvölker.

Sorgfältig aufgestellte Fallen oder ausgelegte Fraßgifte helfen Ihnen, die Mäuse zu bekämpfen, die sich im Stand eingenistet haben. Auf den Beuten sind die Fallen sehr schlecht plaziert. Sie müssen sich immer vor Augen halten, daß jedes Geräusch und jede kleine Erschütterung die Bienen im Winter beunruhigt. Noch schwerwiegender ist allerdings der Schaden, den Mäuse anrichten können, die in die Völker eingedrungen sind. Vor allem den kleinen Spitzmäusen fällt es leicht, durch die weit geöffneten Fluglöcher ins Beuteninnere zu gelangen. Die Spitzmäuse sind Insektenfresser und stehen unter Naturschutz, dürfen von Ihnen also weder abgefangen noch getötet werden. Deshalb

Ich stehe unter Naturschutz!

müssen Sie die Fluglochblenden oder die Fluglöcher selbst mit zusätzlichen Sperren (Nägel o. ä.) versehen, um es den Mäusen unmöglich zu machen, in die Beuten einzudringen. Finden Sie nur noch Einzelteile von Bienen vor dem Flugloch oder auf der Bodeneinlage, dann kann eine Spitzmaus am Werke sein. Die Sperre war dann nicht eng genug!

230 Im Winter können Sie Ihre Bienenvölker verstellen.
Wenn Sie den Standort der Bienen auf kurze Entfernungen hin verändern wollen, sollten Sie die Wintermonate dafür nutzen. Das ist möglich, weil sich die Bienen nach der Winterruhe neu auf ihren Standort einfliegen (Ratschlag 244). Verstellen Sie die Bienenvölker aber nicht bei größter Kälte, weil bei aller Vorsicht leichte Erschütterungen kaum zu vermeiden sein werden. Ein Tag mit Temperaturen um 6 °C, an dem die Wintertraube lockerer sitzt, ist dafür der richtige Zeitpunkt. Ihr Vorhaben sollten Sie auch nicht zu lange aufschieben, denn mit fortschreitender Jahreszeit wächst die Möglichkeit wärmeren Wetters und damit erster Reinigungsflüge der Bienen. Danach können Sie den Standort der Völker nicht mehr ohne weiteres verändern (Ratschlag 104).

231 Nutzen Sie die langen Winterabende zu einer sorgfältigen Bilanz des vergangenen Bienenjahres.

Elektronisch bilanziert!

Die Grundlage für die Bilanz bilden Ihre Aufzeichnungen auf den Stockkarten der Bienenvölker (Ratschlag 94). Ratsam ist es, daß Sie sich ein Standbuch anlegen, in dem für jedes Bienenvolk einige Seiten reserviert sind. Hier übertragen Sie jährlich die wichtigsten Notizen von den Stockkarten, so daß Sie die Entwicklung der einzelnen Völker und ihre Erträge gut vergleichen können. Ein solcher Vergleich zeigt Ihnen, wo die Ursachen der Leistungsunterschiede und damit die vorhandenen Reserven liegen. Wenn Sie einzelnen Völkern Bienen oder verdeckelte Brutwaben entnommen haben, müssen Sie das bei der Bilanz berücksichtigen. Diesen Völkern sollten Sie je Kilogramm Bienen 10 Prozent und je verdeckelte Brutwabe 5 Prozent des durchschnittlichen Honigertrages von vergleichbaren Völkern gutschreiben. Die Zusammenhänge über den Verlauf des Bienenjahres können Sie noch besser klären, wenn Sie die Aufzeichnungen über den Witterungsverlauf mit einbeziehen. Keinesfalls sollten Sie versäumen, eine kleine Kostenrechnung aufzustellen, die Einnahmen und Ausgaben gegenüberstellt und den Zeitfaktor für die Betreuung der Bienen mit berücksichtigt. Nur so erhalten Sie ein reales Bild, wie rentabel sich die Bienenhaltung gestaltete.

232 Nehmen Sie die Bilanz zur Grundlage, um das neue Bienenjahr vorzubereiten.
Auf Zufälligkeiten lassen sich auch in der Imkerei keine Erfolge gründen. Deshalb müssen Sie aus der erarbeiteten Bilanz die richtigen Schlußfolgerungen ziehen, Ihre Betriebsweise neu durchdenken und die notwendigen Veränderungen rechtzeitig planen. Legen Sie bereits jetzt fest, welche Bienenvölker umzuweiseln sind, wie Sie Ihren Völkerbestand erweitern und in welche Trachten Sie wandern wollen. Der Bedarf an Weiseln oder Ablegern ist dabei ebenso einzuplanen wie die Werterhaltungsmaßnahmen am Bienenstand, Neuanschaffungen usw. Wenn Sie sich jetzt nicht die Zeit für gründliche Überlegungen nehmen – in der Saison haben Sie diese bestimmt nicht mehr. Bereiten Sie auch gleich die neuen Stockkarten vor, denn manche geplante Veränderung läßt sich darauf schon kenntlich machen.

233 Wenn Sie nicht hinter der Zeit zurückbleiben wollen, müssen Sie sich ständig weiterbilden.
Wie überall, so gibt es auch in der Bienenhaltung keinen Stillstand. Neue Erkenntnisse, wichtige Neuerungen und veränderte Betriebsweisen tragen dazu bei, die Imkerei weiterzuentwickeln, sie effektiver und erfolgreicher zu gestalten. Für Sie bedeutet das, sich ständig in Fachzeitschriften, Fachbüchern, auf Schulungsveranstaltungen und zu anderen Anlässen über die neuesten Erkenntnisse zu informieren und diese bei Ihrer Freizeitbeschäf-

Auch der Imker muß sich strecken!

tigung zu berücksichtigen. In den Wintermonaten können Sie dabei manches nachholen, wozu in der Hochsaison wirklich keine Zeit blieb.

234 Viele Geräte und Hilfsmittel für Ihre Bienenhaltung können Sie selbst herstellen.
Das hilft Ihnen, Kosten einzusparen, erfordert aber einiges Geschick und die entsprechenden materiellen Voraussetzungen. Auf einige Möglichkeiten wurden Sie in den bisherigen Ratschlägen hingewiesen. Rähmchen, Futtertaschen, der Wabenbock oder der Anstecktisch sollen noch einmal hervorgehoben werden. Neben der Anfertigung neuer Geräte und Hilfsmittel gibt es für Sie in den Wintermonaten auch Reparaturarbeiten an den verschiedensten Geräten auszuführen. Selbstverständlich ist für keine der winterlichen Arbeiten der Bienenstand geeignet. Denken Sie an Ratschlag 227! Eines soll hier noch einmal unterstrichen werden: Die sehr gründliche und weitblickende Vorbereitung der Saison wird sich für Sie auszahlen. Bemerken Sie nämlich erst wenn die Arbeit an den Bienenvölkern beginnt, daß Geräte fehlen oder defekt sind, fehlt Ihnen bestimmt die Zeit, die im Winter verschenkt wurde.

235 Vorrichtungen erleichtern Ihnen die handwerklichen Arbeiten.

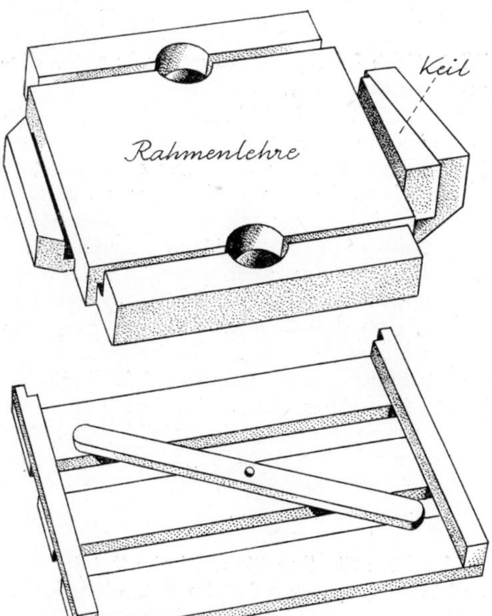

Für die Arbeiten, die immer wieder anfallen, sollten Sie sich Vorrichtungen anfertigen. Das spart Ihnen nicht nur Zeit und Kraft, sondern sichert auch eine gute Qualität der Arbeit. Nehmen wir als Beispiel die Rähmchenherstellung, die fast jedes Jahr wiederkehrt und rechtzeitig ausgeführt werden muß.

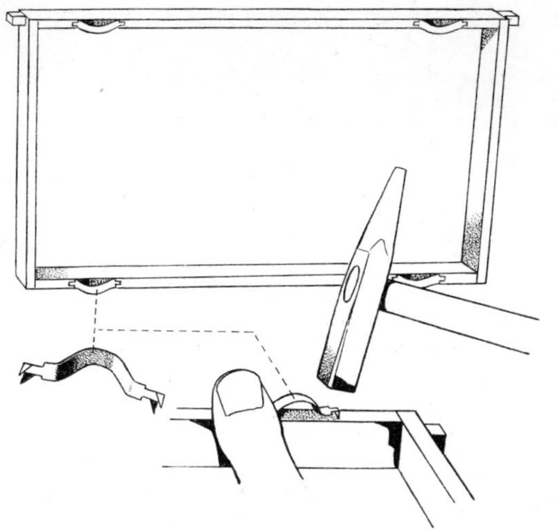

Diese Arbeit wird dann effektiv, wenn Sie sich Sägevorrichtungen mit Anschlägen für die unterschiedliche Länge der Rähmchenleisten und eine Nagelvorrichtung herstellen. Außerdem sollten Sie Hilfsmittel verwenden, um die Abstandsbügel gleichmäßig anzubringen und die Rähmchen zu lochen (Ratschlag 270).

236 Wetterbeobachtungen geben Ihnen wichtige Aufschlüsse über die Entwicklungsbedingungen für die Bienenvölker und die Trachtpflanzen.
Mit dem neuen Kalenderjahr beginnt ein neuer Abschnitt in der Wetterbeobachtung. In den Tabellen im „Taschenkalender für den Imker" oder in selbst angefertigten Protokollen sollten Sie täglich Temperatur, Niederschlag, Bewölkung, Windrichtung,

Wetterbeobachtung und meteorologische Daten

Hygro- und Barometerstand eintragen. Es ist auch ratsam, Spalten vorzusehen, in denen Sie später Aufzeichnungen über die Flugstärke der Bienenvölker und über die Art der Tracht machen können. Diese Beobachtungen sind nicht nur sehr interessant, sondern geben Ihnen wesentliche Anhaltspunkte für die Betreuung der Bienenvölker. Sie werden erkennen, daß es vom Witterungsverlauf abhängt, wie ergiebig eine Tracht ist, und können sich durch eine Reizfütterung darauf einstellen, wenn die Tracht versagt. Kälterückschläge und Schlechtwetterperioden, in denen die Weisel ihre Eiablage einschränkt, haben Auswirkungen auf den zu erwartenden Bienenschlupf. Haben Sie solche Erscheinungen exakt festgehalten, wissen Sie, zu welchem Zeitpunkt es wenig sinnvoll ist, die Bienenvölker stark zu erweitern. Langjährige Beobachtungen helfen Ihnen außerdem, immer wiederkehrende Witterungsabläufe und klimatische Besonderheiten zu erkennen und bei der Arbeit an den Bienen zu berücksichtigen.

237 Lassen Sie den Wintertotenfall Ihrer Bienenvölker untersuchen.
An einem ruhigen Tag im Januar muß untersucht werden, ob die Bienenvölker von Varroamilben befallen sind (Ratschlag 186). Dazu werden die Bodeneinlagen vorsichtig aus den Beuten gezogen und das darauf befindliche Gemüll mit einer Lupe genau betrachtet. Jeder Verdacht ist sofort zu melden! Es ist sehr wichtig, diese Arbeit so durchzuführen, daß der Wintersitz der Bienenvölker nicht gestört wird. Benötigen Sie für den Verkauf von Bienen, für die Wanderung oder für die Beschikkung einer Belegeinrichtung (Ratschlag 174) die Seuchenfreiheitsbescheinigung, dann entnehmen Sie den Bodeneinlagen jeweils etwa 30 tote Bienen und geben diese in eine Streichholzschachtel, die mit der Nummer des Bienenvolkes gekennzeichnet ist. Die Bienen müssen an das zuständige Institut für Veterinärwesen eingeschickt und dort auf Milbenseuche (Ratschlag 178) untersucht werden.
Nachdem Sie sich Notizen gemacht haben, wie stark der Wintertotenfall jedes Bienenvolkes ist und welche besonderen Erscheinungen es gibt (s. auch

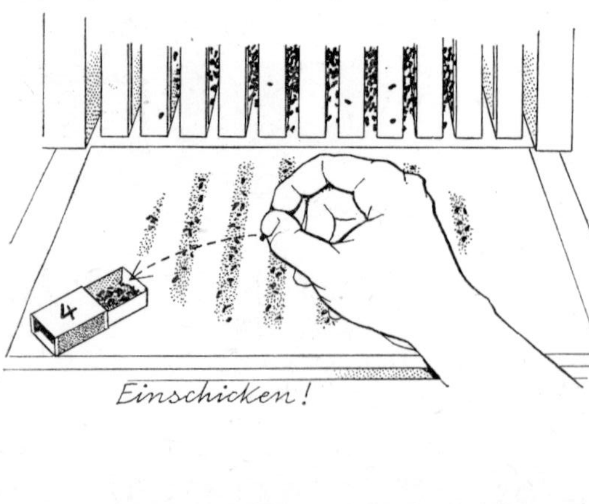

Ratschlag 241), können die restlichen toten Bienen mitsamt dem Gemüll verbrannt werden. Erst dann kommen die Bodeneinlagen ebenso vorsichtig in die Beuten zurück.

238 Futterteig können Sie mit Honig oder mit Invertzucker herstellen.
Futterteig benötigen Sie für die Reizfütterung der Bienenvölker während des Frühjahres, in Trachtlücken und nach Trachtschluß (Ratschläge 264, 288 und 201). Sie sollten den Teig bereits jetzt vorbereiten, denn im Winter haben Sie dafür die meiste Zeit. Futterteig läßt sich in verschlossenen Gefäßen oder in Plasttüten sehr lange aufbewahren. Den wertvollen Honigfutterteig können Sie aus etwa drei Teilen Puderzucker und einem Teil Bienenhonig bereiten, wobei der Honig vorher vorsichtig flüssig gemacht werden muß. Billiger wird es, wenn Sie den Futterteig mit Invertzucker herstellen. Dazu geben Sie einer Zuckerlösung (1 kg Zucker auf 0,5 l Wasser) maximal 2 g Milchsäure zu und lassen alles etwa eine dreiviertel Stunde auf kleiner Flamme kochen. Den noch heißen Invertzucker gießen Sie dann wie Honig über den Puderzucker, mit dem er sich sehr schnell vermischt. Das Verhältnis beträgt hier etwa vier Teile Puderzucker auf einen Teil Invertzucker. Den Futterteig müssen Sie einige Zeit ziehen lassen und anschließend kräftig kneten, damit er gebrauchsfertig wird.

239 Winterliche Warmwetterlagen locken die Bienen zu ersten Ausflügen.
Bei Temperaturen um 10 °C können Sie damit rechnen, daß sich die Bienenvölker zu regen beginnen. Meist ermöglichen solche Tage nur eine teilweise Reinigung, d. h., daß wetterbedingt noch kein durchgreifender Flug herrscht und nur die Bienen ausfliegen, die unbedingt abkoten müssen. Manche Völker rühren sich überhaupt nicht, denn sie haben es noch nicht nötig. Für Sie ist das ein Zeichen dafür, daß diese Völker sehr gut über den Winter kamen, vorausgesetzt, Sie haben sich auf Ihren Kontrollgängen von deren Wohlbefinden überzeugt (Ratschlag 227). Kündigt sich eine Warmwetterlage, die den Reinigungsflug der Bienen erwarten läßt, rechtzeitig an, dann sollten Sie dafür die in den Ratschlägen 241 bis 243 erläuterten Vorbereitungen treffen.

240 Beobachten Sie Ihre Bienen beim Reinigungsflug und beseitigen Sie mögliche Behinderungen.
Der Reinigungsflug, bei dem die Bienen nach den langen Wintermonaten endlich ihre Kotblase entleeren können, beendet die Winterruhe der Bienenvölker.
Unter normalen Witterungsverhältnissen findet der große Reinigungsflug der Bienen etwa Ende Februar/Anfang März statt. Dann tummeln sich die Bienen in der wärmenden Sonne und entleeren

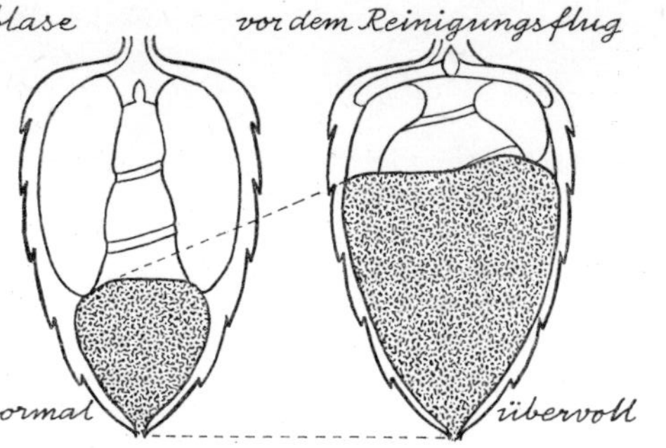

nach langer Zeit wieder einmal die Kotblase, die mit den Nahrungsrückständen gefüllt ist. Dieses dehnbare Organ kann fast die Hälfte der Eigenmasse der Bienen an Kot fassen! Für Sie als Imker ist der Tag des Reinigungsfluges in vieler Hinsicht ein besonderer Tag. Endlich können Sie wieder das vertraute Summen der Bienen vernehmen! Bereits an diesem Tag zeigt sich, ob Ihre Fürsorge der vergangenen Monate Früchte getragen hat und die Bienenvölker den Winter stark und gesund überstanden haben. Wenn es sich einrichten läßt, sollten Sie deshalb den ersten Flug der Bienen beobachten. Ziehen Sie sich dazu aber alte Kleidung an und lassen Sie den weißen Imkerkittel noch im Schrank ... Um den Reinigungsflug nicht zu behindern, müssen Sie den Maschendraht vor der Flugfront (Ratschlag 228) oder andere Schutzvorrichtungen, die die Winterruhe sichern halfen, entfernen. Die Fluglochblenden stören die Bienen nicht und erfüllen auch im Frühjahr die wichtige Aufgabe, störenden Wind von den Bienenvölkern fernzuhalten. Nehmen Sie die Blenden auch nicht zeitweise ab, weil Sie die Bienen damit irritieren und ihnen die Orientierung erschweren.

241 Die Bodeneinlagen („Windeln") geben Ihnen manchen Hinweis, wie die Völker überwinterten.
Die „Windeln" sagen Ihnen vieles über den Zustand der Bienenvölker: Aus dem Wintertotenfall und aus

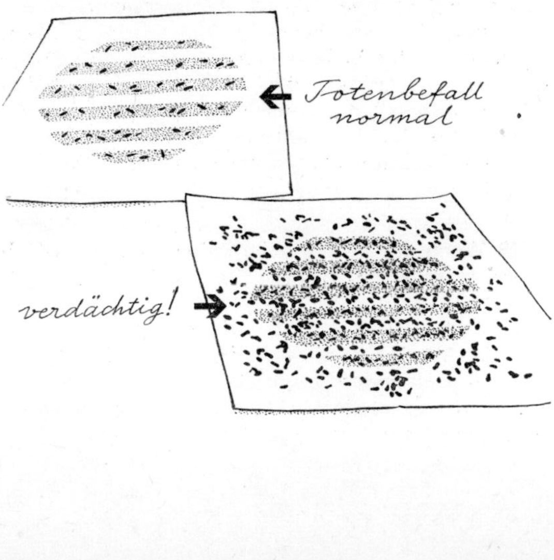

der Anzahl und Höhe der Gemüllreihen können sie ableiten, wie der Winter überstanden und wieviel Futter verbraucht wurde. Nymphen von Arbeiterinnen zeigen Ihnen, daß das Volk weiselrichtig ist, während Drohnennymphen und Zuckerkristalle auf einen Notzustand hindeuten. Befindet sich gar eine Weisel unter den toten Bienen, so ist das Volk sehr wahrscheinlich weisellos oder hat eine unbegattete Weisel. Entnehmen Sie die Bodeneinlagen unbedingt vor dem Reinigungsflug, denn nur dann können Sie eine Auswertung vornehmen. Wenn Sie die Bodeneinlage rechtzeitig ziehen, helfen Sie den Bienen auch beim Aufräumen ihrer Wohnung. Die starken Bienenvölker beginnen sofort beim Reinigungsflug, die toten Bienen ins Freie zu transportieren. Dabei verklammen meist viele Bienen, weil sie sich nicht mehr von ihren toten Schwestern lösen können.

242 Halten Sie die Fläche unmittelbar vor dem Bienenstand schneefrei.
Oftmals trägt die Natur am Tage des Reinigungsfluges noch ein weißes Kleid. Die Bienen, die sich erschöpft auf dem Schnee ausruhen wollen, können dabei leicht erstarren und den Bienenvölkern verlorengehen. Da sich die Bienen zum größten Teil erst in der Nähe des Standes niedersetzen, retten Sie mit der schneefreien Fläche vielen Bienen das Leben. Auch wenn Sie den Schnee vor dem Stand mit Dachpappe oder Matten abdecken bzw. mit Sägespänen oder Asche bestreuen, erwärmen sich die Bienen leichter und finden wieder zu ihren Völkern zurück.

243 Wenn der Reinigungsflug der Bienen bevorsteht, müssen Sie unbedingt Ihre Nachbarn informieren.

Beim Reinigungsflug koten die Bienen meist im Fluge ab, setzen sich dazu aber auch auf Flächen, die von der Sonne erwärmt wurden (Beutenvorderfront u. a.). Dabei werden Sie feststellen, daß die hell gestrichenen Beuten stärker bekotet sind als dunkle. Helle Farben ziehen die Bienen ganz besonders an. Weiße Wäsche, die an diesem Tag in der Nähe des Standes hängt, bildet für die Bienen geradezu einen Magnet. Die Kotflecken verschmutzen die Wäsche derart, daß sie in vielen Fällen erneut gewaschen werden muß. Im Interesse des gutnachbarlichen Verhältnisses sollte es für Sie selbstverständlich sein, den Reinigungsflug der Bienen Ihren Nachbarn anzukündigen, damit diese die Wäsche gar nicht erst aufhängen oder sofort abnehmen. Dafür werden die Nachbarn eher Verständnis aufbringen als für eine doppelte Arbeit.

244 Beim Reinigungsflug fliegen sich die Bienen neu auf ihren Standort ein.

Der befreiende Flug der Bienen aus dem Dunkel der Beute in die von der Sonne erwärmte Luft geht am Tage des Reinigungsfluges nicht überhastet vor sich. Nach der langen Winterruhe erschließen sich die Bienen die Umgebung des Standes erneut Stück für Stück. Beobachten Sie genau: Wie beim Vorspiel (Ratschlag 223) wenden sie den Kopf der Beute zu, bevor sie abfliegen, und orientieren sich auf bestimmte Merkmale.

245 Kontrollieren Sie die Bienenvölker, die sich nicht am Reinigungsflug beteiligen.

Zeigen sich von einzelnen Bienenvölkern nur wenige Bienen, so muß das nicht immer schlimme Ursachen haben. Schon die Bedingungen des Ausfluges, wie Temperaturen im Grenzbereich von 10 bis 12 °C, halten manche Völker davon ab, zur Reinigung auszufliegen. Meist sind es die Völker, die am besten überwinterten. Aber auch schwache und kranke Bienenvölker wagen sich an solchen Tagen nicht vor oder zeigen geringen Flug. In jedem Fall sollten Sie die Beobachtungen mit den Aussagen vergleichen, die die Bodeneinlagen zuließen. Stimmen diese überein, müssen Sie die krankheitsverdächtigen Völker je nach den Bedingungen sofort näher untersuchen oder für einen späteren Eingriff vormerken. Es ist empfehlenswert, einen Bienenseuchensachverständigen zu Rate zu ziehen. Bienenvölker, die Sie aus unbekannter Ursache tot vorfinden, müssen Sie unverzüglich dem Tierarzt melden, damit eine genaue Untersuchung eingeleitet werden kann.

246 Greifen Sie in die Bienenvölker im zeitigen Frühjahr wirklich nur in Notfällen ein.

Überwacht Fluglöcher per Bildschirm!

Solche Notfälle liegen vor, wenn Völker Futtermangel haben (Ratschlag 257), weisellos oder nosemakrank sind (Ratschläge 258 und 262). Generell sollten Sie vorzeitige Eingriffe vermeiden, immer aber den durchgreifenden Reinigungsflug abwarten und die entsprechenden Bedingungen (Heizung!) schaffen. Mit unnötigen Kontrollen der Bienenvölker richten Sie nur Schaden an, denn die entstehende Unruhe gefährdet die Weisel, die im Frühjahr nur eine lose Bindung zum Bienenvolk hat. Die Bruttätigkeit hat ja gerade erst richtig begonnen! Konzentrieren Sie sich auch jetzt auf Beobachtungen an den Fluglöchern (Ratschlag 210). Aus diesen Beobachtungen können Sie alles Wichtige über den Zustand Ihrer Bienenvölker erfahren.

247 Am Flugloch können Sie auch erkennen, ob ein Volk weisellos ist.

Sind die Bienen nach Beendigung des Reinigungsfluges sehr unruhig und laufen in der Beute und am Flugloch aufgeregt hin und her, dann ist das Volk ohne Weisel. Diese kann erst wenige Stunden vorher abhanden gekommen sein, denn mitunter wird die Weisel vom Treiben der Bienen beim Reinigungsflug angesteckt, fliegt mit aus und kann ihr Volk verfehlen. Normalerweise fliegt eine Weisel nicht mit aus! Ein weiselloses Volk erkennen Sie auch daran, daß es am Abend nach dem Reinigungsflug heult und braust, während die weiselrichtigen Völker wohlig summen. Merken Sie sich die verdächtigen Völker vor und kontrollieren Sie diese sobald als möglich. Bestätigt sich Ihr Verdacht, müssen Sie schnell Abhilfe schaffen (Ratschlag 258).

248 Die ersten Pollensammlerinnen zeigen Ihnen, daß die Völker weiselrichtig sind.

Bei den findigsten der Bienenvölker kehren bald schon die ersten Flugbienen mit Pollenhöschen zurück, meist noch recht klein, aber doch deutlich zu erkennen. Für Sie ist das ein Zeichen, das Sie zuversichtlich stimmen kann: Diese Völker pflegen Brut, sind also weiselrichtig! Auch später können Sie an den dicken Pollenhöschen unschwer erkennen, daß alles in bester Ordnung ist. Sollten Sie Bienen beobachten, die völlig „bemehlt" heimkehren, dann hat ein Imker in der Nachbarschaft eine Futterstelle mit Pollenersatzmitteln eingerichtet. Im Ratschlag 256 erfahren Sie mehr über Pollenersatzmittel.

249 Wenn die Bienen beim Reinigungsflug auffallend stark koten, müssen Sie die Ursache ermitteln.

Stellen Sie am Flugloch, auf dem Flugbrett oder an den Beuten viele Kotspuren fest, so ist das immer krankheitsverdächtig. Dünnflüssiger Kot, der verläuft und gelblich aussieht, läßt auf Nosema-

tose schließen (Ratschlag 189). Je nach Befallsstadium und Stärke des Volkes müssen Sie entscheiden, ob das Volk sofort abgeschwefelt werden muß oder ob sich eine Heilbehandlung lohnt (Ratschlag 262). Ist der Kot bräunlich gefärbt und mit hellen Pollenkörnchen durchsetzt, liegt der Verdacht auf Bienen-Ruhr (Ratschlag 191) nahe. Im Gegensatz zur Nosematose brauchen Sie hier zwar keine gegenseitige Ansteckung zu befürchten, doch hängt es von den Witterungsbedingungen ab, ob Sie dem Volk durch dünnflüssiges Futter helfen und es in eine neue Beute umsetzen können.

250 Bewegen sich große Mengen Bienen krabbelnd und hüpfend vor dem Stand, müssen Sie den Bienenseuchensachverständigen benachrichtigen.
Während des Reinigungsfluges deutet dieses Verhalten auf die Milbenseuche (Ratschlag 187) hin. Sie kann nur durch eine mikroskopische Untersuchung nachgewiesen werden und ist meldepflichtig. Nehmen Sie verdächtige Krankheitserscheinungen niemals auf die leichte Schulter oder verheimlichen Sie diese aus falscher Scham, denn Sie gefährden damit nicht nur die eigene Bienenhaltung.
Krabbelnde und hüpfende Bienen vor dem Stand können auch auftreten, wenn die Nosematose (Ratschlag 189) oder die Maikrankheit (Ratschlag 190) vorliegen. Erstere Krankheit tritt besonders häufig zur Zeit der Obstblüte auf, letztere meist später.

Bei beiden gibt Ihnen die Darmprobe wichtige Anhaltspunkte.

251 Mit übertriebener Fürsorge können Sie den Völkern schaden.
Obwohl das Imkerwort „Im Frühjahr ist jede einzelne Biene kostbar!" seine volle Berechtigung hat, sollten Sie es nicht mißverstehen. Nicht nur Ihnen als Anfänger tut es weh, wenn Sie nach dem Reinigungsflug oder bei ungünstigem Flugwetter hier und da Bienen sitzen sehen, die nicht mehr aus eigener Kraft zu den Bienenvölkern zurückfinden. Solchen Bienen behilflich zu sein, sie aufzusammeln und vor den Fluglöchern abzusetzen, wäre jedoch ein schwerer Fehler. Es sind gewiß nicht die gesunden Bienen, die im Schatten erstarrten oder gegen den Wind nicht mehr aufkamen, sondern die Bienen, die Krankheitskeime in sich tragen. Konzentrieren Sie sich lieber darauf, das Leben der Bienen im zeitigen Frühjahr durch bestmögliche Bedingungen (Ratschlag 253) recht lange zu erhalten. So werden Sie dem Imkerwort gerecht.

252 Die Durchlenzung der Bienenvölker stellt hohe Ansprüche an Ihr imkerliches Können.

Nach dem Reinigungsflug gehen die Völker verstärkt in Brut. Die überwinterten Bienen setzen in den kommenden Wochen die bisher geschonten Lebenskräfte zum Aufbau eines neuen Volkes ein. In der Zeit der Durchlenzung, vom Reinigungsflug bis zur ersten großen Tracht, reagieren die Völker besonders empfindlich auf Ihre Versäumnisse und Fehler: Krankheiten und eine schlechte Entwicklung sind die unmittelbaren Folgen. Ihr Ziel muß es sein, die Bienenvölker spätestens zur Zeit der Obstblüte stark und „schlagkräftig" zu haben, damit Sie den ersten Honigertrag erzielen. Die Nachtrachtpflege (Ratschlag 201) bildet dafür die wichtigste Voraussetzung, so daß Sie sich jetzt darauf beschränken können, die Entwicklung der Bienenvölker durch gezielte Eingriffe zu fördern (Ratschläge 264, 272, 274 und 275). Auch wenn es Ihnen in den Fingern „kribbelt": Halten Sie sich zurück und stören Sie die Völker nicht unnötig!

253 Sichern Sie Ihren Bienenvölkern mit einem ausreichenden Futtervorrat, mit Wärme und Wasser bestmögliche Entwicklungsbedingungen.

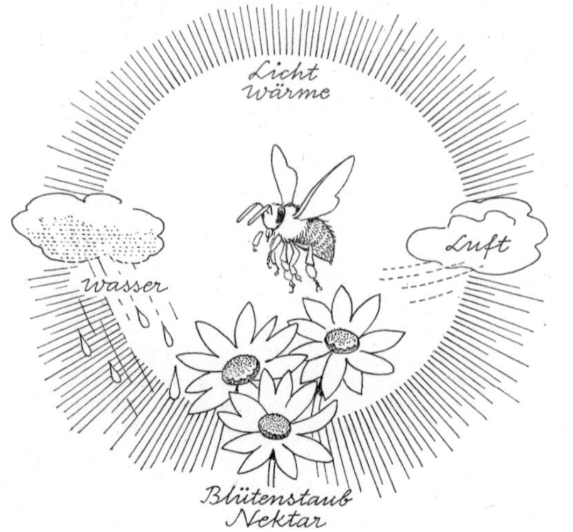

Neben einer guten Pollenversorgung im Spätsommer, die den Bienen das notwendige Fett-Eiweiß-Polster verschaffte (Ratschlag 217), gehören Futter, Wärme und Wasser nun zu den Bedingungen, die eine zügige und gesunde Entwicklung der Völker garantieren. Während Sie die Versäumnisse des Spätsommers nicht mehr nachholen können, müssen Sie sofort nach dem Reinigungsflug alle übrigen Voraussetzungen absichern. Sorgen Sie auch dafür, daß den Bienen rechtzeitig frische Eiweißnahrung in Form von Pollen oder notfalls in Form von Pollenersatzmitteln zur Verfügung steht. Die im Spätsommer angelegten Körperreserven der Bienen, die die Intensität der Brutaufzucht maßgeblich beeinflussen, werden dadurch geschont, die Futtersaftdrüsen stärker angeregt und die immer größer werdende Schar der Bienenlarven optimal ernährt. Die Bienenvölker jetzt durch eine Reizfütterung mit aller Macht vorantreiben zu wollen, wäre ein großer Fehler. Wohl versorgt und gut verpackt entwickeln sie sich auch ohne Reizung rasch.

254 Sofort nach dem Reinigungsflug müssen Sie die Völker wieder warmhaltig verpacken.

Während der gesamten Brutperiode vom Frühjahr bis zum Herbst halten die Bienen im Brutnest eine Temperatur um 35 °C. Die Wärme wird im Bienenkörper durch Verbrennung von Kohlenhydraten und Fetten erzeugt und nach außen abgestrahlt. Die Temperatur regulieren die Bienen mit Hilfe von Wasser, das dünn auf den Waben verteilt wird. Droht im Hochsommer eine Überhitzung der Wohnung, tragen die Bienen verstärkt Wasser zur Verdunstung ein. Außerdem verläßt ein Teil der Bienen den Stock.

Ihre Aufgabe besteht darin, die Bienenvölker vom Reinigungsflug an bis zur Winterfestmachung des Standes (Ratschlag 220) darin zu unterstützen, die Brutnesttemperatur auch bei Kälterückschlägen erhalten zu können. Mit dem Reinigungsflug müssen Sie deshalb die Völker sofort warm verpacken, feucht gewordene Verpackung trocknen oder durch trockene ersetzen. Achten Sie von nun an stets darauf, Wärmeverluste jeglicher Art weitgehend auszuschließen.

255 Nehmen Sie mit dem Reinigungsflug der Bienen unverzüglich die Tränke in Betrieb.

Mit dem starken Brutansatz, der sich nach dem Reinigungsflug in den Völkern vollzieht, steigt auch der Wasserbedarf der Bienen enorm an. Ihre Tränke (Ratschläge 78 bis 82) muß also mit dem ersten Flugtag in Aktion sein. Verpassen Sie den Zeitpunkt, dann gewöhnen sich die Bienen an andere Tränkstellen und für Sie wird es fast aussichtslos, die Wasserholerinnen an Ihre Tränke zu locken. Um die Bienen an die Tränke zu gewöhnen, empfiehlt es sich, eine Honigwabe oder Entdecklungswachs als Lockmittel zu verwenden. Anfangs können Sie auch eine dünne, mit Honig angereicherte Zuckerlösung (etwa 1 kg Zucker auf 4 l Wasser) als Tränkflüssigkeit benutzen und den Zuckeranteil später nach und nach reduzieren.

256 Versprechen Sie sich keine Wunder, wenn Sie den Bienen Pollenersatzmittel anbieten.

Über eines müssen Sie sich im klaren sein: Pollenersatzmittel sind nicht mit Naturpollen gleichzusetzen. Sie enthalten zwar alle wesentlichen Nährstoffe, doch was die Bienen selbst davon halten, zeigt sich im Vergleich mit dem Naturpollen: Wenn Naturpollen zur Verfügung steht, beachten sie die Pollenersatzmittel nicht mehr! Solange die Natur noch keinen Pollen liefert, können Sie den Bienen an schönen Flugtagen in einem Höselhäuschen Sojamehl, Höselhefe o. ä. Pollenersatz anbieten. Besser ist, Sie konzentrieren sich darauf, zielstrebig das Pollenangebot in der Natur zu vermehren (Ratschlag 42) und Pollenwaben in Reserve zu halten (Ratschlag 209). Eine Frühjahrsreizfütterung (Ratschlag 264) hat ohnehin nur Sinn, wenn sich die Bienen gleichzeitig gut mit Pollen versorgen können.

257 Bei Futternot müssen Sie sofort helfend eingreifen.

Bienenvölkern, die unter Futtermangel leiden, können Sie am besten und schnellsten durch Futterwaben helfen, die entdeckelt, mit warmem Wasser besprüht und danach so dicht wie möglich an den Bienensitz gehängt werden. Stehen Ihnen keine Futterwaben zur Verfügung, helfen vorübergehend auch Waben, die mit warmer Zuckerlösung besprüht wurden. Flüssiges Futter ist im Frühjahr als Hilfe selten geeignet, weil die Temperaturen den Bienen eine Futteraufnahme erschweren. In Not geratene Völker werden sich nur selten noch zu Ertragsvölkern entwickeln, an denen Sie Ihre Freude haben. Bereiten Sie also Ihre Bienenvölker immer so auf den Winter vor, daß derartige Hilfen unterbleiben können.

258 Im Frühjahr lassen sich Bienenvölker leicht vereinigen.
Auch weisellosen Völkern müssen Sie schnellstens helfen. Vereinigen Sie diese mit einem Ableger oder mit einem Volk, um ihre Kraft zu erhalten und weiter zu nutzen. Im Frühjahr sind keine besonderen Vorsichtsmaßnahmen notwendig, wenn Sie Völker miteinander vereinigen wollen. Hängen Sie das weisellose Volk einfach dem weiselrichtigen zu, wobei eventuelle Weiselzellen selbstverständlich vorher entfernt werden müssen. Durch eine Futterwabe können Sie die vereinigten Völker vorübergehend trennen. Sehr oft sind aber weisellose Völker krank und müssen deshalb abgeschwefelt werden.

259 Die Kälterückschläge des Frühjahres sind mit Gefahren für die Bienenvölker verbunden.
Die größte Gefahr stellen diese ganz normalen Witterungserscheinungen für die Bienenvölker dar, die vom Imker künstlich vorangetrieben wurden. Völker, die ihre Entwicklung weitgehend aus eigener Kraft steuerten, kommen viel sicherer über solche kritischen Phasen hinweg. Die Kälterückschläge bewirken, daß die Bienen die ausgedehnten Brutflächen nicht mehr warm halten können und diese teilweise verkühlen. Der gestörte Arbeitsablauf im Bienenvolk kann dazu führen, daß sich der Nosemaparasit (Ratschlag 189) massenhaft vermehrt. Hinzu kommt der Wassermangel, der die Brutaufzucht zusätzlich erschwert und nach einer guten Pollentracht zur Darmverstopfung bei den Bienen führt (Ratschlag 190). Ist die Kälte so groß, daß die Bienen selbst die heizbare Tränke nicht mehr erreichen können, sollten Sie eine Tränkgelegenheit unmittelbar an den Fluglöchern einrichten. Mit Wasser gefüllte Honigglasdeckel, in die Sie Stäbchen oder kleine Schwämme legen, und ähnliche Vorrichtungen, helfen den Bienen über die extremen Tage hinweg und mindern die Wassernot ein wenig.

260 Nutzen Sie einen sonnigen und warmen Frühlingstag, um die Bienenvölker genauer zu kontrollieren.
Durch Ihre regelmäßigen Fluglochbeobachtungen gewannen Sie bereits einen wesentlichen Einblick in den Zustand der Völker. Deshalb können Sie sich darauf beschränken, den Futterstand, die Größe und Qualität des Brutnestes und den allgemeinen Gesundheitszustand der Bienenvölker zu kontrollieren. Nehmen Sie nicht das gesamte Volk auseinander, sondern beenden Sie Ihre Kontrolle an

der ersten Wabe mit Brut. Damit haben Sie den Beweis, daß die Weisel vorhanden ist. Diese Frühjahrsnachschau sollten Sie auch damit verbinden, alle Leerwaben zu entnehmen, Pollenwaben aus der Reserve zuzuhängen (Ratschlag 209) und Völker miteinander zu vereinigen (Ratschlag 258). Achten Sie bei der Kontrolle darauf, daß immer zwei volle Futterwaben das Brutnest der Bienenvölker absichern.

261 Lösen Sie bei der Frühjahrsnachschau schwache Völker auf.
Die Bienenvölker, die Sie in der Entwicklung nicht befriedigen, sollten Sie nicht länger dulden oder gar fördern. Damit vergeuden Sie nur Kraft und Zeit, weil es sich letztlich nicht auszahlt. Für starke Völker können die „Schwächlinge“ aber eine wertvolle Unterstützung bedeuten und hier mit dafür sorgen, Leistung und Ertrag zu erhöhen. Lösen Sie die schwachen Völker auf, indem Sie die Fluglöcher schließen und die Waben samt Bienen starken Völkern zugeben. Die Flugbienen betteln sich ebenfalls bei den anderen Völkern ein. Wichtigste Voraussetzung für die Vereinigung mit anderen Völkern ist natürlich ein guter Gesundheitszustand. Wenn Sie sich schwer für eine solche Maßnahme entschließen können und an der Anzahl Ihrer Bienenvölker hängen, dann sollten Sie bedenken, daß Sie von den verstärkten Völkern bald wieder Ableger bilden können und somit die Standgröße erneut erreichen.

262 An Nosematose erkrankte Völker können Sie behandeln.
Eine Behandlung der Bienenvölker mit Fumagillin, einem spezifischen Heilmittel, ist nur sinnvoll, wenn die Völker nicht zu stark befallen sind und noch eine erfolgversprechende Stärke besitzen. Die Völker vorbeugend zu behandeln, birgt die Gefahr in sich, daß der Nosemaparasit resistent gegenüber dem Heilmittel wird. Wenden Sie Fumagillin bei den erkrankten Völkern so an, wie es auf der beiliegenden Gebrauchsanweisung beschrieben wird. Es ist möglich, den Bienen das Heilmittel über einen längeren Zeitraum in flüssigem Futter (täglich

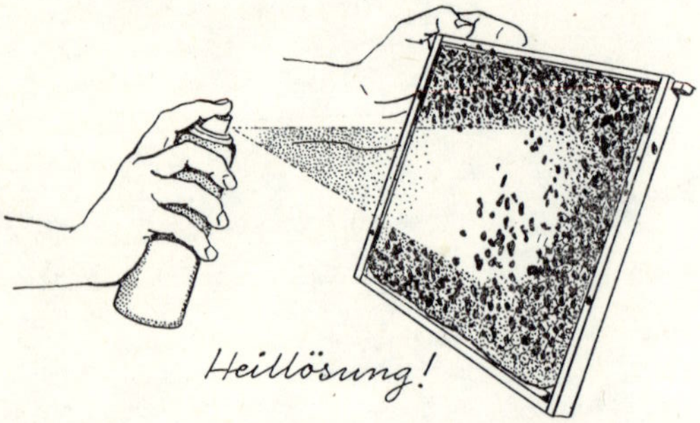

etwa $^1/_4$ l der vorgeschriebenen Lösung), im Futterteig (1 g auf 1 kg Futterteig) oder auch durch Übersprühen mit der Heillösung zu reichen. Futterteig aus Invertzucker (Ratschlag 238) eignet sich allerdings nicht für einen Fumagillinzusatz.

263 Die Kätzchenweiden liefern den Bienen hochwertigen Pollen.

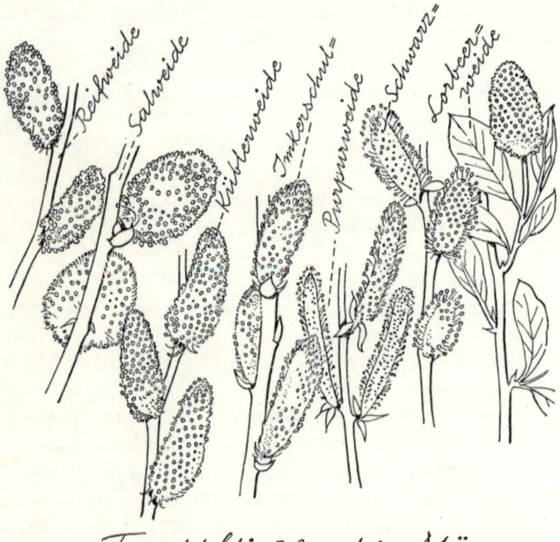

Je nach seiner Herkunft unterscheidet sich der Pollen in seiner chemischen Zusammensetzung, in seinem Gehalt an Eiweiß, Fett, Vitaminen und anderen Inhaltsstoffen. Weidenpollen zeichnet dabei ein besonders hoher Nährwert aus! Die männlichen Weidenarten bieten neben Nektar diesen wirksamen Pollen, der die Funktion der Futtersaftdrüsen der Bienen und damit die Brutaufzucht maßgeblich beeinflußt.
Wenn Sie die Weiden vermehren (Ratschlag 182), sollten Sie darauf achten, verschiedene Weidenarten mit unterschiedlichen Blühzeiten zu pflanzen. Mit einem solchen „Trachtfließband" sichern Sie den Bienen die wertvolle Tracht sehr lange und mindern Ausfälle, die durch Schlechtwetterperioden entstehen.

264 Durch eine Reizfütterung fördern Sie die zügige Entwicklung der Bienenvölker.
Mit dem größer werdenden Pollenangebot in der Natur können Sie die Völker zu einem größeren Brutansatz reizen. Problematisch bleibt das jedoch nach wie vor, weil Sie den Witterungsverlauf nicht kennen und sich Ihre gute Absicht ins Gegenteil verkehren kann (Ratschlag 259). Am besten hat sich eine Frühjahrsreizung mit Futterteig bewährt. Sie sollten ihn möglichst in unmittelbarer Nähe des Bienensitzes reichen und die Angriffsfläche für die Bienen so bemessen, daß 1 kg etwa zwei Wochen reicht. Mit der flüssigen Reizfütterung vom Flugloch aus, die besondere Futtergeräte erfordert, können Sie ebenfalls eine sehr gute Wirkung erzielen. Die meisten Formen der flüssigen Reizung – außerhalb und innerhalb des Stockes – sind sehr fragwürdig, veranlassen die Bienen zu unzeitgemäßen Ausflügen und erreichen auch keine kontinuierliche Wirkung.

265 Planen Sie bei der Reizfütterung ein, daß die Entwicklung vom Ei bis zur Flugbiene etwa 40 Tage dauert.
Um die Frühtracht zu bergen, muß die notwendige Zahl an Bienen vorhanden sein. Da es etwa sechs Wochen dauert, ehe sich aus dem Ei eine Arbeitsbiene entwickelt hat und nach ihrer Tätigkeit im Innern des Stockes zum Sammeln ausfliegt, müssen Sie die Bienenvölker rechtzeitig zu einem großen Brutansatz anregen. Diese Zeitspanne sollten Sie auch bei anderen Trachten beachten, die Sie im Jahresverlauf nutzen wollen.

266 Nutzen Sie warme und sonnige Tage zum Frühjahrsputz am Bienenstand.
Jedes Jahr sollten Sie im Frühling die Beuten gründlich von den Spuren des Reinigungsfluges säubern und den gesamten Stand in Vorbereitung der kommenden Saison renovieren. Ein neuer Farbanstrich gibt Beuten und Stand nicht nur ein schöneres Aussehen, sondern isoliert auch die Krankheitskeime, die sich in den Kotflecken befinden. Immerhin bleiben beispielsweise Nosemasporen im Kot etwa zwei Jahre lebensfähig! Es ist günstig,

wenn Sie die Abendstunden nutzen, um den Farbanstrich zu erneuern. Einmal werden Sie dadurch weniger von den Bienen belästigt, zum anderen kann die Farbe über Nacht bereits antrocknen. Vor allem gilt das für die besetzten Beuten, bei denen Sie ohnehin schnell trocknende Farben verwenden müssen. Sonst wirkt Ihr Anstrich als „Bienenfänger"!

267 Alle unbesetzten Beuten müssen geschlossen bleiben.
Kontrollieren Sie nach dem Frühjahrsputz noch einmal, ob alle unbesetzten Beuten bienendicht verschlossen sind. Das gehört zu den seuchenhygienischen Vorbeugungsmaßnahmen und zu Ihrer gesetzlich festgelegten Pflicht. Es geht ganz einfach darum, generell zu verhindern, daß Bienen in leere Beuten eindringen können. Wie leicht könnten die Suchbienen eines Schwarmes eine solche Behausung aufspüren, ein herrenloser Schwarm einziehen und unter Umständen Ihren ganzen Stand verseuchen.

268 Vergessen Sie nicht, Ihre Wabenvorräte regelmäßig zu schwefeln.
Mit den ansteigenden Temperaturen beginnen die Wachsmotten wieder mobil zu werden und bedrohen Ihre Wabenvorräte (Ratschlag 194). Schon bei etwa 6 °C schlüpfen aus den überwinterten Eiern die Rankmaden. Nun müssen Sie bis in den Herbst hinein mindestens alle drei Wochen die Waben schwefeln, um die Wachsmotten zu bekämpfen. Brennen Sie die Schwefelfäden oder -streifen in einem Blechbehälter oder in einem Wabenschwefler ab und vermeiden Sie, daß die Schwefeldämpfe aus dem Wabenschrank entweichen Der Schwefelbehälter muß über den Waben stehen, da die Schwefeldämpfe schwerer als Luft sind und nach unten sinken
Äußerst wichtig ist, daß Sie bei dieser Arbeit die Brandschutzbestimmungen strikt einhalten, weil die brennende Schwefelmasse das Wabenwerk schnell entzünden kann. Verlassen Sie Ihren Bienenstand immer erst dann, wenn die Schwefelfäden abgebrannt sind.

269 Frühjahrszeit sollte für Sie auch Sä- und Pflanzzeit bedeuten.
Im Frühjahr können Sie einiges tun, um die Bienenweide zielstrebig zu verbessern. Vermehren Sie Weiden (Ratschlag 182), pflanzen Sie Bäume und Sträucher in Ihrem Garten und säen Sie Bienenweidepflanzen aus. Wenn Sie Blumenrabatten gestalten, dürfen vor allem Herbstpollenspender nicht fehlen (s. auch Ratschlag 45). Für ungenutzte Ränder und Gartenstreifen ist die zeitlich gestaffelte Aussaat von Büschelschön (Phacelia), einer sehr guten Bienenweidepflanze, besonders zu empfehlen.

270 Bald brauchen Sie Mittelwände, um die Bienenvölker zu erweitern.
Im April wird es höchste Zeit, die Vorbereitungen für die nahende Saison abzuschließen. Dazu gehört auch, daß Sie für jedes Bienenvolk etwa acht Rähmchen mit Mittelwänden bereit halten, um diese bei Bedarf sofort einsetzen zu können. Haben Sie die Rähmchen nicht schon in den Wintermonaten gelocht und gedrahtet, müssen Sie das nun schnell nachholen. Sichern Sie durch eine Vor-

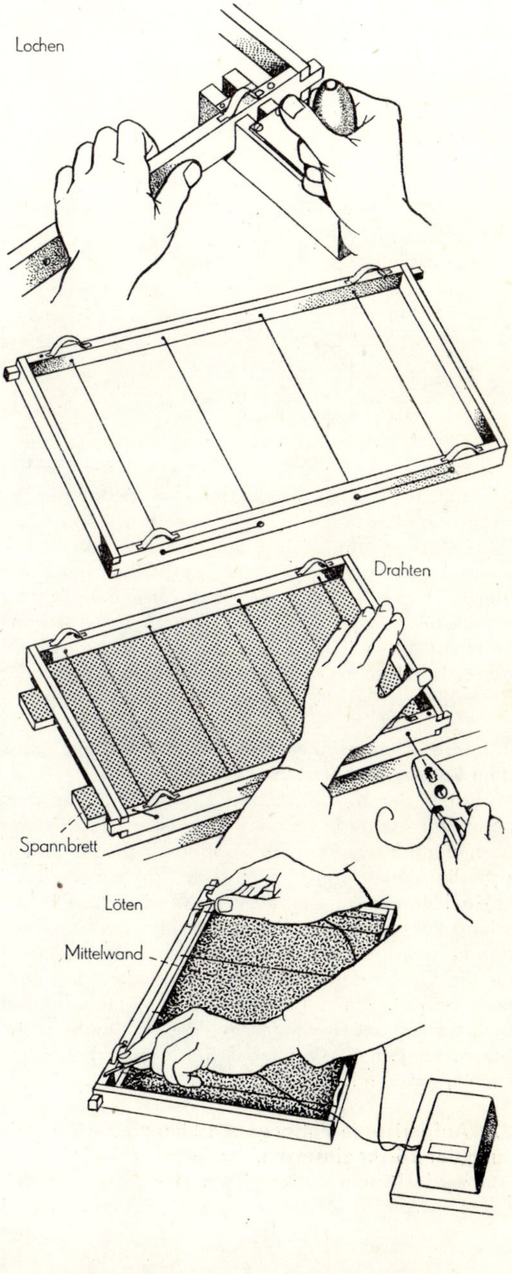

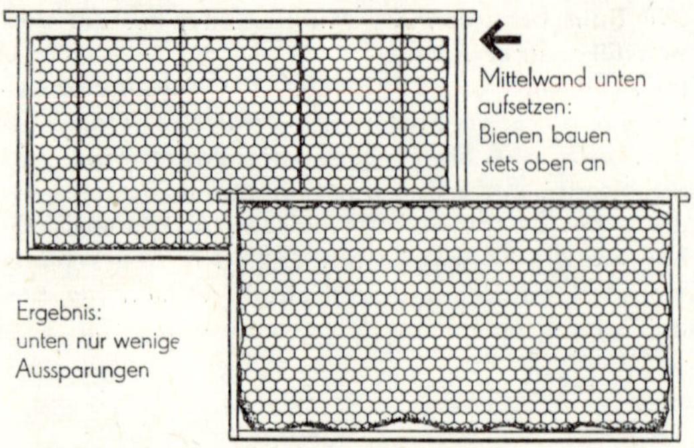

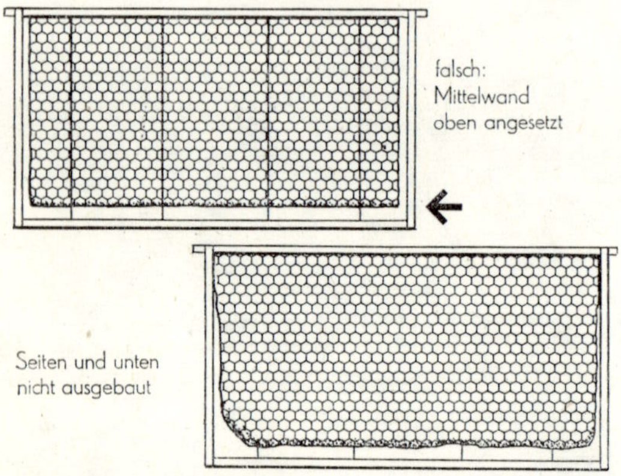

richtung ab, daß die Abstände beim Lochen gleichmäßig werden und effektives Arbeiten möglich ist. Den Wabendraht dürfen Sie nicht zu sehr spannen, weil sich die Trageleisten der Rähmchen sonst durchbiegen. Wichtig ist, daß Sie die Mittelwände anschließend auf dem unteren Wabenschenkel aufsetzen und einlöten. Die Bienen befestigen dadurch die Wabe an allen Seiten und erhöhen so deren Belastbarkeit.

271 Ihre Bienenvölker müssen im Frühjahr „aus dem Vollen" schöpfen können.

Während der aufsteigenden Entwicklung der Bienenvölker steigt mit den wachsenden Brutflächen auch der Futterverbrauch kontinuierlich an. Sollen sich die Völker zügig entwickeln, dürfen sie jetzt keine Not leiden. Bei der Nachtrachtpflege (Ratschlag 201) wurde bereits darauf hingewiesen, daß der Futtervorrat der Völker mit ausschlaggebend für die Größe der Brutflächen ist. Achten Sie deshalb darauf, daß Ihre Bienenvölker einen großen Futtervorrat besitzen. Völkern, die im Doppelraum sitzen, können Sie zur Sicherheit einige Futterwaben im unteren Raum zuhängen.

272 Aufgerissene Futterwaben können Sie zur Reizung der Völker einsetzen.

Auf verdeckeltem Futter sitzen die Bienen „kalt". Es ist ratsam, die Futterwaben zu entdeckeln und mit warmem Wasser zu besprühen bzw. völlig in warmes Wasser zu tauchen. Hängen Sie diese Waben unmittelbar an das Brutnest, dann tragen die Bienen das Futter sofort um und lagern es im Futterkranz über der Brut ab. Mit dieser Tätigkeit entwickelt sich im Volk spürbare Wärme und ein Futterstrom, der die Weisel zur verstärkten Eiablage anregt. Dabei bietet sich die größtenteils entleerte Futterwabe gleich an, um das Brutnest zu erweitern. Eine solche Reizung ist erst in vorgeschrittener Jahreszeit und nicht vor April sinnvoll, weil die Bienen wegen der damit verbundenen Darmbelastung bald zum Abkoten ausfliegen müssen.

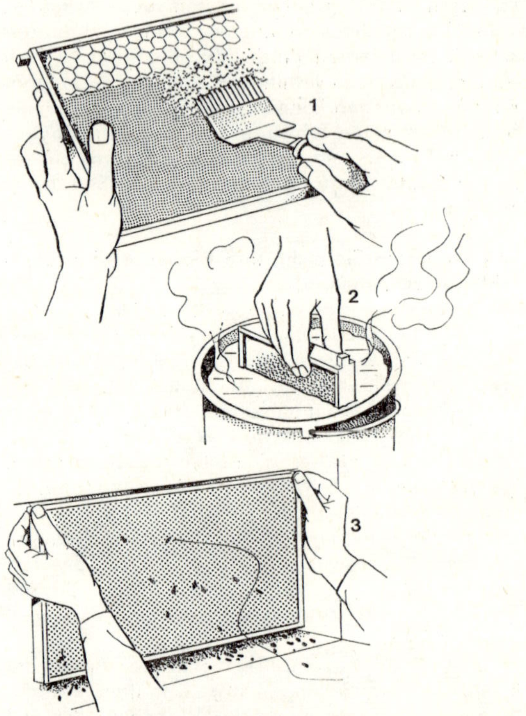

273 Wenn Sie in den frühen Morgenstunden an den Fluglöchern und auf den Flugbrettern Kondenswasser beobachten, so deutet das auf große Brutflächen in den Völkern hin.

Da in den Beuten Bruttemperatur herrscht, schlägt sich die Luftfeuchtigkeit der warmen Stockluft in den kühlen Morgenstunden im Fluglochbereich als Kondenswasser nieder. Für Sie ist das ein erfreuliches Zeichen, das allerdings den Nachteil hat, die Flugbienen zu behindern. Nicht selten werden Sie beobachten können, daß eine ganze Anzahl Bienen mit den Flügeln auf den Flugbrettern festkleben. Diese Erscheinung tritt übrigens auch bei regennassen Flugbrettern auf. Daher ist es ratsam, das Kondenswasser nach Möglichkeit aufzutrocknen und die Flugbretter der Beuten leicht nach vorn neigen zu lassen.

274 Geben Sie den Bienenvölkern im richtigen Moment mehr Platz.
Täglich schlüpft nun Bienennachwuchs, so daß die Völker rasch erstarken. Ist die letzte Wabe dicht mit Bienen besetzt, müssen Sie die Völker mit aufgerissenen Futterwaben oder wenig bebrüteten Leerwaben – honigfeucht bzw. mit dünner Zuckerlösung besprüht – erweitern. Sie können die Völker auch mit Brutwaben aus jetzt erst aufgelösten Völkern verstärken und damit neuen Platz für die Weisel schaffen. Hängen Sie jedoch noch keine Mittelwände zu, denn diese würden die Bienen noch nicht zügig ausbauen und als „Trennschiede" die weitere Entwicklung der Bienenvölker hemmen.

275 Wenn sich in den Völkern der Bautrieb regt, müssen Sie einen Baurahmen zuhängen.

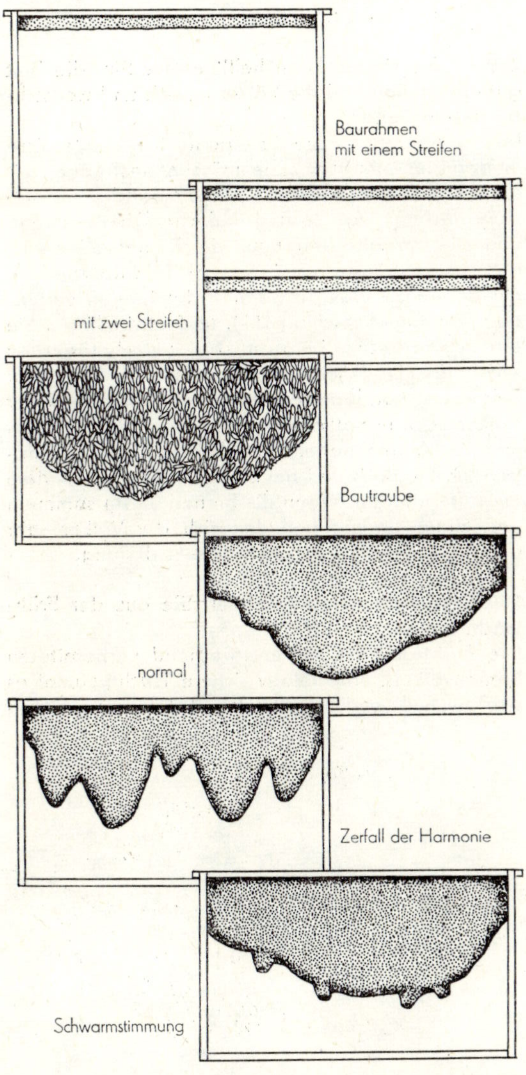

Erfahrungsgemäß ist das meist zur Zeit der Kirschblüte notwendig. Die Bienen drängen sich zwischen Fenster und letzter Wabe und beginnen vielleicht schon, am Fenster anzubauen. Im Baurahmen, einem Rähmchen mit einem schmalen, etwa 1 cm breiten Mittelwandstreifen, können die Bienen ihrem Trieb zur Drohnenaufzucht nachkommen. Geben Sie den Bienen diese Möglichkeit nicht oder in nicht genügendem Maße, dann tragen sie von den Wabenecken Arbeiterinnenbau ab und ersetzen ihn durch Drohnenbau („Drohnenecken"). Mit dem weiteren Erstarken der Völker sollten Sie mehrere Baurahmen einsetzen (Ratschlag 282).
Der Baurahmen bildet für Sie außerdem ein Stimmungsbarometer. Errichten die Bienen hier Arbeiterinnenbau oder bauen einheitlich und zügig Drohnenbau, besteht im Bienenvolk noch Harmonie. In dieser Stimmung bauen die Bienen die Mittelwände am schnellsten aus. Zeigen sich am Baurahmen mehrere Bauanfänge und wird nur noch träge gebaut, beginnt die Harmonie zu zerfallen. Erscheinen schließlich sogar Weiselnäpfchen, dann ist die Schwarmstimmung perfekt. Bei den Beobachtungen am Baurahmen müssen Sie selbstverständlich auch die Trachtverhältnisse und Ihre imkerlichen Maßnahmen berücksichtigen. Haben Sie gerade mit Mittelwänden erweitert oder herrscht schlechte Tracht, so läßt die Bautätigkeit im Baurahmen ebenfalls nach.

276 Sorgen Sie dafür, daß auf Ihrem Bienenstand zeitig begattungsfähige Drohnen fliegen.
Die Drohnen benötigen vom Ei bis zur Geschlechtsreife etwa eine Zeit von 40 Tagen. Um Ihre Vermehrungsvorhaben zu sichern, müssen Sie also bereits Ende April/Anfang Mai mit der Drohnenzucht beginnen. Das ist schon gewährleistet, wenn Sie im Wintersitz der Bienenvölker eine Drohnenwabe bzw. eine Wabe mit eingeschnittenem Drohnenbau

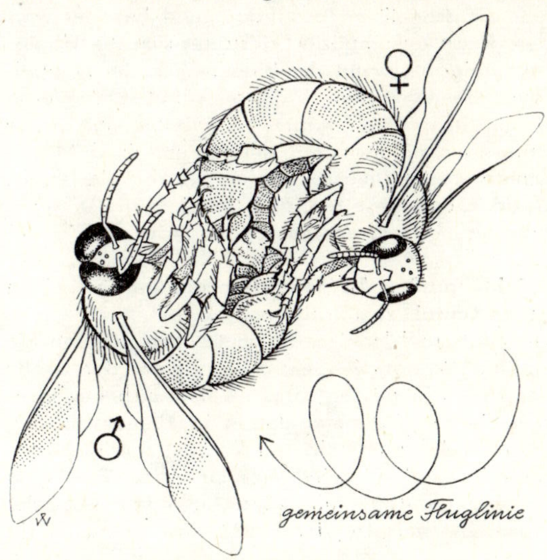

hatten (Ratschlag 202). Ansonsten dürfen Sie mit Baubeginn der Bienen die Baurahmen nicht restlos ausschneiden (Ratschlag 163). Die maximale Begattung der jungen Weiseln hängt aber nicht nur von der Anzahl der Drohnen, sondern weit mehr von ihrer Qualität ab. Über die Qualität entscheiden vor allem die Aufzuchtbedingungen, denn das Sperma bildet sich bereits während der Puppenruhe der Drohnen. Deshalb sollten Sie nur starke Völker für die Drohnenzucht auswählen, die die Brut optimal versorgen können. Von den Drohnen kommt letztlich nur ein geringer Teil zur Begattung. Eine Weisel wird in der Zeit der Hochzeitsflüge, die sich bis auf drei Tage erstrecken können, von acht und mehr Drohnen begattet (Mehrfachpaarung) und erhält von ihnen mehrere Millionen Samenfäden, die sie in der Samenblase aufbewahrt. Die Drohnen bezahlen die Erfüllung ihrer Lebensaufgabe immer mit dem Leben, denn beim Begattungsakt wird ein Teil des männlichen Geschlechtsapparates abgerissen und bleibt in der Scheide der Weisel hängen.

277 Den Honigraum sollten Sie den Bienenvölkern erst dann freigeben, wenn diese den Brutraum ausfüllen und zügig bauen.

Die Honigraumfreigabe erfordert von Ihnen viel Fingerspitzengefühl, denn Sie greifen damit einschneidend in das Leben der Völker ein. Erstmals nehmen Sie das gesamte Wabenwerk auf den Wabenbock, sortieren es und erweitern die Völker mit Mittelwänden. Nachdem Sie das Absperrgitter eingelegt haben, können Sie alle verdeckelten Brutwaben zusammenhängend als Wärmeblock in den Honigraum hängen. An beide Seiten kommen Futterwaben. Die Waben mit jüngster Brut und die Wabe mit der Weisel werden in den Brutraum zurückgegeben. Die Mittelwände hängen Sie am besten zwischen die Waben mit jüngster Brut, weil sie hier am schnellsten ausgebaut und bestiftet werden. Recht unkompliziert gestaltet sich die Honigraumfreigabe, wenn die Bienenvölker im Doppelraum überwinterten. Vielfach stiftet die Weisel bereits im unteren Raum, so daß Sie nur einige Brutwaben mit nach oben hängen und durch Mittelwände ersetzen müssen. Solche Völker, die bereits beide Räume besetzen, sind bei einer großzügigen Erweiterung auch weniger empfindlich.

278 Mit großen Absperrgittern erhalten Sie einen guten Kontakt zum Brutraum.

Um Brut- und Honigraum zu trennen, müssen Sie Absperrgitter verwenden, die ungefähr der Größe des Honigraumes entsprechen. Dadurch begünstigen Sie die Wärmeregulation im Bienenvolk und erhalten den unmittelbaren Kontakt zum Brutraum aufrecht, weil es keine Trennung des Volkes im Sinne einer Abdeckung gibt. Außerdem engt der Honig bei einsetzender Tracht das Brutnest nicht

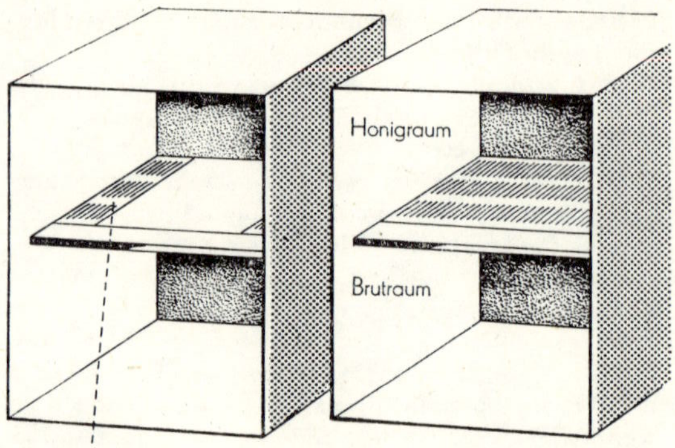

ein, denn die Bienen können von jeder Stelle des Brutraumes aus in den Honigraum gelangen und den Honig hier ablagern.

279 In der Hauptsaison heißt es für Sie, die Zeit gut einzuteilen und die Völker gezielt und weitsichtig zu bearbeiten.

Im Mai beginnt für Sie die eigentliche Arbeitsspitze in der Bienenhaltung. Sie müssen anstreben, mit einem geringen Aufwand höchstmögliche Erträge zu erreichen. Das setzt gründliche Überlegungen und eine gezielte Betreuung der Bienenvölker voraus. Konzentrieren Sie sich dabei auf Maßnahmen, mit denen Sie das Schwärmen der Bienen verhindern können (Ratschlag 159), und kontrollieren Sie Ihre Völker etwa im acht- bis vierzehntäglichen Rhythmus. Daß jede unnütze Störung nicht nur Zeit kostet, sondern Verhalten und Leistungen Ihrer Völker auch negativ beeinflußt, sollten Sie sich immer vor Augen halten. Regelmäßige Beobachtungen am Flugloch und am Baurahmen machen viele Eingriffe unnötig. Wenn die Bienen emsig sammeln und zügig bauen, befinden sich die Völker sehr augenscheinlich in der Aufwärtsentwicklung.

280 Den ersten Honig müssen Sie aus der Frühtracht ernten.

Die Frühtracht ist mit entsprechend vorbereiteten Bienenvölkern eine relativ sichere Tracht, zumal es sich bei Süß- und Sauerkirsch-, Apfel-, Birnen- und

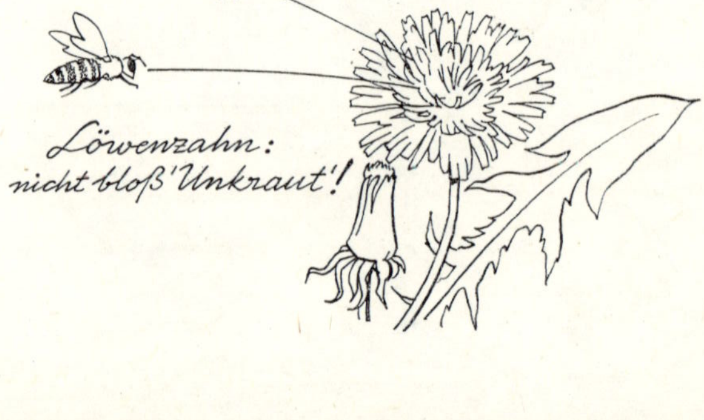

Löwenzahnblüten durchweg um gute und sehr gute Nektarspender handelt. Völker, die stark und jungbienenreich eingewintert und im Frühjahr richtig von Ihnen geführt wurden, bringen sicher den ersten Überschuß an Honig.
Zwar ist der Witterungsverlauf gerade im Frühjahr sehr wechselhaft, doch reichen den Bienen bei der Fülle der Blüten schon wenige gute Trachttage aus, um die Waben zu füllen. Die meist großen Temperaturunterschiede zwischen Tag und Nacht unterstützen dabei die Nektarabsonderung der Blüten.

281 Kurzzeichen erleichtern Ihnen die Notizen auf den Stockkarten.
Durch Kurzzeichen können Sie sich die Notizen auf den Stockkarten so vereinfachen, daß Sie dazu nur wenig Zeit benötigen. Die folgenden Beispiele sollen Ihnen als Anregung dienen:

+/—	zugegeben/entnommen	♀	Weisel
Bw	Brutwabe	♀♀	Arbeitsbienen
Fw	Futterwabe	♂	Drohn
Lw	Leerwabe	BR	Brutraum
Br	Baurahmen	HR	Honigraum
Mw	Mittelwand	BN	Brutnest
Pw	Pollenwabe	Rz	Reizung

282 Schneiden Sie die Baurahmen regelmäßig aus.
Um die Bautätigkeit der Bienen immer wieder aufs neue anzuregen, müssen Sie mehrere Baurahmen einsetzen und durch regelmäßiges Ausschneiden stets für genügend freien Raum sorgen. Die Ammenbienen erhalten dadurch Gelegenheit, beträchtliche Mengen an Futtersaft an die Drohnenlarven abzugeben. Durch die Baurahmen können Sie nicht nur Bienenwachs gewinnen (Ratschlag 147), sondern sie tragen auch dazu bei, die Völker vital zu erhalten und die Schwarmgefahr zu verringern. In Völkern mit einer reinrassigen Weisel können Sie einen Teil der Drohnen schlüpfen lassen, indem Sie nicht den gesamten Baurahmen ausschneiden. Besonders wichtig ist es, die Baurahmen vorbeugend gegen die Varroatose (Ratschlag 186) zu nutzen und den Drohnenbau grundsätzlich erst dann auszuschneiden, wenn die Zellen verdeckelt sind. Die Varroamilben bevorzugen bekanntlich Drohnenbau und legen ihre Eier kurz vor dem Verdeckeln in die Zellen ab. Untersuchen Sie bei jeder Durchsicht der Bienenvölker einige Streckmaden oder Puppen in den verdeckelten Zellen auf Varroamilben.

283 Wenn Sie öfter verdeckelte Brutwaben in den Honigraum umhängen, unterstützen Sie die Aufwärtsentwicklung der Völker.
Für die entnommenen Brutwaben geben Sie wieder Mittelwände in den Brutraum. Diesen Austausch sollten Sie auch bei jeder Schleuderung vornehmen. Sie schaffen damit den Arbeitsbienen immer wieder neue Betätigungsfelder und der Weisel Platz zur Eiablage, so daß nicht so schnell Schwarmstimmung aufkommt. Es empfiehlt sich, die in den Honigraum gehängten Brutwaben nach etwa acht Tagen auf Weiselzellen zu kontrollieren, weil sich auf ihnen meist auch offene Brutzellen befinden, die die Bienen nutzen könnten, um Weiselzellen anzuziehen. Der gute Kontakt zum Brutraum, der durch die großen Absperrgitter besteht (Ratschlag 278), mindert diese Gefahr jedoch weitgehend.

284 Lassen Sie die Völker viel bauen, denn damit fördern Sie die Gesundheit und den Sammeleifer der Bienen.

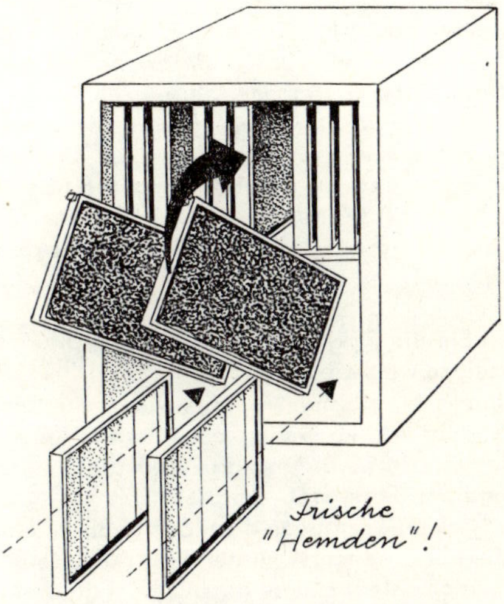

Zander bezeichnete jungen Wabenbau als „das frische Hemd" des Bienenvolkes und machte damit auf seinen Wert aufmerksam, um die Bienengesundheit zu erhalten. Der Wabenbau ist für die Bienen der wichtigste Lebensraum. In ihm ziehen sie die Brut auf und speichern ihre Nahrungsvorräte. Mit zunehmendem Alter der Waben wächst die Gefahr der Aufnahme von Krankheitskeimen. Deshalb müssen Sie die alten Waben ausrangieren und den Wabenbau von den Bienen regelmäßig erneuern lassen. Jedes Ihrer Bienenvölker sollte jährlich sechs bis acht Mittelwände ausbauen, damit Sie keine Wabe länger als drei Jahre verwenden müssen. Mit den Mittelwänden unterstützen Sie die Bienen beim Wabenbau, denn das vorgeprägte Zellmuster zwingt sie, Arbeiterinnenbau zu errichten. Außerdem geht es dadurch viel schneller. In Fluglochnähe oder zwischen Waben mit jüngster Brut bauen die Bienen die Mittelwände besonders zügig aus und beziehen die Waben sofort in das Brutnest ein. Die Mittelwände, die Sie an das Ende des Brutnestes hängen, bremsen die Entwicklung der Bienenvölker ab.

285 Die Rapstracht ist eine der sichersten Trachten.

Während der Rapstracht, die die Bruttätigkeit der Völker in sehr starkem Maße anregt, sollten Sie bereits den überwiegenden Teil der Mittelwände von den Bienen ausbauen lassen. Hier empfiehlt sich eine Zwischenschleuderung, weil Sie dadurch den Honigertrag wesentlich erhöhen können. Ihre Bedenken, daß der unverdeckelte Rapshonig noch nicht reif sein könnte, sind unbegründet. Gerade der Rapshonig kandiert durch seinen hohen Gehalt an Traubenzucker (Glukose) äußerst schnell, das müssen Sie auch nach der Tracht berücksichtigen. Schleudern Sie rechtzeitig und füllen Sie den Honig schnell ab, sonst kandiert er im Kübel!

Gute Trachttage erkennen Sie bereits am Flugloch, denn zum einen steigt Ihnen schon von weitem der Honigduft in die Nase, zum anderen haben die Bienen sichtbar schwer zu tragen. Sie erreichen gerade noch das Flugbrett, verfehlen es nicht selten und ruhen sich erst einmal erschöpft aus, ehe sie erneut anfliegen und in die Beute laufen. Beim anschließenden Blick durch das Beutenfenster glänzt Ihnen dann die „Fracht" der Bienen aus den Zellen entgegen!

286 Öffnen Sie die Fluglöcher der Beuten während der Trachtzeit so weit wie möglich.

Weit geöffnete Fluglöcher sind für die erstarkten Völker jetzt sehr wichtig, weil die Luft dann ungehindert ausgetauscht werden kann und die Völker den notwendigen Sauerstoff erhalten. Der Luftaustausch wird vor allem durch die Fächlerinnen unterstützt, die mit gesenktem Hinterleib in der Beute und am Flugloch stehen und durch ihre Flügelbewegungen einen Luftstrom erzeugen. Sterzelnde Bienen, die Sie beim Vorspiel der Jungbienen beobachten können, haben dagegen den Hinterleib steil aufgerichtet und die Duftdrüse ausgestülpt, die sich am Hinterleibsende befindet.

Die großen Fluglöcher helfen den Bienen außerdem, den Feuchtigkeitshaushalt besser zu regulieren, da mit dem Nektar viel überschüssiges Wasser anfällt. Nicht zuletzt verhindern große Fluglöcher hinderliches Gedränge der ein- und ausfliegenden Bienen. Alle Faktoren tragen dazu bei, den Sammeleifer der Bienen anzuregen.

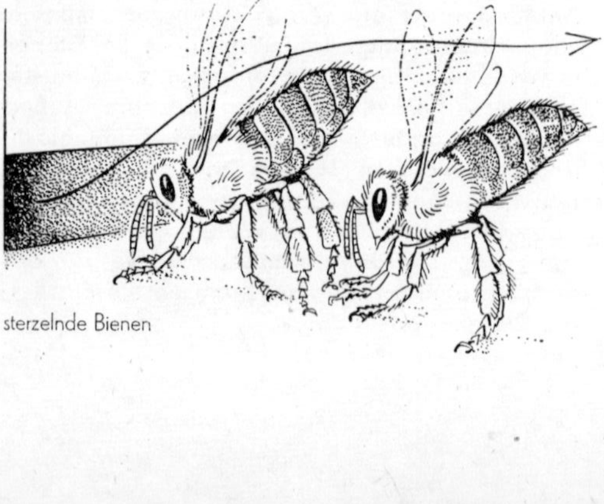

sterzelnde Bienen

287 Auch im Frühjahr können Sie den Völkern überschüssige Pollenwaben entnehmen.

Wie in der Rotkleetracht (Ratschlag 209), so fällt oftmals auch bei anderen Trachten so viel Pollen an, daß das Brutnest eingeschränkt wird. Das kann vor allem für die Rapstracht zutreffen. Entnehmen Sie die überschüssigen Pollenwaben und bewahren Sie diese trocken auf. In der Waldtracht (Ratschlag 296) oder im Spätsommer können Sie die Waben den Völkern wieder zuhängen.

288 Überbrücken Sie Trachtlücken mit einer Reizfütterung.

Durch Trachtlücken oder Schlechtwetterperioden kann die aufsteigende Entwicklung der Bienenvölker unterbrochen werden. Wenn die Nektar- und Pollenquellen versiegen, schränkt die Weisel die Eiablage sofort stark ein und die Brutpflege in den Völkern geht zurück. Damit läßt auch die Pheromonabgabe nach, der Bau von Weiselzellen und die Entwicklung der Eierstöcke bei den Arbeitsbienen werden nicht mehr gehemmt. Zusammen mit der allgemeinen „Arbeitslosigkeit" bestehen also beste Bedingungen, um das Schwärmen vorzubereiten. Dieser Entwicklung müssen Sie entgegenwirken, indem Sie sofort nach Ende einer Tracht eine Reizfütterung durchführen. Futterteig oder „Maische" (Ratschlag 201) haben sich dabei am besten bewährt. Soll die Reizung ihre Wirkung erreichen, müssen die Völker einen guten Pollenvorrat besitzen.

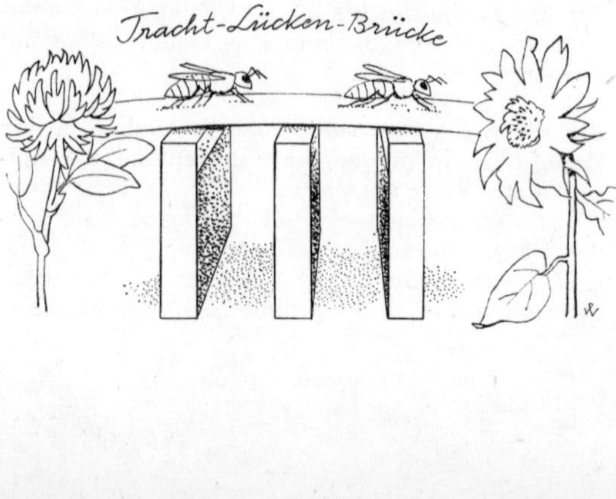

289 Die Honigernte bildet für Sie jedesmal eine Arbeitsspitze, zugleich aber auch einen Höhepunkt im Bienenjahr.
Der Honigertrag Ihrer Bienenvölker ist für Sie der Lohn aller aufgewendeten Mühen und letztlich eine Bestätigung dafür, daß Sie die Bienenvölker durch alle Höhen und Tiefen richtig geführt haben. Warten Sie mit der Honigernte keinesfalls zu lange, weil Sie meinen, es lohne sich noch nicht. Es ist eine alte Imkerweisheit: Wer öfter schleudert, regt die Bienen an, sich schnell wieder neue Vorräte anzulegen – und hat am Ende mehr Honig! Jede Schleuderung sollten Sie damit verbinden, die Bienenvölker gründlich durchzusehen, Brutwaben in den Honigraum umzuhängen und den Brutraum wieder mit Mittelwänden oder mit honigfeuchten und wenig bebrüteten Leerwaben auszustatten. Die Bienen haben nun wieder genügend Arbeit und werden nicht so schnell auf Schwarmgedanken kommen.

290 Bemühen Sie sich neben Honig um einen möglichst hohen Wachsertrag.
Auch dem kostbaren Bienenprodukt Wachs müssen Sie Ihr Augenmerk schenken. Nutzen Sie alle Möglichkeiten, um den Ertrag an Bienenwachs zu erhöhen (Ratschlag 147) und schmelzen Sie das gesammelte Wachs sofort ein. Besonders wichtig ist das beim Baurahmenwachs, weil es Larven und Puppen enthält, die bald in Verwesung übergehen. Günstig ist deshalb, wenn Sie einen Sonnenwachsschmelzer aufstellen (Ratschlag 148).

291 Vermehren Sie Ihre Bienenvölker, sobald sie stark genug sind.
Haben Sie die Völker zielstrebig in ihrer Entwicklung gefördert, dann werden sie die Beute bald vollständig ausfüllen. Damit können Sie sich darauf vorbereiten, die Völker zu teilen (Ratschläge 164 bis 167) oder Kunstschwärme zu bilden (Ratschlag 169). In jedem Fall brauchen Sie dazu Weiseln oder zumindest Weiselzellen. Wollen Sie die Weiseln kaufen, müssen Sie den Bedarf rechtzeitig bei einem Züchter anmelden, wollen Sie selbst nachziehen, müssen Sie das Zuchtvolk auswählen und sich für eine bestimmte Methode entschließen

(Ratschläge 171, 172 und 174). Vergessen Sie über all der Arbeit auch nicht, daß die Beuten für eine Besiedlung mit Bienen vorbereitet sein wollen.

292 Lassen Sie im Honigraum abgesperrte Drohnen öfter frei.

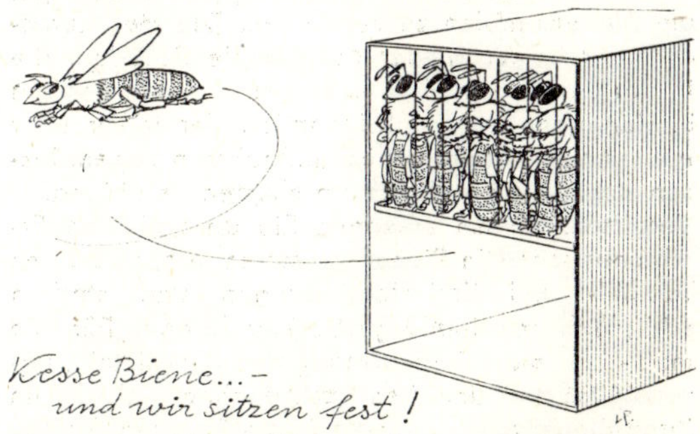

Ein großer Drohnendruck, d. h. viele begattungsfähige Drohnen auf dem Bienenstand, ist für Ihre Vermehrungsvorhaben sehr wichtig. Die Drohnen, die beim Umhängen von Brutwaben in den Honigraum gelangten oder hier schlüpften, brauchen deshalb ebenfalls ihre Freiheit, die ihnen das Absperrgitter verwehrt. Öffnen Sie kurzzeitig das Honigraumflugloch und lassen Sie die Drohnen ins Freie. Mit einer sogenannten „Bienenflucht", einem Glasröhrchen, das am Flugloch angebracht wird und durch das die Drohnen aus dem Honigraum entweichen können, läßt sich dieses Problem gleichfalls lösen.

293 Die Beuten, in denen die Völker unbegattete Weiseln besitzen, sollten Sie zusätzlich markieren.

Damit helfen Sie den jungen Weiseln, sich bei ihren Ausflügen zu orientieren und sicher zum Volk zurückzufinden. Schon ein Steinchen auf dem Flugbrett kann eine solche Orientierungshilfe sein. Wenn Sie Glück haben, sehen Sie vielleicht bei den Fluglochbeobachtungen die Weisel ausfliegen und mit dem Begattungszeichen, dem in der Scheide stekkengebliebenen Teil des männlichen Geschlechtsapparates. zurückkehren. Dieses Zeichen wird im Stock mit Hilfe der Bienen beseitigt.

294 Sterben plötzlich viele Flugbienen Ihrer Völker, dann liegt eine Vergiftung vor.
Neben den gesetzlichen Bestimmungen, die den notwendigen Einsatz von Pflanzenschutzmitteln regeln, bildet eine vertrauensvolle Zusammenarbeit zwischen den Imkern und den Anwendern von Pflanzenschutzmitteln die wichtigste Grundlage, um Bienenschäden zu vermeiden. Die Hauptursachen für immer wieder auftretende Schäden, die in der unsachgemäßen Anwendung der Mittel und in der mangelhaften Information der Imker über notwendige Pflanzenschutzmaßnahmen liegen, lassen sich auf dieser Basis am ehesten beseitigen.
Vergiftete Bienen erkennen Sie an typischen Erscheinungen: Die Bienen krümmen sich, vollführen Taumel- und Kreiselbewegungen und sterben schließlich mit herausgestreckter Zunge. Für Sie muß eine solche Beobachtung das Signal sein, unverzüglich den Ursachen nachzugehen und den an Ihren Bienenvölkern entstandenen Schaden den zuständigen Stellen zu melden, damit der Hergang genau untersucht werden kann. Informieren Sie auch sofort den festgestellten bzw. vermuteten Schadensverursacher über die Beobachtungen und melden Sie Ihre Schadenersatzansprüche an. In der Folgezeit müssen Sie alles unternehmen, um die Auswirkungen der Vergiftung an den Bienenvölkern so gering wie möglich zu halten. Engen Sie die Völker ein, vereinigen Sie die geschwächten Völker oder treffen Sie andere geeignete Maßnahmen, damit die Völker bald wieder die normale Leistungsstärke erreichen.

295 Weiseln Sie Ihre Bienenvölker möglichst alle zwei Jahre um.
Junge Weiseln sind legetüchtiger und vitaler als alte Weiseln und bieten deshalb die beste Gewähr für leistungsstarke Bienenvölker, in denen nicht so schnell Schwarmstimmung aufkommt. Darüber hinaus sollten Sie Weiseln, die in ihren Leistungen nicht überzeugen, so schnell wie möglich gegen hochwertigere Weiseln austauschen.
Von den zahlreichen Methoden, die es für den Weiseltausch in den Bienenvölkern gibt, ist keine absolut sicher, so daß eine Umweiselung nicht selten erfolglos bleibt. Beachten Sie bei dieser Arbeit unbedingt folgende Grundsätze:
– Weiseln Sie nur Bienenvölker um, in denen die Harmonie noch ungestört ist (Ratschläge 10 und 275). Bienen in Schwarmstimmung gefährden die neue Weisel.
– Überzeugen Sie sich davon, daß das Bienenvolk, das Sie um- oder beweiseln wollen, mit Sicherheit weisellos ist und auch keine Weiselzellen pflegt.
– Bedenken Sie immer, daß Jungbienen eine neue Weisel williger annehmen als Altbienen.
– Weiseln Sie niemals eine unbegattete Weisel in ein normales Bienenvolk ein (Ratschlag 174).

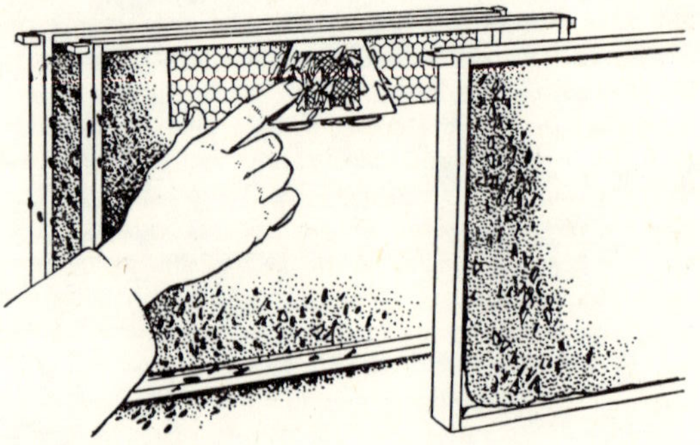
Bienen lassen sich schieben: Weisel wird angenommen!

– Setzen Sie die neue Weisel möglichst in der Mitte des Brutnestes zu. Zwischen Waben mit jüngster Brut hat die Weisel dann den ersten Kontakt mit Pflegebienen.
– Weiseln Sie die Bienenvölker bis spätestens Mitte Juli um.
Die Neubeweiselung der Bienenvölker sollten Sie mit Hilfe von Zusetzkäfigen vornehmen, bei denen die Bienen durch die Gaze Kontakt zur neuen Königin aufnehmen. Verhalten sich die Bienen an der Gaze friedlich, so können Sie den Holzstopfen des Käfigs gegen Futterteig austauschen und die Weisel von den Bienen befreien lassen. Eine Reizfütterung kann das Umweiseln unterstützen, denn mit dem Futterstrom zirkulieren die Pheromone der neuen Weisel schneller im Bienenvolk.

296 Aus der Entwicklung der Honigtauerzeuger können Sie ableiten, welche Aussichten für eine ergiebige Waldtracht bestehen.
Im Wald bilden die Kräuter und Sträucher und die Honigtauerzeuger (Ratschlag 46) die Trachtgrundlage für die Bienen. Vor allem Faulbaum und Himbeere, aber auch das Weidenröschen sind gute und relativ sichere Trachtpflanzen. Die Ergiebigkeit der Honigtautracht hängt von den Wirtspflanzen, vom Witterungsverlauf und von den Lebens- und Entwicklungsbedingungen der Pflanzenläuse ab. Während alle Lachnidenarten einer bestimmten Generationsfolge unterliegen (Überwinterung im Eistadium, Schlupf der Stammütter im Frühjahr, parthenogenetische Lebendgeburt mehrerer Tochtergenerationen, Eiablage durch begattete Weibchen im Herbst), treten die Lecanienarten jährlich nur in einer Generation auf (Überwinterung im Larvenstadium, Häutung zum Insekt im Frühjahr, Eiablage im Mai/Juni, Schlupf der Larven im Juli/August). Die Lecanien sitzen geschützt unter den Quirlschuppen der Fichte, die Lachniden finden Sie an den Astunterseiten, am Stamm und insbesondere auch an den Maitrieben der Nadelgehölze. Günstig ist, wenn Sie in Schonungen

Ausschau nach der Besatzdichte und dem Entwicklungsstand der Honigtauerzeuger halten und dabei den Ameisen nachgehen, die Sie vielfach zu den Kolonien der Pflanzenläuse führen. Saugen mehrere Lachniden-Generationen gleichzeitig den Siebröhrensaft, dann können Sie mit einer Waldtracht rechnen. Bei guten Bedingungen kann die Waldtracht zu einer Massentracht mit Rekorderträgen werden. Im Gegensatz zu den Blütentrachten liefert die Honigtracht jedoch keinen Pollen, so daß Sie die Völker mit Pollenwaben aus der Reserve unterstützen müssen.

297 Beschaffen Sie sich im Laufe des Bienenjahres das Rauchmaterial selbst.
Für die Rauchgeräte, die Sie bei der Arbeit an den Bienenvölkern einsetzen, gibt es verschiedenes Rauchmaterial zu kaufen. Als Raucher können Sie sich mit Tabak aushelfen oder zur Zigarre bzw. Zigarette greifen. Viel besser sind aber morsches Holz (Mulm) – vorzugsweise Weidenholz – oder das Kraut vom Rainfarn als Rauchmaterial geeignet, weil es auf die Bienen stark beruhigend wirkt. Wenn Sie das Material rechtzeitig sammeln, zerkleinern, an der Luft trocknen und dann in einem Behältnis aufbewahren, haben Sie es bei der Arbeit an den Bienen stets zur Hand.

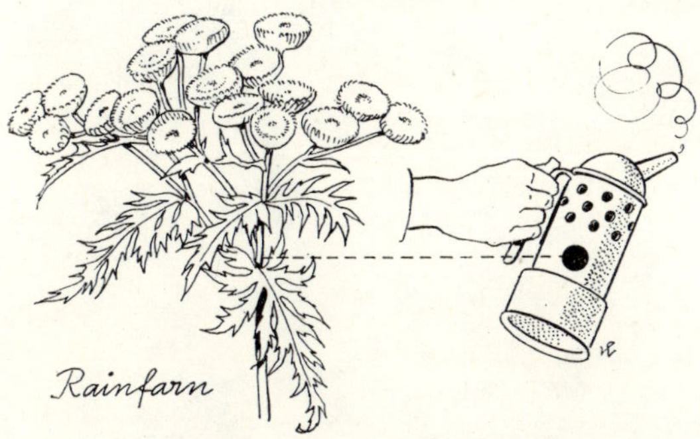

298 Die Robinien gehören zu den wertvollsten Nektarspendern, reagieren aber auf Wettereinflüsse besonders empfindlich.
Bei günstigem Wetter (feuchtwarme Luft!) liefern im Juni die großen weißen Blütentrauben der Robinien große Mengen besonders zuckerhaltigen Nektar, aus denen die Bienen einen köstlichen Honig bereiten. Oft bleibt diese Tracht jedoch aus, weil bei den Robinien die Standortbedingungen und das Wetter stark auf die Nektarabsonderung einwirken. Nicht selten vernichten auch Spätfröste oder Starkregen die gesamte Robinienblüte.

299 Für Nachtrachtpflege und Wintereinfütterung benötigen Sie bald größere Mengen Zucker.
Pro Volk sollten Sie etwa 12 bis 15 kg Kristallzucker einplanen, wenn Sie die Nachtrachtpflege mit Maische (Ratschlag 201) durchführen. Verwenden Sie dafür Futterteig, können Sie die Zuckermenge entsprechend reduzieren. Empfehlenswert ist es, lieber reichlicher Zucker zu kaufen, um keine Abstriche vornehmen zu müssen, wenn Sie die Völker auf den Winter vorbereiten. Bleibt am Ende Zucker übrig, können Sie ihn immer noch im Haushalt verwenden! Lagern Sie den Zucker trocken und sauber, um einer Infizierung durch Mikroorganismen (Hefen) vorzubeugen. Infizierter Zucker ist feuchtklebrig, bildet aber keine Krusten. Solcher Zucker ist für die Bienen ebenso ungeeignet wie Zucker, der für die menschliche Ernährung gesperrt wurde (Fegezucker, Zucker mit Fremdgeruch oder -geschmack).

300 Die Lindentracht bildet vielerorts die letzte Massentracht des Jahres.
Wenn Anfang bis Mitte Juli die Winterlinden blühen, endet für viele Imker das Bienenjahr. Der Duft der Lindenblüten berauscht die Bienen förmlich. Sie tummeln sich im Blütenmeer, auch wenn in der Nähe andere Trachtpflanzen oder Pflanzenläuse eine viel größere Ausbeute an Nektar oder Honigtau zu bieten haben. Größere Mengen des duftenden und aromatischen Lindenhonigs können Sie nur dort gewinnen, wo die Linden feucht stehen und „die Beine ins Wasser stecken".
Nach der Lindentracht klingt die Entwicklung der Bienenvölker rapide ab und muß nun von Ihnen durch die Nachtrachtpflege (Ratschlag 202) oder durch die Wanderung in eine Spättracht (Ratschlag 208) aufrechterhalten werden. In der trachtlosen Zeit hängen die tatenlosen Bienen als „Bienenbärte" im Fluglochbereich oder am Flugbrett. Sorgen Sie dafür, daß es nicht erst zu solchen „Bärten" kommt und die Altbienen ihre Lebenskräfte einsetzen, um ein starkes und jungbienenreiches Wintervolk aufbauen zu helfen. Die Bienenvölker werden es Ihnen im kommenden Jahr durch hohe Leistungen danken.

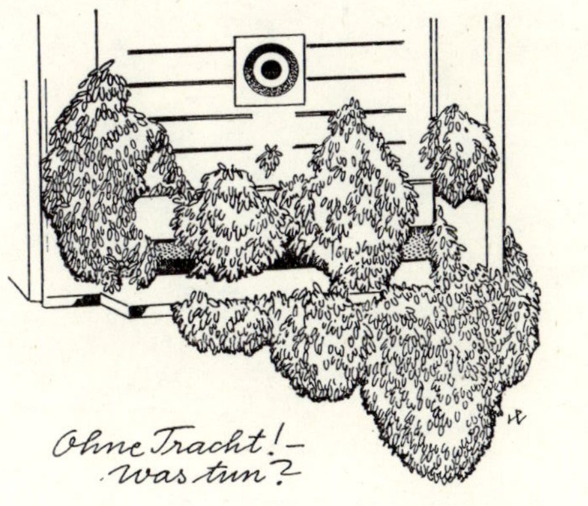

Register

Die Angaben beziehen sich auf die Nummern der Ratschläge.

Literatur

Autorenkollektiv:
Imkerliche Fachkunde, Deutscher Landwirtschaftsverlag, Berlin, 1966

Autorenkollektiv:
Urania-Tierreich, Band Insekten, Urania-Verlag Leipzig/Jena/Berlin, 1968

Autorenkollektiv:
Grundwissen für Imker, Deutscher Landwirtschaftsverlag, Berlin, 1981

Frisch, K. von:
Aus dem Leben der Bienen, Springer Verlag, Berlin, Göttingen, Heidelberg, 1953

Gerlt-Seifert, L.:
Bienenkrankheiten und -schädlinge, Deutscher Landwirtschaftsverlag, Berlin, 1980

Grimm, G.:
Ein Tropfen Nektar, Deutscher Landwirtschaftsverlag, Berlin, 1973

Maurizio, A.:
Der Honig, Verlag Eugen Ulmer, Stuttgart, 2. Aufl., 1975

Meyerhoff, G.:
Kleine Imkerschule, Deutscher Landwirtschaftsverlag, Berlin, 1981

Pritsch, G.:
Zum Nektar- und Pollenwert unserer Bienenweidepflanzen; in: Taschenkalender für den Imker, Deutscher Landwirtschaftsverlag, Berlin, 1980

Zander, E.:
Beiträge zur Herkunftsbestimmung bei Honig, Verlag Liedloff, Loth und Michaelis, Leipzig, 1937

Zander/Weiss:
Das Leben der Biene, Verlag Eugen Ulmer, Stuttgart, 6. Aufl., 1964

Zander, E. u. K. Böttcher:
Haltung und Zucht der Biene, Verlag Eugen Ulmer, Stuttgart, 11. Aufl., 1982

Zeitschriften:

Allgemeine Deutsche Imkerzeitung (ADIZ), Delta-Verlag, St. Augustin, monatlich

Apiacta, Bukarest, vierteljährlich

Die Biene, Verlag „Die Biene", Gießen, monatlich

Garten- und Kleintierzucht, Ausgabe C, Berlin, halbmonatlich

Die Schreibweise der Pflanzennamen folgt der: Exkursionsflora für die Gebiete der DDR und der BRD, Gefäßpflanzen, Volk und Wissen Verlag, Berlin, 1981

Das Bienenjahr

Juli

Auswahl wichtiger Trachtpflanzen

Brombeere (Rubus fruticosus)
Faulbaum (Frangula alnus)
Winter-Linde (Tilia cordata)
Schnurbaum (Sophora japonica)
Weiß-Klee (Trifolium repens)
Schweden-Klee (Trifolium hybridum)
Büschelschön (Phacelia tanacetifolia)
Weißer Steinklee (Melilotus alba)
Stinkesche (Euodia spec.)

Entwicklung der Bienenvölker

Mit der nachlassenden Tracht klingt die Entwicklung der Bienenvölker ab.

Der Bau- und Pflegetrieb lassen nach, die Weisel schränkt die Eiablage stark ein.

Die Bienenvölker beginnen, die Drohnen abzutreiben (Ratschlag 9).

Imkerliche Arbeiten

Nachtrachtpflege einleiten (Ratschlag 201) und eine Spättracht anwandern (Ratschlag 208).

Den Wintersitz der Bienenvölker einrichten (Ratschlag 202).

Die Umweiselung von Bienenvölkern abschließen (Ratschlag 295).

Schwache und weisellose Völker auflösen (Ratschlag 206).

Den Ablegern besondere Aufmerksamkeit widmen (Ratschlag 204).

Regelmäßige Fluglochbeobachtungen durchführen (Ratschlag 210).

Die Wabenvorräte schwefeln (Ratschlag 268).

August

Auswahl wichtiger Trachtpflanzen

Stinkesche (Euodia spec.)
Heidekraut (Calluna vulgaris)
Büschelschön (Phacelia tanacetifolia)
Luzerne (Medicago x varia)
Rot-Klee (Trifolium pratense)
Weißer Senf (Sinapis alba) – Spätsaat
Wilder Wein (Parthenocissus inserta)
Bartblume (Caryopteris spec.)
Seidenpflanze (Asclepias spec.)
Sonnenbraut (Helenium autumnale)
Dahlien (Dahlia variabilis)

Entwicklung der Bienenvölker

Die jetzt schlüpfenden Bienen werden den Kern des Wintervolkes bilden. Sie müssen unverbraucht, d. h. biologisch jung, in den Winter gehen (Ratschlag 213).

Die Bienen legen sich ein Fett-Eiweiß-Polster an (Ratschlag 213).

Die letzten Bienenvölker treiben die Drohnen ab (Ratschlag 9).

Imkerliche Arbeiten

Die Nachtrachtpflege bis zur Wintereinfütterung weiterführen.

Letzte Kontrolle der Bienenvölker (Ratschlag 211), bei der schwache, nicht überwinterungsfähige Bienenvölker aufgelöst werden (Ratschlag 212).

Mit der Wintereinfütterung beginnen (Ratschläge 213 bis 216).

Wespenbekämpfung am Bienenstand (Ratschlag 219).

Die Wabenvorräte schwefeln (Ratschlag 268).

September

Auswahl wichtiger Trachtpflanzen

Büschelschön (Phacelia tanacetifo-lia) – Spätsaat
Dahlien (Dahlia variabilis)
Sonnenbraut (Helenium autumnale)
Herbstastern (Aster spec.)

Entwicklung der Bienenvölker

Durch die Wintereinfütterung erwei-tern die Bienenvölker noch einmal di- Brutflächen.

Das invertierte Winterfutter und de eingetragene Pollen werden im Wir-tersitz abgelagert.

Ende des Monats schlüpft die letzt größere Anzahl von Bienen und leg sich ein Fett-Eiweiß-Polster zu (Rat-schlag 217).

Imkerliche Arbeiten

Spätestens bis Mitte des Monats di Wintereinfütterung abschließen (Rat-schläge 213 bis 216).

Futtergefäße reinigen, Geräte desin-fizieren und den Stand gründlich au- räumen (Ratschlag 220).

Die Bienenvölker winterfest verpacke (Ratschlag 220).

Die Wabenvorräte durchsehen, di Altwaben aussortieren und gege Mittelwände umtauschen (Ratschläg 221 und 222).

Den verbliebenen Wabenvorrä schwefeln (Ratschlag 268).

Die Wespenbekämpfung am Bienen-stand (Ratschlag 219) weiterführen.

Maßnahmen zur Verbesserung de Bienenweide durchführen (Ratschla 218).